Monetarisierung von Computerspielen

von Prof. Dr. Jochen Koubek

BLM-Schriftenreihe, Band 109
Bayerische Landeszentrale
für neue Medien (BLM), München

Herausgeber der Schriftenreihe:
Bayerische Landeszentrale für neue Medien
Heinrich-Lübke-Straße 27
81737 München

Telefon: (089) 638080
E-Mail: blm@blm.de
Internet: www.blm.de

ISBN 978-3-8487-7943-7

Nomos Verlagsgesellschaft, Baden-Baden 2020
vertrieb@nomos.de
Visuelles Konzept: Mellon Design GmbH, Augsburg

Vorwort

von Siegfried Schneider und Verena Weigand

Lootboxen, Pay-to-Win oder Skin Trading – diese Begriffe stehen für aktuelle Formen von Erlösmodellen bei digitalen Spielen. Viele dieser Monetarisierungsmodelle sind seit geraumer Zeit Thema in den Medien. Aber nicht nur dort werden sie von unterschiedlichen Interessengruppen kontrovers diskutiert. Gerade Kinder und Jugendliche, aber auch Eltern sehen sich durch diese ökonomischen Mechanismen bei der Mediennutzung vor ganz neue Herausforderungen gestellt.

Dass ein genauer Blick auf diese Erlösmodelle lohnend ist, legen auch die hohen Umsätze nahe: Im ersten Halbjahr 2020 waren es stolze 3,7 Milliarden Euro, die zu großen Teilen digital, vor allem über In-Game-Käufe, erwirtschaftet wurden. Die Zahlen zeigen, dass gerade In-Game-Shops, in denen man ein noch wertvolleres „Schwert", aber auch „neue Leben" oder eine aktuelle Map kaufen kann, den Anbietern viele Einnahmen bescheren.

Um die unterschiedlichen Trends im Gaming-Bereich zu analysieren und einzuordnen, hat die Bayerische Landeszentrale für neue Medien (BLM) Prof. Jochen Koubek von der Universität Bayreuth mit einer Untersuchung beauftragt. Ziel ist es, den vielfältigen Geschäftsmodellen auf den Grund zu gehen. Dabei legt Prof. Koubek ein besonderes Augenmerk auf die Zusammenhänge von Gaming und glücksspielähnlichen Elementen. Aber nicht nur die Geschäftsmodelle werden eingehend betrachtet, die Nutzerseite wird ebenfalls in Augenschein genommen. Die Analyse beschäftigt sich u.a. auch damit, wie Spielerinnen und Spieler als Marktteilnehmende mit Kaufanreizen umgehen und stellt Überlegungen zu möglichen Auswirkungen auf das Handeln im Spiel an, insbesondere mit Blick auf junge Menschen.

Die BLM befasst sich bereits seit vielen Jahren mit dem Thema Games. Als Bereicherung und wichtiger Partner in der bayerischen Medienwirtschaft wissen wir die Games-Branche zu schätzen, weshalb wir uns für Wirtschafts- und Standortförderung starkmachen.

Im Bereich Medienkompetenz und Jugendschutz setzen wir uns aber auch intensiv mit den Herausforderungen von digitalen Spielen auseinander, da Games gerade für Kinder und Jugendliche eine attraktive Freizeitbeschäftigung sind und einen wichtigen Bestandteil ihres Medienportfolios darstellen. Die Unerfahrenheit von Heranwachsenden darf nicht durch Kaufappelle oder Werbung in Games ausgenutzt werden.

Mit dieser Untersuchung will die BLM einen Beitrag zum derzeit intensiv geführten Diskurs zu Geschäftsmodellen im Gaming-Bereich leisten. Die Ergebnisse sollen Anknüpfungspunkte für die Medienkompetenzvermittlung und den Jugendmedienschutz liefern.

München, November 2020

Siegfried Schneider
Präsident der Bayerischen Landeszentrale für neue Medien

Verena Weigand
Bereichsleiterin Medienkompetenz und Jugendschutz der Bayerischen Landeszentrale für neue Medien

Kapitel 3
Monetarisierungsmodelle

Kapitel 4
Fazit

Einführung

Randall Munroe: An Apple for a Dollar. *Quelle: https://xkcd.com/2019/*

Einen Apfel für einen Dollar – keine psychologischen Taktiken zur Preisverschleierung, keine verdeckten Kosten, keine Datenspeicherung, keine Abonnements, keine Gebühren – das platonische Ideal eines Verkaufs.

Computerspiele wurden nie zu diesen idealen Bedingungen verkauft. Seit ihren Anfängen sind sie Waren oder Dienstleistungen, Äpfel, die man zu unterschiedlichen Preisen kaufen oder gegen Gebühr konsumieren kann. Es gibt Jahreskarten für Apfelplantagen, zu denen man jederzeit Zugang hat oder die Möglichkeit, einen Apfel zu kaufen, während er noch eine Blüte ist – auch auf die Gefahr hin, dass die Frucht hinterher nicht den Erwartungen entspricht. Oder man reserviert sich einen Apfel, der am Baum hängt, noch vor dem Tag der Ernte. Manche Bauern verschenken ihre Äpfel, wenn man sich im Gegenzug Werbung anschaut oder beim benachbarten Bauern ein paar Birnen kauft. Es gibt die Möglichkeit, Spielgeld zu erwerben, das gegen kleine Apfelstücke eingelöst werden kann. Neuerdings gibt es Wundertüten, in denen vielleicht ein Apfel ist, vielleicht aber auch nur ein paar Bildchen.

All dies klingt niedlich und harmlos, die Metapher hat aber einige grundlegende Schwächen: Computerspiele sind keine Äpfel, sondern digitale Güter und als solche nicht uneingeschränkt mit materiellen Gütern vergleichbar. Bei digitalen Gütern gibt es keinen Mangel, dafür sind sie in viel kleinere Einheiten zerteil- und verkaufbarer als Äpfel. Computerspiele werden nicht verbrauchend konsumiert, sondern gebrauchend gespielt und der handelnde Umgang mit einem Spiel, das auf meine Handlungen reagiert, entwickelt eine völlig andere psychische Dynamik als das Essen eines Apfels; insbesondere stellt sich nicht bei jedem Spieler ein Gefühl der Sättigung ein, während gleichzeitig ein unbegrenzter Vorrat zum Kauf steht. Und schließlich haben manche Spielinhalte inzwischen einen so hohen Eigenwert, dass daraus eigene Märkte entstehen, die weder reguliert noch kontrolliert werden.

Es ist daher grundfalsch, den Markt für Computerspiele einfach als die digitale Form eines Warenmarkts zu behandeln, bei dem Güter monetarisiert werden. Natürlich gibt es viele Parallelen, aber auch Unterschiede, die es zu beachten gilt.

Ausgangspunkt dieser Arbeit war die Beobachtung der Bayerischen Landeszentrale für neue Medien, dass sich bei Computerspielen seit einigen Jahren Monetarisierungsformen etablieren, die sich weit von einem solchen Markt entfernt haben. So weit, dass die Grenzen zum unlauteren Wettbewerb und des Jugendschutzes sichtbar und Forderungen nach Regulierung hörbar werden. Aus dieser Beobachtung heraus wurde die vorliegende Expertise als Beitrag zu einer wachsenden Diskussion über die Grenzen zwischen Geschäftsmodellen und Jugendmedienschutz in Auftrag gegeben. Da sich darin Medienbildung, digitale Mündigkeit und gesellschaftliche Aufklärung einmal mehr als wichtige Maßnahmen erweisen, sollen diese Grenzen möglichst klar nachvollziehbar werden. Zu diesem Zweck gliedert sich die Untersuchung in vier Kapitel:

Im **ersten Kapitel** wird die äußere und innere Ökonomie beschrieben, mit der digitale Spiele die Aufmerksamkeit, Motivation, Emotion und Zeit, aber auch Daten und Geld der Spieler erreichen wollen. Ein besonderer Schwerpunkt wird dabei auf Glücksspielen liegen, die in vielerlei Hinsicht einen Fluchtpunkt markieren, auf den sich Computerspiele derzeit zubewegen.

Im **zweiten Kapitel** werden verschiedene Arten untersucht, wie Menschen mit digitalen Spielen umgehen und es wird diskutiert, wie diese Menschen Konsumentscheidungen in Bezug auf Spielangebote treffen. Den theoretischen Rahmen liefert die Verhaltensökonomie, die Entscheidungen nicht als rational-berechnend erklärt, sondern als basierend auf kognitiven Abkürzungen, die sich in vielen Fällen als effizient und hilfreich erweisen, in manchen Situationen aber auch zu fatalen Fehleinschätzungen verleiten. Die zentrale These ist, dass Monetarisierungsmodelle umso manipulativer sind, je mehr sie diese Schwächen der menschlichen Urteilskraft ausnutzen, was insbesondere Kinder und Jugendliche betrifft.

Im **dritten Kapitel** werden verschiedene Bezahlformen und die Monetarisierungsmodelle Abonnement, Werbung, Partnernetzwerke, Verkauf, Gebühren vorgestellt und in Bezug auf in Bezug auf Risiko- und Gefährdungspotenziale für Kinder und Jugendliche diskutiert.

Das Fazit im **vierten Kapitel** schlägt Maßnahmen vor, wie auf die als besonders manipulativ identifizierten Verfahren reagiert werden kann.

Anmerkung des Autors

Aus Gründen der besseren Lesbarkeit wird in der vorliegenden Expertise auf die gleichzeitige Verwendung männlicher und weiblicher Sprachformen zumeist verzichtet. Es wird das generische Maskulinum verwendet, wobei beide Geschlechter gleichermaßen gemeint sind. Die verkürzte Sprachform hat nur redaktionelle Gründe und beinhaltet keine Wertung.

Interviewpartner

Im Rahmen der Arbeit wurde mit verschiedenen Experten gesprochen, die sich mit Aspekten des Game Designs, der Vermarktung und Monetarisierung von Computerspielen und dem Verhalten von Konsumenten beschäftigen. Auszüge aus diesen Gesprächen werden in den jeweils passenden Abschnitten zitiert.

Prof Dr. Lutz Anderie,
Frankfurt University of Applied Sciences
Prof. Dr. Lutz Anderie ist Professor für Wirtschaftsinformatik an der Frankfurt University of Applied Sciences (Frankfurt UAS) und Lehrbeauftragter der SRH Hochschule Heidelberg, Fakultät Information, Medien und Design. Er ist Autor von drei Fachbüchern über die Games-Branche. Seine Werke „Games Industry Management – Gründung, Strategie und Leadership", „Gamification, Digitalisierung und Industrie 4.0 – Transformation und Disruption verstehen und erfolgreich managen" und „Game Hacking, Blockchain und Monetarisierung – Wie Sie mit Künstlicher Intelligenz Wertschöpfung generieren" wurden über 50.000 Mal als Online- und Printversion verkauft. Anderie gilt als international anerkannter Branchenkenner der Games-, Medien- und Entertainmentindustrie und Experte für Digitalisierung.

Prof. Dr. Hanno Beck, HS Pforzheim

Hanno Beck ist Professor für Volkswirtschaftslehre an der Hochschule Pforzheim. Neben seiner Lehr- und Forschungstätigkeit schreibt er po-
pulärwissenschaftliche Beiträge unter anderem
für die Frankfurter Allgemeine Zeitung und die
Frankfurter Allgemeine Sonntagszeitung. Nach
dem Studium der Volkswirtschaftslehre an der
Johannes-Gutenberg-Universität Mainz war er
dort wissenschaftlicher Mitarbeiter. Anschließend war er acht Jahre lang
Mitglied der Wirtschaftsredaktion der Frankfurter Allgemeinen Zeitung.
Darüber hinaus hatte er lange Jahre Lehraufträge in Wiesbaden, Frankfurt und Wetzlar. Seine Forschungsschwerpunkte liegen im Bereich der
verhaltensorientierten Ökonomik (Behavioral Economics), der Medienöko-
nomik und ausgewählten finanzwissenschaftlichen Themen (z. B. Staats-
verschuldung).

Prof. Dr. Georg Felser, HS Harz

Prof. Dr. Georg Felser (Jahrgang 1965) studierte
von 1984 bis 1991 Psychologie und Philosophie
an der Universität Trier. Nach seiner Promotion
in Trier arbeitete er von 1999 bis 2001 an der
Martin-Luther-Universität Halle-Wittenberg. Seit
2001 vertritt er die Markt- und Konsumpsycholo-
gie an der Hochschule Harz. Von 1993 bis 1999
lehrte Georg Felser Werbe- und Konsumentenpsychologie im Studiengang Grafik und Design an der Fachhochschule
Trier. In dieser Zeit entstand auch sein Lehrbuch „Werbe- und Konsumentenpsychologie", dessen fünfte Auflage für 2022 geplant ist. Seine
Forschungsschwerpunkte liegen in der unbewussten Beeinflussung von
Konsumenten, der Entstehung von Kundenzufriedenheit sowie in der Ent-
scheidungsforschung.

Thorsten Hamdorf, Leiter Marketing, Marktforschung, game-Verband

Thorsten Hamdorf verfügt über mehr als 20 Jahre Berufserfahrung in der Home-Entertainment-Industrie. Während seiner Laufbahn war der Diplom-Kaufmann für internationale wie nationale Unternehmen in der Games- und der Film-Branche tätig. Seine Stationen umfassten Marketing-, Sales- und BizDev-Positionen bei Eidos Interactive, Virgin Interactive, Paramount Home Entertainment, Atari, dtp Entertainment und Studio Hamburg Enterprises. Seit 2014 zeichnet er beim game für Marketing, Marktforschung und Mitglieder-Services verantwortlich.

Prof. Dr. Jens Junge, Betriebswirtschaftslehre, Marketing, Ludologie, Design Akademie Berlin

Prof. Dr. Jens Junge ist seit 1984 in der Spielebranche als Unternehmer und Dozent aktiv. An der design akademie berlin – SRH Hochschule für Kommunikation und Design hat er das Institut für Ludologie gegründet. Dort befasst er sich umfassend mit dem Grundphänomen des Menschen, dem Spielen. Dazu gehören das explorative Spiel, das Phantasiespiel, das Rollenspiel, das Konstruktionsspiel sowie alle Regelspiele (Brett- und Kartenspiele, Computerspiele, Mobile Games etc.). Seine Ausbildung zum Verlagskaufmann absolvierte er bei der SpielBox, dem Fachmagazin für Brett- und Gesellschaftsspiele sowie bei dem Mittelstandsmagazin in Bonn. Die ersten „Apps" für mobile Endgeräte entstanden im Frühjahr zur CeBIT 2004 durch die von ihm initiierte MCS SH GmbH auf den ersten UMTS-Geräten von Motorola (3G): mobiles Lotto, ein Flugbuchungssystem für den damaligen Billigflieger HLX oder mobile Games. Die reinen „Spielethemen" werden durch die von ihm gegründete Mediatrust GmbH & Co. KG betrieben und vermarktet (z. B. Portal spielen.de).

Prof. Dr. Christian Montag,
Universität Ulm

Prof. Dr. Christian Montag ist Professor für Molekulare Psychologie an der Universität Ulm. Er erforscht die biologischen Grundlagen der menschlichen Persönlichkeit. Dabei untersucht er die genetischen Ursachen unserer Persönlichkeit und wie diese in Interaktion mit Umwelteinflüssen unsere Individualität beeinflussen. Ein weiterer wichtiger Schwerpunkt seiner Forschungstätigkeit liegt in der gesellschaftsrelevanten Frage, wie digitale Welten den Menschen verändern bzw. wie der Einfluss von Smartphone, Internet und Co. auf unsere Gesellschaft ausfällt. Zusätzlich erforscht er Themen der Neuroökonomik (z. B. die biologischen Grundlagen von Vertrauen, aber auch finanziellem Entscheidungsverhalten) sowie der Psychoinformatik. Letztere Forschungsdisziplin untersucht, wie wir von der Mensch-Maschine-Interaktion Vorhersagen auf psychische Variablen machen können und wie diese sinnvoll im Gesundheitswesen eingesetzt werden können.

Lorenzo von Petersdorff, Unterhaltungs-software Selbstkontrolle (USK)

Lorenzo von Petersdorff ist seit Dezember 2019 Stellvertretender Geschäftsführer & Legal Counsel der Unterhaltungssoftware Selbstkontrolle (USK). Im Rahmen seiner Tätigkeit engagiert er sich als stellvertretendes Mitglied im Board der International Age Rating Coalition (IARC) für Alterskennzeichen bei Onlinespielen und Apps. Er ist seit November 2015 für die USK als Legal Counsel und war später auch als Leiter des USK.online-Bereichs tätig. Zuvor sammelte er bereits Erfahrungen bei namenhaften Unternehmen der Medienbranche. Lorenzo von Petersdorff ist zudem als stellvertretendes Mitglied im Beirat der Stiftung Digitale Spielekultur aktiv.

Stephan Steininger,
Chefredakteur GamesMarkt

Stephan Steininger schreibt seit über 20 Jahren über die Computer- und Videospielebranche in Deutschland. 2001 war er Gründungsredakteur des Fachmagazins GamesMarkt, das er seit März 2017 als Chefredakteur leitet und als Managing Director wirtschaftlich verantwortet.

André Walter, LoCoNET GmbH

Bereits während des Studiums gründete André Walter mit Kommilitonen seine ersten Unternehmen, darunter 2006 u.a. die eLOFD GmbH. Als Gamedesigner und ab 2008 als Geschäftsführer der eLOFD GmbH wirkte er wesentlich an der Entwicklung von Browsergames und deren Vertriebskonzepten mit. Die Produkte der eLOFD erreichten weltweit mehr als 10 Millionen aktive Spieler. 2010 gründete er zusammen mit Artur Lippok die LoCoNET GmbH, eine Online Agentur, und ist seitdem deren Geschäftsführer.

Dr. Klaus Wölfling, Leitung Ambulanz für Spielsucht, Universität Mainz

Dr. Klaus Wölfling, Jahrgang 1971, Diplom in Psychologie an der Humboldt-Universität zu Berlin, ist psychologischer Leiter der „Ambulanz für Spielsucht" an der Klinik und Polyklinik für Psychosomatische Medizin und Psychotherapie der Uni Mainz. Er behandelt dort seit 2008 Computer- und Internetsüchtige. Zudem ist er Fachreferent und Ausbilder für Psychotherapie. 2019 war er Präsident des Deutschen Suchtkongress.

Kapitel 1
Ökonomie von Computerspielen

1.1 Einleitung

Computerspiele haben sich seit ihren kommerziellen Anfängen in den 70er-Jahren zu dem nach TV umsatzstärksten Sektor der Unterhaltungsindustrie entwickelt[1], mit einem für das Jahr 2019 geschätzten Umsatz von 152 Mrd. US-Dollar. Dieser Umsatz wird durch eine Vielzahl verschiedener Monetarisierungsformen erwirtschaftet.[2] Die beiden anfänglich möglichen Bezahlmöglichkeiten, Zahlen-pro-Spiel am Arcade-Automaten und Kaufen-von-Hard-und-Software für Konsolen und Homecomputer, stehen prototypisch für zwei ökonomische Betrachtungsweisen von Spielen als Wirtschaftsgütern: entweder eine Dienstleistung, für die je nach Inanspruchnahme bezahlt wird, oder eine Ware, die gegen Geld den Besitzer wechselt.

Diese beiden Betrachtungsweisen haben sich in den vergangenen 30 Jahren weiter ausdifferenziert. Auf der einen Seite wird der Zugang zu Onlinespielen in Abonnements als Dienstleistung gemietet, was sich in den angekündigten Cloud-Gaming-Angeboten fortsetzen und erweitern soll. Auf der anderen Seite haben mobile Geräte wie Handys, Smartphones und Tablets durch extrem niedrige Softwarepreise ein Freemium-Modell hervorgebracht, bei dem der Kern eines Spiels kostenlos (free) angeboten wird, der Rest aber als Premiuminhalt in einem endlosen Prozess in kleinen und größeren Transaktionen verkauft wird.

---

1   Ubisoft 2018: Q3 FY18.
2   Newzoo 2019: The Global Games Market Will Generate $152.1 Billion In 2019 As The U.S. Overtakes China As The Biggest Market | Newzoo.

Doch während Abonnements mit einem monatlichen Festpreis zumindest plan- und budgetierbar bleiben, eröffnen Spiele mit Freemium-Angeboten die Möglichkeit, für ein Spiel insgesamt deutlich mehr auszugeben als beim Kauf. Der übliche Maximalpreis für den Verkauf von Spielen hat sich seit Jahrzehnten wenig verändert, von 60 – 80 DM zu 60 – 80 Euro, obwohl die Produktionskosten um ein Vielfaches gestiegen sind. Im Gegensatz dazu kann eine Einzelperson für ein Browser- oder Mobile-Game mit Freemium-Monetarisierung problemlos mehrere Hundert oder gar Tausend Euro pro Monat ausgeben. Zwar geschieht das nicht oft, allerdings ist allein die Tatsache, dass die Preise nach oben nicht begrenzt sind und es immer etwas zu kaufen gibt, in vielerlei Hinsicht problematisch.

Aus Sicht des Game Designs kann dies erreicht werden, indem die Spielerfahrung zunächst bewusst verschlechtert wird und anschließend Optionen angeboten werden, um sie kurz- oder langfristig zu verbessern. Zusätzlich können diese Angebote noch mit einem Zufallsfaktor versehen werden, sodass selbst Spieler, die bereit sind, eine Qualitätssteigerung zu kaufen, nicht sicher sein können, das Gewünschte auch tatsächlich zu erwerben.

Diese mehr oder minder subtile Form der Steuerung von Investitionsentscheidungen durch provozierte Impulskäufe führt insbesondere dazu, dass Menschen mit Schwächen in ihrer Impulskontrolle mehr Geld für ein Spiel ausgeben, als sie ursprünglich vorhatten, oder sogar mehr, als sie sich leisten können. Dabei wäre es zu einfach, diese falsch platzierten Investitionen einzig den Spielern anzulasten, nicht zuletzt, weil viele Spiele ihre Manipulationen nicht offenlegen. Vor allem Kinder und Jugendliche mit altersbedingt nicht ausgereiften Möglichkeiten zur Selbstkontrolle können von diesen Spielen manipuliert werden und bedürfen eines besonderen Schutzes. Aber auch bei Volljährigen kann ein solcher Schutz notwendig sein, wie er in anderen Bereichen, allen voran bei Glücksspielen, seit langem etabliert ist.

Aber nicht nur diese politisch heiß diskutierten Monetarisierungsformen sollen in den folgenden Kapiteln untersucht werden. Zwar bean-
spruchen ihre Kontextualisierung und Besprechung einen großen Teil
der Darstellung, insgesamt werden aber alle gängigen Formen angesprochen, mit Computerspielen Geld zu verdienen. Deren Beschreibung
und historische Einordnung sollen nicht zuletzt helfen, die Kontroversen
um die seit einigen Jahren beobachtbaren Monetarisierungsformen besser zu verstehen und einzuordnen.

Die Monetarisierungsformen werden in einen allgemeinen, verhaltensökonomischen Kontext gestellt. Dies steht im Gegensatz zur klassischen Ökonomie, bei der sich der Marktpreis für ein Spiel aus Produktionskosten, Angebot und Nachfrage bildet und Spielende als rationale
Marktteilnehmer gesehen werden, die sich bewusst für oder gegen eine
Investition an diesem Markt entscheiden. Eine allgemeine Spielökonomie berücksichtigt neben Geld weitere Ressourcen, darunter Zeit, Aufmerksamkeit, Daten und soziale Kontakte, die für Spiele investiert und
bei Kaufentscheidungen handlungsleitend werden.

Dieser Umstand wird zunehmend im Game Design berücksichtigt
und einige der kontroversesten Spiele der vergangenen Jahre zielen gerade auf Spieler, die ein Spiel nicht anhand seines Gegenwertes in Geld
bewerten. Aus dieser Beobachtung heraus soll in den folgenden Kapiteln die folgende, zentrale These begründet werden:

**Monetarisierungsformen von Spielen sind immer im Kontext von
Gestaltung und Spielenden zu bewerten.**

„Bewerten" umfasst hierbei auch die normative Entscheidung, ob und
welche Aspekte von Spielen einer besonderen Regulierung bedürfen.
Zwar werde ich keine Vorschläge unterbreiten, dennoch hoffe ich, die
notwendige Regulierungsdiskussion um die genannten Kontexte zu bereichern. Denn Regulierung erfolgt in Deutschland vorwiegend unter inhaltlichen Gesichtspunkten, welche die Gestaltungsentscheidungen bei

der Darstellung von Gewalt oder Sexualität in Bezug auf die anvisierte Zielgruppe der Spielenden berücksichtigen. Das gewählte Monetarisierungsmodell kann von der Regulierung allerdings nur unzureichend berücksichtigt werden, da die gesetzlichen Vorgaben zu ungenau und lückenhaft sind. Von der Industrie wird auf freiwillige Hinweise in den App-Shops verwiesen, die über Bezahloptionen informieren.

Wie jedoch zu zeigen sein wird, reicht es nicht aus, eine Monetarisierungsform allein unter einem finanziellen Gesichtspunkt zu betrachten, der zusätzlich von Marktteilnehmern ausgeht, denen derartige Angaben für ihre Investitionsentscheidung genügen. Denn diese Entscheidungen werden nicht rein finanziell getroffen, vor allem nicht im Spielverlauf – ein Umstand, der durch manipulatives Game Design ausgenutzt werden kann.

Um die These zu begründen, dass Monetarisierungsformen unter Berücksichtigung sowohl der Gestaltungsentscheidungen als auch der Spielenden zu bewerten sind, gliedert sich diese Arbeit in vier Kapitel:

Während sich das **erste Kapitel** mit der Gestaltung von Computerspielen beschäftigt, analysiert das **zweite Kapitel** Spielerinnen und Spieler als Zielgruppe dieser Spiele und das **dritte Kapitel** die daraus resultierenden Monetarisierungsmodelle. Im abschließenden **vierten Kapitel** werden Maßnahmen diskutiert, die sich aus den Ergebnissen der Untersuchung ergeben können. Konkrete Regulierungsvorschläge werden dabei nicht gemacht, dafür ist die Diskussion noch zu offen und unklar, wer überhaupt an ihr beteiligt werden sollte. Zumindest bei der letzten Frage kann diese Untersuchung konkrete Vorschläge unterbreiten und ich hoffe, einen Beitrag zur Klärung geleistet zu haben.

Dieses erste Kapitel nähert sich der ökonomischen Dimension von Computerspielen von außen nach innen, um die Gestaltungsmöglichkeiten und -entscheidungen auffächern zu können. Da in der Diskussion um Regulierung regelmäßig die Parallele zu Glücksspielen angeführt wird, wird in dieser Untersuchung ein besonderer Schwerpunkt auf Glücksspiele gelegt, die seit ihrer Digitalisierung sowohl Automaten als auch im Onlinegeschäft aus computerspielwissenschaftlicher Sicht eine spezielle Form des Computerspiels geworden sind, auch wenn die Computerspielindustrie dies weit von sich weist.

Im **Abschnitt 1.2** wird zunächst die äußere Ökonomie der Spieleindustrie vorgestellt. Dazu gehören die Ausgaben und Einnahmen, die bei der Produktion eines Spiels anfallen.

Der **Abschnitt 1.3** behandelt die innere Ökonomie, d. h. wie ein Spiel Ressourcenströme innerhalb einer Spielökonomie verwaltet. Dies wird insbesondere im Zusammenhang mit hybriden Ökonomien relevant, in denen äußere und innere Ökonomie verschränkt werden.

Abschnitt 1.4 diskutiert einige Aspekte des Game Designs und welche Gestaltungsmöglichkeiten Entwickler haben, um ökonomische Entscheidungen in einem Computerspiel zu beeinflussen.

Abschnitt 1.5 beschäftigt sich abschließend mit einer besonderen Kategorie digitaler Spiele, die traditionell nicht einmal zur Branche gerechnet werden: Glücksspiele, deren äußere und innere Ökonomie in den letzten Jahren verstärkt mit Computerspielangeboten verbunden wurden, was nicht zuletzt ein Ausgangspunkt für diese Untersuchung war.

Wie auch in den späteren Kapiteln sollen die Ausführungen lediglich als Überblick verstanden werden, deren detaillierte Diskussion kann innerhalb dieser Untersuchung nicht geleistet werden. Wenn möglich, verweise ich auf weiterführende Literatur bzw. Onlinequellen, in denen die einzelnen Aspekte vertieft werden.

1.2 Äußere Ökonomie

1.2.1 Quellen

Zahlen zu relevanten ökonomischen Kenngrößen der Computerspielindustrie sind einerseits online verfügbar, werden andererseits aber von nur wenigen Analysten aggregiert, aufbereitet und veröffentlicht.

Der Business Analyst Newzoo hat inzwischen eine Quasi-Monopolstellung für internationale Marktdaten zur ökonomischen Entwicklung der Computerspielindustrie. Die Analysen beruhen auf Marktmodellen, Konsumentenbefragungen und User Tracking. Dadurch wurde Newzoo laut Selbstaussage die am häufigsten zitierte Quelle für Zahlen und Diagramme zur ökonomischen Bedeutung der Spieleindustrie, des E-Sports und mobiler Märkte.[3] Dies ist nicht zuletzt darin begründet, dass die wichtigsten Daten grafisch ansprechend aufbereitet und unter einer freien Lizenz veröffentlicht werden.[4]

Weitere Quellen sind die nationalen Interessenverbände der Spieleindustrie, die sich u. a. um ökonomische Branchen-Analysen, Förderungen der Spielkultur und Einflussnahme auf politische Diskussionen kümmern. In Deutschland ist dies der game – Verband der deutschen Games-Branche e.V. (GAME). In Zusammenarbeit mit dem Consumer Panel der Gesellschaft für Konsumforschung (GfK), Onlineumfragen der YouGov Deutschland GmbH sowie App Annie werden Daten zu Spielen und Spielenden, zu aktuellen Themen und Verkaufszahlen erhoben, ausgewertet und veröffentlicht: „Hierzu gehören unter anderem eine für die gesamte deutsche Bevölkerung repräsentative laufende Befragung von 25.000 Konsumenten zu ihren Einkaufs- und Nutzungsgewohnheiten bei digitalen Spielen sowie ein Handelspanel."[5]

---

[3] https://newzoo.com/expertise/
[4] https://newzoo.com/key-numbers
[5] https://www.game.de/deutscher-games-markt-waechst-im-ersten-halbjahr-2019-deutlich/

Zusätzliche Quellen sind GamesMarkt[6] der Busch Business Media GmbH sowie das von Petra Fröhlich gegründete und geleitete Magazin GamesWirtschaft[7]. Nicht für ganz aktuelle Zahlen, aber für strukturelle Analysen sehr lesenswert ist die Grundlagenstudie „Die Computer- und Videospielindustrie in Deutschland" von Oliver Castendyk & Jörg Müller-Lietzkow aus dem Jahr 2017.[8]

1.2.2 Einnahmen

Die Einnahmen hängen im Wesentlichen davon ab, dass genügend Spieler bereit sind, Geld für Computerspiele auszugeben. Nach den oben genannten Quellen strukturieren sich die Einnahmen in Deutschland wie folgt: Durchschnittlich spielen in Deutschland 35 % bzw. 42 % regelmäßig bzw. gelegentlich Computerspiele, bei einem Durchschnittsalter von 36,4 Jahren. Im Jahr 2018 betrug der Umsatz des deutschen Computerspielemarkts 4,4 Mrd. Euro, davon 1,9 Mrd. Euro für In-Game-Käufe. Im ersten Halbjahr 2019 konnte ein Wachstum von 11 % verzeichnet werden, wobei der Umsatzanteil deutscher Entwicklerfirmen an diesem Markt weiter zurückgeht.

---

6   http://www.mediabiz.de/games/news?biz=gamesbiz
7   https://www.gameswirtschaft.de/
8   Castendyk und Müller-Lietzkow 2017: Die Computer- und Videospielindustrie in Deutschland.

Deutscher Games-Markt wächst weiter

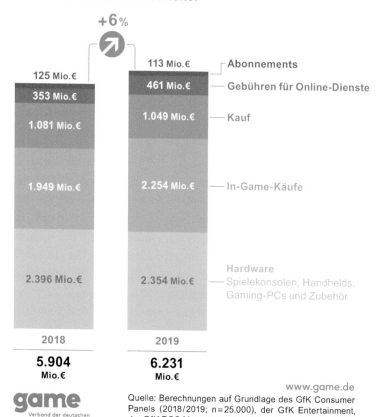

+6%

2018	2019	
125 Mio.€	113 Mio.€	Abonnements
353 Mio.€	461 Mio.€	Gebühren für Online-Dienste
1.081 Mio.€	1.049 Mio.€	Kauf
1.949 Mio.€	2.254 Mio.€	In-Game-Käufe
2.396 Mio.€	2.354 Mio.€	Hardware Spielekonsolen, Handhelds, Gaming-PCs und Zubehör

2018   2019

5.904   **6.231**
Mio.€   Mio.€

www.game.de

game
Verband der deutschen
Games-Branche

Quelle: Berechnungen auf Grundlage des GfK Consumer
Panels (2018/2019; n=25.000), der GfK Entertainment,
der GfK POS Measurement und App Annie. © game 2020

Quelle: https://www.game.de/marktdaten/
deutscher-games-markt-waechst-weiter/

Weltweit wird 2019 mit einem Gesamtumsatz von 152 Mrd. US-Dollar gerechnet, was einem Wachstum von 9,6 % im Vergleich zum Vorjahr entspricht. Nahezu die Hälfte davon wird im asiatisch-pazifischen Raum, ein weiteres Viertel in Nordamerika umgesetzt. 45 % des weltweiten Umsatzes wird durch mobile Angebote erwirtschaftet.

1.2.3 Ausgaben: Entwicklungskosten

Während die Einnahmeseite umfassend und öffentlich einsehbar dokumentiert ist, gibt es wenig belastbare Informationen zu den Entwicklungskosten eines Spiels. Im Wesentlichen setzen sich diese aus Kosten für Mitarbeiter, Arbeitsmaterial, Lizenzen und Bürokosten zusammen.

Ein Computerspiel ist sowohl ein kulturelles Werk als auch ein Wirtschaftsgut. Wie alle Medien werden auch die Computerspiele im Spannungsfeld von künstlerischem Ausdruck und ökonomischer Verwertbarkeit erstellt, wobei beide Bereiche das gemeinsame Ziel haben, einem Publikum gefällig zu sein, wenngleich auch aus unterschiedlichen Gründen. Die künstlerische Seite möchte Bedeutungsangebote schaffen, um möglichst viele Spieler in Auseinandersetzung mit dem Werk zu erreichen. Die ökonomische Seite möchte mit möglichst vielen Spielern möglichst viel Umsatz erwirtschaften, dessen Überschuss als Gewinn z. B. in die Entwicklung neuer Produkte investiert werden kann.

Beide Seiten werden im Wertschöpfungsprozess von unterschiedlichen Akteuren vertreten, die häufig, aber nicht immer personell getrennt sind. Sie werden im Folgenden als juristische Person im Singular als **Entwickler** und **Publisher** benannt, wobei es sich in den meisten Fällen um ein Unternehmen oder zumindest um die Zusammenarbeit mehrerer Menschen handelt.

Der **Entwickler** hat die kreativ-künstlerische Vision eines Spiels und ist für die mediale Umsetzung verantwortlich. Die medialen Ausdrucksmöglichkeiten des Computerspiels finden sich hier in verschiedenen Aufgabenbereichen wieder:

Game Designer erstellen und verbinden die Spielsysteme und haben die künstlerische Gesamtverantwortung. **Art Designer** schaffen die audiovisuellen Elemente wie Bilder, Modelle, Texturen, Animationen, **Sound Designer** und **Komponisten** Sound und Musik. Die **Autoren** schreiben den geplanten narrativen Bogen, die zentralen Ereignisse der Spielhandlung und die Dialoge. Die **Programmierer** setzen die Spielregeln in ausführbaren Programmcode um. Die **Level Designer** verbinden die verschiedenen Bestandteile schließlich zu spielbaren Einheiten.

Die **Produktionskosten** eines Spiels bemessen sich an dem Arbeitsaufwand, den die einzelnen Abteilungen beim Entwickler aufbringen müssen, um das Spiel zu erstellen. Auf Seiten des Game Designs können das umfangreiche Spielmechaniken sein, die gegeneinander ausbalanciert und getestet werden müssen. Diese Spielmechaniken müssen von Programmierern entsprechend in Programmcode überführt werden.

Die mit Abstand größten Kostenpunkte in der Entwicklung aber sind die audiovisuellen Bestandteile, vor allem in Hochpreisspielen: detaillierte 3D-Modelle, hochaufgelöste Texturen, lebensechte Animationen, die mit aufwendigem Motion Capture aufgenommen werden, vielfältige Geräusche, orchestrale Musik, Dialoge in mehreren Sprachen. Bei Spielen, die urheberrechtlich oder markenrechtlich geschütztes geistiges Eigentum nutzen wollen, fallen teilweise erhebliche Lizenzkosten an: für die Adaption eines erfolgreichen Films, einer Roman- oder Comicvorlage, aber auch für Namen und Aussehen berühmter Sportler in Sportspielen, Automarken und Logos in Rennspielen oder Musikstücke für den Soundtrack.

Der **Publisher** ist für die ökonomische Projektabwicklung verantwortlich. Der **Producer** überwacht den gesamten wirtschaftlichen Prozess. Ihn unterstützt das **Product Management** als organisatorische Projektleitung und Bindeglied zwischen Entwicklung und Verwertung. Im **Marketing** werden Zielgruppen identifiziert und das Spiel als passendes Produkt vermarktet. Die **Distribution** organisiert die Vervielfältigung und Verfügbarkeit von Kopien.

Wenn der Publisher über die finanziellen Ressourcen verfügt, die für die Bezahlung des Entwicklerteams notwendig sind, kann er regelmäßig Einfluss auf die künstlerische Gestaltung des Werkes nehmen, was nicht selten im Widerspruch zum künstlerischen Anspruch des Entwicklers steht. Da der Publisher aber letztlich entscheidet, welches Spiel finanziert und damit entwickelt und vermarktet wird, sind in vielen Spielen Gestaltungsentscheidungen in letzter Entscheidung ökonomisch bedingt oder zumindest geprägt.

Nicht zuletzt, um dem Zwang der ökonomischen Verwertbarkeit zu entkommen, haben sich seit gut 15 Jahren **Independent Game Developer** – kurz **Indies** – als eine kreative Szene wirtschaftlich unabhängiger Studios etabliert, die ihre künstlerischen Ideen regelmäßig vor ökonomische Interessen stellen. Allerdings müssen auch Indie-Studios ihre Betriebskosten bezahlen, sie können als kleinere Betriebe aber flexibler am Markt auftreten.

Da über die Gesamtkosten für Entwicklung und Vermarktung eines Spiels regelmäßig nur gemutmaßt werden kann, hat Jason Schreier, Redakteur beim Spieleblog Kotaku, zahlreiche Entwickler nach den Grundlagen ihrer Finanzplanung gefragt: „All of the studios that did answer offered the same magical number: **$10,000**. Specifically, $10,000 per person per month. […] That number – which might go even higher if you're in an expensive city like San Francisco – accounts for salary, office rent, insurance, sick days, equipment, and any other costs that come up over the course of development. It's widely considered to be a good estimate for how much a video game production will cost, no matter how big a team gets."[9] Auf dieser Grundlage gibt er drei Rechenbeispiele: Ein Indie-Studio, das mit fünf Personen über eineinhalb Jahre ein Spiel entwickelt, benötigt $5 \times 18 \times 10.000 = 900.000$ US-Dollar. Ein mittleres Team von 40 Personen und zwei Jahren Entwicklungszeit sollte mit $40 \times 24 \times 10.000 = 9,6$ Mio. US-Dollar kalkulieren. Und ein Publisher, der ein High-End-Spiel finanzieren möchte, sollte mit 400 Personen über drei Jahre und Kosten von $400 \times 36 \times 10.000 = 144$ Mio. US-Dollar rechnen. Hinzu kommen Publikations- und Marketingkosten, die nicht selten die Hälfte des Gesamtbudgets ausmachen, d. h. die genannten Kosten noch einmal verdoppeln.

---

9   Schreier 2017: Why Video Games Cost So Much To Make. Eine Diskussion darüber, wie glaubwürdig diese Schätzung ist, wird in den Kommentaren des Beitrags geführt und von den dort beteiligten Entwicklern überwiegend bestätigt.

Diese Ausgaben müssen während der vermarktbaren Lebenszeit des Spiels wieder eingenommen werden, wenn Entwickler und Publisher langfristig überleben wollen und keine Querfinanzierungen durch andere Produkte herangezogen werden. Verschiedene Monetarisierungsmodelle dafür werden im dritten Kapitel vorgestellt. Um deren Wirksamkeit zu verstehen, muss aber zunächst die innere Ökonomie von Spielen und ihre Gestaltung betrachtet werden.

1.3 Innere Ökonomie

Spielbestandteile, die den Ressourcenfluss innerhalb eines Spiels steuern, werden unter dem Oberbegriff „Spielökonomie" zusammengefasst. Dazu gehören die Erzeugung, Verteilung und der Verbrauch virtueller Währungen und Spielgüter, die als Ressourcen Einfluss auf den Spielverlauf haben. Insbesondere Hybridökonomien, welche die innere Ressourcen-Ökonomie und die äußere Geld-Ökonomie verbinden, sind ein wesentliches Merkmal moderner Monetarisierungsformen. Um sie angemessen beschreiben zu können, sind einige spielökonomische Grundbegriffe erforderlich, die in diesem Abschnitt, in Anlehnung an die Terminologie von Adams und Dormans[10], vorgestellt werden.

1.3.1 Ressourcen

Ressourcen sind Spielelemente, die numerisch gemessen werden und sich im Spielverlauf ändern können. **Spieler-Ressourcen** können vom Spieler erzeugt, gesammelt oder zumindest eingeschränkt kontrolliert werden, z. B. Lebenspunkte, Mana oder Gold. **Spiel-Ressourcen** werden vom Spiel verwaltet und nicht vom Spieler kontrolliert, z. B. Zeit, Beute oder Ressourcenverbrauch von Nicht-Spieler-Figuren.

---

[10] Adams und Dormans 2012: Game Mechanics.

Gegenständliche Ressourcen haben innerhalb der Spielwelt eine Objektrepräsentation und damit einen Ort, z. B. als sichtbare Items. **Ungegenständliche** Ressourcen können zwar gezählt werden, sind aber nicht durch Spielobjekte, sondern durch Werte im Interface repräsentiert, z. B. Erfahrungspunkte oder Charakterwerte in Rollenspielen. **Abstrakte** Ressourcen sind aus dem gegenwärtigen Spielzustand abgeleitet und nicht konkreter Bestandteil der Spielökonomie. Die Einflusswerte in der Influence Map eines Strategiespiels werden anhand der aktuellen Ressourcenverteilung und möglichen Spielverläufe errechnet, sie sind die zentrale Größe bei der Entscheidungsfindung der Gegner-KI. Die strategische Bewertung ist damit eine abstrakte Ressource, ohne dass sie im Spiel explizit angezeigt wird. Die Gewinnwahrscheinlichkeit für bestimmte Items nach dem Öffnen einer Lootbox kann ebenfalls im Spielverlauf variieren (1.4), ohne dass sie dem Spieler jemals angezeigt wird, und ist damit ebenfalls eine abstrakte Ressource.

Währungen sind Ressourcen, deren einzige Funktion es ist, innerhalb der Spielökonomie in andere Ressourcen umgewandelt zu werden. Dabei kann es sich um allgemeine und spezielle Währungen handeln. Mit **allgemeinen Währungen** können viele oder alle Gegenstände, mit **speziellen Währungen** nur Ressourcen aus einer bestimmten Gruppe gekauft werden.

1.3.2 Elemente von Spielökonomien

Die Spielökonomie wird von allen Spielmechaniken gebildet, bei denen Ressourcen erzeugt, vernichtet, verschoben oder modifiziert werden. Nach Adams/Dormans lassen sich verschiedene Elemente einer Spielökonomie identifizieren: Quellen, Speicher, Senken, Konverter und Tauscher.

Quellen erzeugen eine Ressource in der Spielwelt, die vorher noch nicht da war. Wesentliches Merkmal einer Quelle ist die Produktionsrate, also die Menge der erzeugten Ressource pro Zeiteinheit.

In *Minecraft* werden bei Nacht Gegner (Mobs) in unmittelbarer Nähe zum Spieler gespawnt, um spielerische Herausforderungen zu schaffen. Die Spawner in *Minecraft* sind damit Quellen für die Ressource *Mob*.

Ein **Speicher** ist ein Aufbewahrungsort für Ressourcen. Aus Programmiersicht ist ein Speicher eine Variable, die einen Zahlenwert aufnehmen kann. Der Speicher „Gold" bewahrt das dem Spieler zur Verfügung stehende Spielvermögen, der Speicher „Timer" speichert die ungegenständliche Ressource Zeit, z. B. die Zahl der verbleibenden Sekunden bis Spielende in einem Rennspiel.

Ein **elementarer Speicher** bewahrt einen einzelnen Wert auf, ein **zusammengesetzter Speicher** ist entsprechend eine Kombination verschiedener elementarer Speicher, die in diesem Fall als **Attribute** bezeichnet werden. In vielen Spielen werden Figuren ökonomisch als zusammengesetzte Speicher behandelt, die unterschiedliche Attribute in sich vereinen, z. B. Lebenspunkte, Angriffs- und Verteidigungsstärke, Ausdauer, Vermögen etc.

In einer **Senke** werden Ressourcen aus der Spielwelt entfernt. Mario verliert beim Tauchen unter Wasser die Ressource Luft; Häuser in *SimCity* verlieren mit der Zeit an Stabilität, ehe sie kollabieren.

In *Eve Online* sind die drei Hauptquellen für die In-Game-Währung ISK (Interstellar Kredits) Kopfgeldprämien, Warenverkäufe an Non Player Characters (NPC) sowie Gehalt für Beteiligung an Angriffen, die von NPCs organisiert werden.[11] Auf der anderen Seite entziehen Transaktionssteuern, Maklergebühren und Einkäufe im In-Game-Shop der Ökonomie ISKs.

Ein **Konverter** verwandelt eine oder mehrere Ressourcen in eine andere Ressource. Im Grunde handelt es sich um die Verbindung zwischen einer Senke für eine Ressource und einer Quelle für die andere Ressource.

Beispiele für Konverter sind In-Game-Shops, die Items gegen einen Betrag von In-Game-Währung anbieten, ohne dass sie eine Möglichkeit hätten, das eingenommene Geld weiter zu verwenden. Wenngleich

---

[11] https://www.eveonline.com/article/pwp24k/monthly-economic-report-july-2019

als Tausch von Geld gegen Ware inszeniert, konvertieren sie spielökonomisch die Währung in das gewünschte Item. Eine ähnliche Mechanik ist das Crafting, bei dem eine oder mehrere Ressourcen, z. B. Holz und Stein, in eine andere Ressource umgewandelt werden, z. B. in ein Haus. Dabei werden Holz und Stein aus der Ökonomie entfernt und ein Haus erzeugt. In einem Shooter wird Munition in negative Lebenspunkte bei gegnerischen Figuren und evtl. positive Siegpunkte für die eigene Figur konvertiert, beim Essen Nahrungsmittel in positive eigene Lebenspunkte umgewandelt.

Ein explodiertes Raumschiff in *Eve Online* hinterlässt neben der Fracht spielökonomisch wertlose Trümmer, wodurch der Spielökonomie zwar keine Währung, wohl aber Material entzogen wird. Es ist keine Währungs-, sondern vielmehr eine Material-Senke, die über eine im Spiel abgeschlossene Versicherung gleichzeitig eine ISK-Quelle ist. Damit wird im Raumkampf Material in Währung konvertiert.

Bei einem **Tausch** wechseln die Besitzverhältnisse zweier Ressourcen. Dies ist bei Handel zwischen Spielern regelmäßig der Fall, Handel mit In-Game-Händlern kann nur dann als Tausch angesehen werden, wenn der Händler die ertauschte Ressource anschließend im Verkauf anbietet bzw. mehr Währung zum Ankaufen zur Verfügung hat. Da Raumschiffe in *Eve Online* nicht durch NPC-Händler verkauft werden, fließt der Betrag an Spielwährung zu einem anderen Spieler, der im Gegenzug das Raumschiff abgibt.

Für je zwei Ressourcen A und B, die miteinander getauscht werden können, lässt sich zu jedem Zeitpunkt ein **Wechselkurs** bestimmen, d. h. die Menge der Ressource A, die aufgebracht werden muss, um eine Einheit der Ressource B zu erhalten. Im Spiel *Overwatch* werden einfache Skins verschenkt, seltene kosten 75 Münzen, epische 250 Münzen und legendäre 1.000 Münzen und mehr. Das legendäre Schildmaid-Skin für Brigitte kostet sogar 3.000 Münzen.

Diese ökonomischen Elemente können verschiedene Eigenschaften aufweisen, die am Beispiel von Quellen eingeführt werden: **Unendliche Quellen versiegen nie, endliche** Quellen sind nach einer bestimmten Zeit erschöpft. **Deterministische** Quellen erzeugen eine genau bekannte Menge an Ressourcen, **probabilistische** oder **randomisierte** Quellen erzeugen eine zufällige Menge nach einer vorgegebenen Wahrscheinlichkeitsverteilung. Diese Verteilung ist zwar vom Game Designer vorgegeben, den Spielern aber nicht notwendigerweise bekannt. Randomisierte ökonomische Elemente werden im Verlauf dieser Arbeit eine prominente Rolle einnehmen.

Eine **automatische** Quelle generiert Ressourcen ohne äußere Einflüsse. Geschieht dies lediglich bei Spielbeginn oder wenn sie zum ersten Mal in die Spielwelt eingebracht wird, handelt es sich um eine **startende** Quelle. Eine **interaktive** Quelle benötigt eine aktive Spielerhandlung, eine **passive** Quelle reagiert auf ein Auslösesignal.

Eine **monovalente** Quelle kann lediglich eine Ressource generieren, ist sie **polyvalent**, erzeugt sie mehrere verschiedene Ressourcen.

Die **Produktionsrate** einer Quelle errechnet sich aus der Anzahl erzeugter Ressourcen pro Zeiteinheit, die **Verbrauchsrate** bei Senken, Konvertern oder Tauschern ist entsprechend die Anzahl verbrauchter Ressourcen pro Zeit.

Eine Spielökonomie ist im **Gleichgewicht**, wenn die Summe der erzeugten und der vernichteten Ressourcen Null ergeben, d. h. es wird nicht mehr erzeugt als verbraucht und umgekehrt. In Online-Rollenspielen ist das Phänomen der **Mudflation** bekannt, bei dem Spieler durch fortgesetztes Ansteuern interaktiver Quellen (sogenanntes Farming, ähnlich dem Bewirtschaften eines Ackers durch einen Bauern) die Währungsmenge vermehren und durch die erhöhte Kaufkraft die Preise in die Höhe treiben. Als Lösung werden verschiedene Senken eingebaut, um der Ökonomie Währung zu entziehen und die Preise zu stabilisieren. Solche **Gold Sinks**, die auch in Form von Konversionen oder Tausch mit anderen Ressourcen auftreten können, sind der Verkauf (Tausch) von

Konsumgütern wie Nahrung oder Licht, Dienstleistungen (Konversion) wie Heilung oder Reparatur von Ausrüstungsgegenständen oder In-Game-Händler, die Gegenstände billig an- und teuer verkaufen. Auch der Verkauf von kosmetischen Items wie Dekoration, Skins oder Schmuckgegenständen gegen In-Game-Währung ist eine solche Senke, auch wenn diesen Items keine ludische Funktion zukommt.

Die Ökonomie in einem Spiel lässt sich als **Währungsfluss**, als Netzwerk von Ressourcen darstellen, in dem die Wege jeder Ressource von ihren Quellen über Konverter und Tausch bis zu ihren Senken festgehalten ist.

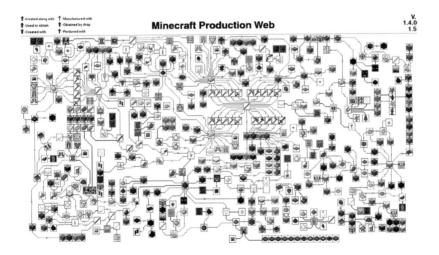

Das Minecraft Production Web für die Versionen 1.5 zeigt ein komplexes Netzwerk an Ressourcen, wobei in jeder Region manche Quellen unendlich, andere hingegen endlich sind.
Quelle: https://i.pinimg.com/originals/38/a6/fb/38a6fb53567c3b9f90f3abd-80de525e9.png

1.3.3 Hybride Ökonomie

Der Typ einer Ökonomie wird bestimmt von den Ressourcen, die in ihren Quellen erzeugt und in ihren Senken verbraucht werden: Eine **Spielökonomie** oder **In-Game Economy** erzeugt und verbraucht spielrelevante Ressourcen, eine **Echtgeld-Ökonomie** erschafft und verbraucht Ressourcen, deren Werte in Euro oder Dollar bestimmt werden können.

Eine Spielökonomie ist **geschlossen**, wenn sie ausschließlich spielinterne Ressourcen verwaltet und es keine Verbindung zu Ressourcen außerhalb des Spiels gibt. Sobald eine solche Verbindung in eine Richtung möglich ist, handelt es sich um eine **halboffene** Ökonomie, besteht eine zweiseitige Verbindungsmöglichkeit, ist sie **offen**.

Ein Spiel, das eine oder mehrere solcher ein- oder zweiseitiger Verbindungen realisiert, hat eine **hybride Ökonomie**. Eine hybride Ökonomie besteht aus mindestens zwei getrennten Subökonomien, die über Konversions- oder Tauschelemente miteinander verbunden sind. Mit dem Entfernen dieser Elemente zerfällt sie in zwei getrennte Ökonomien.

Wichtig für den Begriff der hybriden Ökonomie ist die Trennung der ökonomischen Sphären. Ein Spiel, das mehrere Währungen hat, z. B. Gold, Trefferpunkte und Mana in *Diablo* (1996) wird auch dann nicht als Hybridökonomie bezeichnet, wenn sich durch Gold die anderen Ressourcen, z. B. in Form von Heil- und Manatränken, kaufen lassen. Obwohl die Ressourcen spielmechanisch getrennt sind, ist das gesamte Spielsystem darauf ausgelegt, die angebotenen In-Game-Kaufmöglichkeiten zu nutzen, um die Herausforderungen angemessen bewältigen zu können. Es handelt sich damit um eine geschlossene Spielökonomie mit verschiedenen Ressourcen.

Bei einer hybriden Ökonomie handelt es sich um zwei normalerweise getrennte Ökonomien, die für sich allein funktionieren können, aber durch hybridökonomische Elemente miteinander verbunden werden.

Hybridhandel

Als zentrale Spielökonomie haben Hybridökonomien ihren Ursprung in Browserspielen, ehe sie für mobile Plattformen adaptiert wurden. Wie alle Webangebote waren Browserspiele kostenlos aufrufbar, sie konnten sich daher nicht über Verkauf eines Datenträgers und nur in den wenigsten Fällen über Abonnements finanzieren.

Die erfolgreichste Monetarisierung lief daher über den Verkauf von Spielwährungen, die innerhalb des Spiels benötigt und verwendet werden konnten. Wenn in einem Siedlungs-Aufbauspiel Gold benötigt wird, um Gegenstände zu kaufen, Gebäude zu bauen oder Bauarbeiter auszubilden, kann der Kauf von Gold das Spiel schneller voranbringen. Auf der anderen Seite muss Gold aber auch erspielbar sein, damit die Kosten, im Spiel zu bleiben, nicht zu hoch werden. Dennoch gibt es zu Beginn des Spiels genügend Anreize, Gold mit Echtgeld zu kaufen, um das Spiel zu beschleunigen.

Ab einem bestimmten Spielfortschritt wird Gold aber nicht mehr knapp sein, da genügend Quellen erschlossen sein müssen, um eine größere Spielstadt am Laufen zu halten. Nun sinkt der Anreiz, weiter Geld für das Spiel auszugeben, weil es sich von diesem Punkt an selber finanziert. Damit verliert das Spiel die treuesten Spieler als Einnahme und müsste sich über Neueinsteiger monetarisieren.

Aus diesem Grund wurde eine zweite Währung eingeführt, die innerhalb der Spielökonomie kaum erwirtschaftet, dabei aber

In *Die Siedler Online* müssen Diamanten als harte Währung mit Echtgeld gekauft werden, wobei der Hybrid-Tauscher verschiedene Zahlungsmethoden akzeptiert. *Quelle: Screenshot aus* Die Siedler Online *(Ubisoft Blue Byte)*

jederzeit in die erste Währung umgetauscht werden kann. Darüber hinaus hat sie noch andere Funktionen, die grundsätzlich begehrt sind, z. B. Erforschen neuer Gebäudetypen, Freischalten neuer Gebiete oder Ausbilden von neuen Fähigkeiten. Diese zweite Währung kann überwiegend mit Echtgeld gekauft werden.

Spiele mit Hybridökonomie haben also mindestens eine **weiche Währung (Soft Currency)** und eine **harte Währung (Hard Currency)**. Während die weiche Währung den Spielfluss aufrecht hält und über Quellen in die Ökonomie eingespeist und in Senken ihr entnommen wird, ermöglicht die harte Währung qualitative Verbesserungen, ohne den Spielfluss abzubrechen, wenn zu wenig vorhanden ist. Dadurch entstehen zwei voneinander getrennt balancierbare Währungskreisläufe und zwei verschiedene Spielergruppen. Soft-Currency-Spieler bevölkern die Spielwelt, die Gruppen und Teams, Hard-Currency-Spieler finanzieren darüber hinaus das Spiel und die Entwickler.

Bei der Frage, welche der beiden Gruppen in kompetitiven Spielen dominiert, unterscheiden sich verschiedene Monetarisierungsformen, die im Kapitel 3.6 besprochen werden.

Der **Hybridhandel** zwischen echtem Geld und Spielgeld wird auch als **Real Money Trading (RMT)** bezeichnet. RMT entstand mit dem ökonomischen Erfolg von Massively Multiplayer Online Role Playing Games (MMORPG) wie *Ultima Online* (Electronic Arts 1997), *EverQuest* (Daybreak Game Company 1999) oder *Dark Age of Camelot* (Vivendi Games 2001). Firmen wie Blacksnow, Yantis Enterprises Inc. oder Internet Gaming Entertainment Ltd. (IGE) organisierten außerhalb der Spielwelt den An- und Verkauf von virtuellen Gütern und innerhalb des Spiels den Transfer von Verkäufern zu Käufern.[12]

Mit dem Erfolg des Spiels *World of Warcraft* (Blizzard 2004) entstand vor allem in Ostasien das Geschäftsmodell, durch ausdauerndes Farming Spielgold zu erwirtschaften und auf spielexternen Seiten gegen

---

[12] Castronova 2007: Synthetic Worlds, S. 163 ff.

Echtgeld anzubieten. Neben Gold wurden auch andere wertvolle Gegenstände gehandelt: Waffen, Rüstungen, magische Items etc., die innerhalb der Spielwelt nur schwer oder besonders mühsam zu erlangen
waren. Wegen der Konzentration der Anbieter vor allem in China und
Hongkong wurden Real Money Trader in dieser Zeit als **Chinese Gold
Farmer** bezeichnet.

Zwar war ihr Geschäftsmodell durch die Geschäftsbedingungen von
Blizzard verboten, die Aufdeckung war jedoch äußerst unwahrscheinlich,
weil Spieler innerhalb der Spielwelt durchaus anderen Spielern Gold
schenken konnten, und der Nachweis, dass für dieses Geschenk außerhalb der Spielwelt Geld geflossen ist, schwer zu erbringen war. Dieser
Nachweis war natürlich auch für Käufer nicht möglich, um beispielsweise
bei Nichterhalt des Goldes Schadensersatz geltend machen zu können,
da sie keinen gültigen Vertrag geschlossen hatten. Real Money Trading ist eine auf Vertrauen basierende Vereinbarung jenseits des Spiels
und damit eine gemeinschaftliche Verabredung zum Betrug an den
Spielregeln bzw. den Allgemeinen Geschäftsbedingungen, die mit den
Begriffen „Schummeln" oder „Cheating" nur noch unzureichend erfasst
werden.

Real Money Trading bringt zahlreiche Rechtsprobleme mit sich,
vom Güterbegriff bei virtuellen Gegenständen über Eigentums- und Ver-
mögensrecht an diesen Gütern, Rechtsfolgen im Falle eines Betrugs
oder steuerrechtlichen Fragen, die hier nicht weiter diskutiert werden
können.[13]

Nicht zuletzt wegen des wirtschaftlichen Erfolgs der Chinese Gold
Farmer öffnete Blizzard 2012 die Ökonomie von *Diablo 3* mit dem Auktionshaus für einen offiziellen Hybridhandel, in dem Spieler Gold und Items
gegen Echtgeld handeln konnten. Zwar bot Blizzard keine Güter an, ver-
diente aber an den Gebühren sowohl für Angebot als auch Verkauf. Da
dies das Spiel dem Verdacht aussetzte, stellenweise unnötig schwierig

---

13 Deutscher Bundestag 2011: Virtuelle Güter bei Computerspielen.

zu sein bzw. begehrte Items unnötig selten erspielbar zu machen, um den Hybridhandel und die damit verbundenen Einnahmen zu fördern, wurde das Auktionshaus nach massiver Kritik im Jahr 2014 geschlossen. Nach verschiedenen Experimenten mit Verbindungen von Spiel- und Echtgeldökonomien in den 00er-Jahren haben Online- und Free-to-Play-Spiele mit Mikrotransaktionen (s. 3.6) ab Anfang der 10er-Jahre hybride Ökonomien und RMT unter Kontrolle der Entwickler als festen Bestandteil der Gestaltung von Spielökonomien etabliert.[14]

1.4 Game Design

In Abschnitt 1.2 wurden die verschiedenen Rollen genannt, die für die Entwicklung eines Spiels erforderlich sind. Verantwortlich für die Spiel-ökonomien sind die Game Designer, die Herausforderungen, Kontexte und Spielsysteme gestalten, in denen Spieler mit Ressourcen umgehen. Jede Spielerhandlung gehört zu einer **Spielmechanik**, die als Regelsystem aus Objekten und Handlungen die Zustände der Spielwelt verändert. Im Zusammenhang der vorliegenden Untersuchung sind vor allem jene Spielmechaniken interessant, die in direktem Bezug zur Spielökonomie stehen, bei denen also Ressourcen erzeugt, getauscht, konvertiert oder verbraucht werden.

1.4.1 Loops

Spielhandlungen werden in **Game Loops** organisiert, Kreisläufe, in denen Spielereingaben verarbeitet und Aktionen in der Spielwelt ausgeführt werden. Diese Aktionen werden über Verben benannt, welche die Handlungsmöglichkeiten der Spieler zusammenfassen und aus spiel-

---

14 Lim 2018: Blood In The Water: A History Of Microtransactions In The Video Game Industry.

ökonomischer Sicht als Zuwachs und Abnahme, Konversion und Tausch von Ressourcen deterministisch oder probabilistisch beschrieben werden können (s. 1.3). Loops unterscheiden sich in ihrer Dauer und Bedeutung für das Spielerlebnis. Der **Core Loop** ist der längste Kreislauf, in dem Spieler die meiste Zeit verbringen.

Im Spiel *Clash of Clans* (CoC) besteht der Core Loop aus den Aktionen *Ressourcen sammeln* und entweder *Gebäude bauen und Truppen trainieren* oder *kämpfen*.[15]

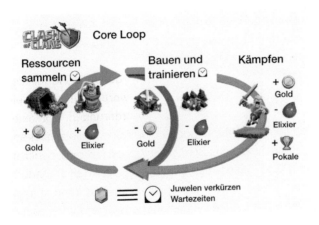

Der Core Loop in *Clash of Clans.*
Quelle: Eigene Darstellung in Anlehnung an Katkoff 2012

Konkretere Spielerhandlungen werden in **Middle Loops** ausgeführt. Ein Dorf in CoC besteht aus Gebäuden und Mauern. Für die in der Handlung *Bauen* aktive Spielmechanik müssen die Ressourcen *Arbeiter* und genügend *Gold* oder *Elixier* aufgebracht und das Gebäude durch den Spieler auf eine freie Stelle der Spielwelt platziert werden. Anschließend benötigt es eine bestimmte Menge der Ressource Zeit, ehe das Gebäude fertig gestellt und der Arbeiter wieder freigegeben ist. Die Herausforderung für

---

15   Katkoff 2012: Clash Of Clans – The Winning Formula.

den Spieler besteht darin, ein möglichst kluges Layout für die Gebäude und Mauern zu finden, um den Kampf-Loop erfolgreich zu überstehen, d. h. mit möglichst wenigen Verlusten der gesammelten Ressourcen.

In **Short Loops** werden Handlungen ausgeführt, die zumindest in mobilen Spielen, den Starbucks-Test bestehen, den Torsten Reil, CEO des Entwicklers Natural Motion, formuliert hat: „Have I got time for a meaningful interaction in the time it takes the barista to make my macchiato?"[16] In CoC gehört zu diesen minimalen, aber immer noch bedeutsamen Interaktionen das Einsammeln von Ressourcen aus automatischen Ressourcensammlern mit geringer Kapazität und das Einlagern in Speicher mit deutlich größerem Fassungsvermögen und größerer Sicherheit bei einem Überfall.

1.4.2 Balancing

Jesse Schell zufolge liegt die Hauptaufgabe eines Game Designers im Schaffen einer Erfahrung, wobei das Spiel nicht diese Erfahrung darstellt, sondern vielmehr den Weg dahin weist. Sein Buch „The Art of Game Designs" handelt davon, wie ein Game Designer diese Erfahrung, immer mit dem Fokus auf die Spieler, planvoll gestaltet, testet und verfeinert.[17] Diese implizit unterstellte Form der Zusammenarbeit zwischen Game Designer bzw. Entwickler und Spieler wird als **Ludic Contract** bezeichnet: „If I take the time to learn this and agree to suffer through some frustration... you [the game developer] agree to give me some great experiences later."[18] Der Vertrag basiert auf gemeinsamem Vertrauen: „Games are built on trust between the designer and the player. We agree to play by the rules and in doing so, agree to trust the people who devised them.

---

[16] Lovell 2019: The Pyramid Of Game Design, S. 77.
[17] Schell 2015: The Art Of Game Design.
[18] Swink 2009: Game Feel, S. 21.

That agreement forms the basis for the rest of our relationship with a game, however lengthy or fleeting it may be."[19]

Die schrittweise Verfeinerung der Spielmechaniken in den Game Loops zur Verbesserung dieser Erfahrung und Einhalten des Ludic Contracts wird als **Balancing** bezeichnet: „Adjusting the elements of the game until they deliver the experience you want."[20] Schell beschreibt 12 Formen, um ein Spiel auszubalancieren:

1. Fairness: Jeder Spieler soll genügend Ressourcen haben, um sich den Herausforderungen des Spiels gewachsen zu fühlen.
2. Herausforderung vs. Erfolgserlebnis: Das Spiel darf weder zu einfach noch zu schwierig sein.
3. Relevante Spielerentscheidungen: Verschiedene Entscheidungen müssen auf ihre Art bedeutsam für das Spiel sein, um dominante Strategien zu vermeiden.
4. Können vs. Glück: Spiele, die alleine vom Können der Spieler abhängen, sind häufig zu vorhersehbar, zu viel Glück hingegen kann den Spielspaß und das Kompetenzerleben verringern.
5. Verstand vs. Fingerfertigkeit: Rätsel und Strategien stellen kognitive Herausforderungen, Reaktionsvermögen und Controller-Beherrschung fordern Geschicklichkeit.
6. Kooperation vs. Konkurrenz: Hier wird austariert, wie sehr Spieler miteinander und gegeneinander handeln.
7. Kurz vs. Lang: Die Spieldauer kann durch Spielmechaniken beeinflusst werden.
8. Belohnungen: Wie oft werden Spieler für erfolgreiche Handlungen belohnt?
9. Strafen: Drohende Bestrafungen erhöhen das Risiko für bestimmte Handlungen, wodurch sie mehr Bedeutung erhalten.

---

19   Hamilton 2017: In-Game Purchases Poison The Well.
20   Schell 2015: The Art Of Game Design, S. 202.

10. Handlungsfreiheit vs. Erlebniskontrolle: Wie viel Handlungsfreiheit bzw. das Gefühl davon Spielern gegeben wird.

11. Einfach vs. Komplex: Die Anzahl und Komplexität der Regeln, die erlernt und beherrscht werden müssen, um das Spiel erfolgreich zu spielen.

12. Detailtreue vs. Fantasie: Wie viel Inhalt wird explizit gezeigt und welchen Anteil müssen Spieler sich vorstellen. Weniger zu enthüllen und mehr der Fantasie zu überlassen, kann das Spielerlebnis intensivieren.

All diesen Methoden ist gemeinsam, dass sie im Sinne der Verbesserung der Spielerfahrung durchgeführt werden. Methoden, den Ludic Contract zwischen Designern und Spielern zu erfüllen, werden als **Design Patterns** oder **Entwurfsmuster** bezeichnet. Björk und Holopainen beschreiben in ihrem Buch „Patterns in Game Design" zahlreiche dieser Muster, um Spiele auszubalancieren, darunter die Möglichkeit den Schwierigkeitsgrad einzustellen: „Right Level of Difficulty: That the level of difficulty experienced by the player is the one intended by the game design."[21]

Dabei kann es auch in balancierten Spielen durchaus zu subjektiven Gefühlen des Ungleichgewichts kommen, ein ausbalanciertes Spiel fühlt sich nicht notwendigerweise für jeden Spieler so an. Beispielsweise gilt das Spiel *Dark Souls* (From Software) als übergroße Herausforderung und wird von vielen Spielern als zu schwer bzw. zu fordernd beschrieben.[22] Dennoch ist genau diese Erfahrung beabsichtigt, weswegen bewusst auf eine Anpassung des Schwierigkeitsgrads verzichtet wurde. Game Designer Hidetaka Miyazaki bemerkt dazu: „We don't want to include a difficulty selection because we want to bring everyone to the same level of discussion and the same level of enjoyment [...] We want everyone to feel that sense of accomplishment. We want everyone to feel elated and to join that discussion on the same level. We feel if

---

[21] Björk und Holopainen 2006: Patterns In Game Design, S. 392 ff.
[22] Thomsen 2012: Are 100-Hour Video Games Like Dark Souls Ever Worthwhile?

there's different difficulties, that's going to segment and fragment the user base. People will have different experiences based on that."[23]

Das übliche Verfahren, Spiele zu balancieren, besteht in der Anpassung zentraler Werte innerhalb der Spielmechaniken. In der Versionsgeschichte von *Clash of Clans* sind zunehmend Änderungen der Spielmechaniken verzeichnet, die vom unspezifischen „Healer hit points increased" (Version 2.111) über präziseres „Decreased the attack range of Inferno Towers from 10 to 9 tiles" (Version 5.113.2) bis zu sehr konkreten Angaben wie „Reduce Super P.E.K.K.A HP by 5%; Increase Baby Dragon HP by 7.5%" (Version 11.185.8) reichen.[24]

Sowohl die Parametrisierbarkeit der Spielmechaniken als auch die Transparenz der Balancing-Entscheidungen könnten darauf hinweisen, dass die Designer von *Clash of Clans* sich große Mühe geben, den Ludic Contract so gut wie möglich zu erfüllen. Dies wäre in einem Aufbauspiel der 90er-Jahre sicherlich der Fall, allerdings ist *Clash of Clans* ganz wesentlich um andere Patterns herum entwickelt worden, die keineswegs die optimale Spielerfahrung ins Zentrum stellen.

1.4.3 Dark Patterns

Seit einigen Jahren gibt es vermehrt Spiele, deren Balance aus dem Gleichgewicht gebracht ist, um Ziele zu erreichen, die nicht im Interesse der Spieler liegen. Das gezielte Herbeiführen negativer Spielerlebnisse, meistens mit dem Ziel der Monetarisierung, wird von Zagal, Björk und Lewis als **Dark Game Design Pattern** bezeichnet: „A dark game design pattern is a pattern used intentionally by a game creator to cause negative experiences for players which are against their best interests and likely to happen without their consent."[25]

---

23 Dayus 2019: Here's Why Dark Souls, Bloodborne, And Sekiro Don't Have Difficulty Options.
24 https://clashofclans.fandom.com/wiki/Version_History
25 Zagal et al. 2013: Dark Patterns In The Design Of Games.

Diese Entwurfsmuster gliedern die Autoren in Bezug auf die Ressourcen Zeit, Geld und Sozialkapital – Ressourcen, die aufgebracht werden müssen, um eine negative Spielerfahrung zu vermeiden oder zu beenden.

Die Seite darkpatterns.games definiert Dark Patterns als „techniques deliberately used by game designers to create unwanted negative experiences for the players. These patterns often benefits the game designer at the expense of the player's enjoyment."[26] Neben den bereits bei Zagal et al. genannten Ressourcen führen sie zusätzlich noch psychologische Muster an.

Viele Dark Patterns werden in den nächsten Kapiteln noch genauer diskutiert. Daher soll an dieser Stelle lediglich das oben erwähnte Spiel *Clash of Clans* in Stichworten vorgestellt werden, das zahlreiche Dark Patterns nutzt,[27] wodurch es sich deutlich von einem klassischen Aufbau- bzw. Tower-Defense-Spiel ohne Hybridökonomie unterscheidet.

1.4.4 Dark Patterns in *Clash of Clans*

Temporal Dark Patterns werden verwendet, damit Spieler mehr Zeit mit dem Spiel verbringen, als sie eigentlich beabsichtigt haben. Das am häufigsten anzutreffende ist **Wait To Play**, wobei das Spiel den Spieler willkürlich warten lässt, ehe er weiterspielen kann. Die Zeiten für den Bau von Gebäuden und das Trainieren von Einheiten verlängert sich mit dem Spielfortschritt. Ein Rathaus auf Level 2 ist in 10 Sekunden errichtet, während der Spieler für Level 5 bereits 12 Stunden, für Level 10 sechs Tage und für Level 12 vierzehn Tage warten muss. Ähnliche Progressionen der Wartezeiten ergeben sich bei allen Gebäuden, aber auch beim Einsammeln von Ressourcen und beim Trainieren von Einheiten.

---

[26] https://www.darkpattern.games/patterns.php
[27] https://www.darkpattern.games/game/65/0/clash-of-clans.html

Level	Build Cost	Build Time	Time to Fill	Catch-Up Point
1	150	10 s	2 h 30 m	N/A
2	300	1 m	2 h 30 m	1 m
3	700	15 m	2 h 30 m	30 m
4	1,400	1 h	3 h 7 m 30 s	3 h
5	3,500	1 h	10 h	4 h
6	7,000	4 h	15 h 23 m 5 s	13 h 20 m
7	14,000	6 h	18 h 45 m	1 d 2 h
8	28,000	8 h	1 d 2 h 18 m 57 s	1 d 18 h 40 m
9	56,000	10 h	1 d 10 h 5 m 27 s	2 d 15 h 20 m
10	84,000	12 h	1 d 11 h 42 m 52 s	1 d 20 h
11	168,000	16 h	1 d 18 h 51 m 26 s	2 d 16 h
12	336,000	1 d	1 d 23 h 37 m 9 s	5 d
13	504,000	3 d	2 d 3 h 1 m 14 s	18 d

Werte für automatische Gold- und Elixiersammler in *Clash of Clans*. Die *Build Costs* sind in einer Soft Currency angegeben, die *Build Time* kann durch Zahlen der Hard Currency abgekürzt werden. Die *Time to Fill* gibt an, wann der Sammler voll ist, wenn er vorher nicht geleert wird. Der *Catch-Up Point* gibt an, ab wann sich das Upgrade auf einen höherwertigen Sammler rentiert, vorausgesetzt, jede Ressource wird vom Spieler in den ökonomischen Kreislauf eingebracht bzw. gespeichert.
Quelle: https://clashofclans.fandom.com/wiki/Elixir_Collector/Home_Village sowie https://clashofclans.fandom.com/wiki/Gold_Mine/Home_Village

Das Muster **Playing by Appointment** liegt vor, wenn sich die Spielzeit nach dem Zeitplan des Spiels und nicht des Spielers richtet. Da das eigene Dorf während der Abwesenheit des Spielers von anderen Spielern überfallen werden kann, die nicht-gelagerte Ressourcen plündern, gibt es einen zusätzlichen Anreiz, mehrmals täglich eine kurze Spielzeit mit der Pflege seines Dorfes zu verbringen. **Daily Rewards** ermutigen oder erfordern das tägliche Spiel und bestrafen Fehlzeiten mit Ressourcenverlust. Die dabei wiederholt auszuführenden Handlungen werden als **Grinding** bezeichnet, weil nur das regelmäßige Einsammeln und Einlagern der Ressourcen den Spielfortschritt sicherstellt. Als Onlinespiel, bei dem alle relevanten Spieldaten auf zentralen Servern verwaltet werden, gibt es keine Pause-Funktion oder die Möglichkeit, einen Spielstand zu speichern, **Can't Pause or Save.** Zusätzlich hat das Spiel keinen Endzustand, die **Infinite Treadmill** sorgt dafür, dass die Jagd nach Ressourcen und dem Ranking in der Highscore-Liste endlos weitergehen kann.

Diese zeitbezogenen Patterns könnten zum erwünschten Spielerlebnis gehören, allerdings gibt es gleichzeitig **Monetary Dark Patterns**, die den Spieler dazu motivieren, mehr Geld auszugeben als er eigentlich vorhat. Diese Muster werden ausführlicher im dritten Kapitel diskutiert, das wichtigste ist auch hier die **Premium Currency** bzw. **Hard Currency** in Form von grünen Edelsteinen, die in kleinen Mengen im Spiel gesammelt, aber hauptsächlich gegen Echtgeld erworben werden können und die als ökonomisches Schmiermittel in allen spielrelevanten Mechaniken verwendbar sind. Darunter **Pay to Skip** zum Vermeiden der (künstlichen) Wartezeiten, **Pay to Win**, bei dem Schilde, stärkere Einheiten oder bessere Gebäude gekauft werden können, die spielerische Vorteile garantieren. Denn obwohl in CoC alle Gebäude und Einheiten theoretisch auch ohne In-Game-Käufe erspielbar sind, kann aufgrund exorbitanter Kosten und Wartezeiten ab einem bestimmten Level der erreichte Spielstand nur noch mit Echtgeld gesichert werden. Regelmäßige Sonderangebote durch **Artificial Scarcity**, die künstliche Verknappung von Ressourcen, motivieren zusätzlich zum Ausgeben der Premiumwährung.

Zusätzliche Anreize, der ökonomischen Logik des Spiels zu folgen, schaffen **Social Dark Patterns**, bei denen der Einsatz von Freunden und Familie den Spielfortschritt begünstigen. Zunächst basiert das Spiel auf **Competition**, also auf dem Wettbewerb mit und gegen andere Spieler. Dies wird zum Dark Pattern, wenn der Wettbewerb vor allem durch Einsatz von mehr Geld und Zeit bestritten werden muss, als der

Spieler ursprünglich zu investieren bereit war. Dadurch, dass bei einem Überfall Teile der gesammelten Ressourcen geplündert werden können, begünstigt dieses Nullsummenspiel (in der Summe ist der Verlust des einen und der Gewinn des anderen Spielers gleich null) auch **Anti Social Behavior**, was noch dadurch gesteigert wird, dass die Namen der letzten Angreifer angezeigt werden, um sich besser an ihnen rächen zu können. In CoC schließen sich mehrere Spieler zu Clans zusammen, die gemeinsam im Wettstreit mit anderen Clans liegen. Dadurch entsteht **Social Obligation**, da zu geringer Spieleinsatz sich nicht nur auf den eigenen Spielstand, sondern auch auf den der Gruppe auswirkt. Das Gefühl der sozialen Verpflichtung motiviert viele Spieler, auch dann zu spielen, wenn sie es eigentlich gar nicht vorhatten, um den Clan nicht zu enttäuschen. Dies könnte bei unzufriedenen Clanleitern bis zum Ausschluss aus der Gruppe führen, eine Strafe, die nicht nur Jugendliche besonders hart trifft. Zusätzlich zur sozialen Verpflichtung entsteht die Furcht, etwas zu verpassen, die **Fear of Missing Out**, wenn der Clan etwas unternimmt, an dem man selber nicht beteiligt ist oder die Mitspieler Fortschritte machen, die nicht mehr aufgeholt werden können. Innerhalb des Clans können Ressourcen verschenkt werden, was zu **Reziprozität** verpflichtet, dem Gefühl, einen Gefallen oder ein Geschenk durch eine ähnlich wertvolle Gabe zurückzuzahlen.

Psychological **Dark Patterns** in CoC sind primär die Ausnutzung des **Endowed Value**, bei dem der einmal erarbeitete Spielfortschritt schon deshalb nicht aufgegeben werden kann, weil so viele Ressourcen erforderlich waren, ihn zu erreichen. Neben spielmechanischen Vorteilen wird der Wert des Spielstandes durch **Aesthetic Manipulations** visualisiert, durch bessere grafische Repräsentationen, Animationen und Sounds der teureren Gebäude und Einheiten.

Einige der durch diese Muster begünstigten Erfahrungen werden von Spielern gar nicht als negativ empfunden und wirken damit nicht als Dark Patterns. Insbesondere die sozialen Muster sind vielfach die Ursache für eine intensive und positive Spielerfahrung. In dieser Hinsicht ist

Clash of Clans ein sehr gut gestaltetes und ausbalanciertes Spiel, das seinen Core Loop auch ohne Einsatz von Echtgeld verfügbar macht.

Problematisch werden diese Muster, wenn sie dafür sorgen, dass weniger engagierte Spieler keine positive Erfahrung mehr haben, sei es, weil sie zu wenig oder zu schlecht spielen, den Anforderungen ihres Clans nicht genügen und soziale Sanktionen erleiden müssen oder weil sie Mühe haben, sich von dem Spiel zu lösen, in das sie bereits viel Zeit und Mühe investiert haben.

Kritisch wird es, wenn einzelne Spieler aufgrund dieser Game-Design-Entscheidungen die Kontrolle über ihr Spiel- und Ausgabeverhalten verlieren und durch eine unbeschränkte Möglichkeit zur Monetarisierung größere Geldbeträge investieren, als sie sich eigentlich leisten können. Dies liegt auf den ersten Blick nicht in der Verantwortung der Game Designer, schließlich wird ja niemand gezwungen, das Spiel zu spielen, geschweige denn Geld oder zu viel Geld darin auszugeben. Auf den zweiten Blick ist diese Argumentation jedoch zu einfach, weil es Menschen gibt, die nicht so rational handeln wie sie es eigentlich sollten, weil sie entweder zu jung oder psychisch zu schwach sind, um sich angemessen gegen die Anreizsysteme der Dark Patterns zu wehren.

Derartiges kompulsives Verhalten ist bereits aus der Spielgattung der Glücksspiele bekannt, die zwar rhetorisch immer noch von den Computerspielen abgegrenzt werden, deren Grenzen aber aus spielmechanischer Sicht zunehmend verwischen. Daher werden im nächsten Abschnitt zentrale Elemente in der Gestaltung und der Ökonomie von Glücksspielen vorgestellt.

1.5 Glücksspiele

Glücksspiele sind von Spielen mit Zufallselementen zu unterscheiden. Der Unterschied liegt sowohl in der Bedeutung des Zufalls für den Spielverlauf als auch in der Art und Weise, wie eine Zufallszahl bestimmt wird. Daher werden zunächst verschiedene Formen von Zufallszahlen im Game Design vorgestellt, ehe auf Glücksspiele und glücksspielähnliche Anwendungen eingegangen wird.

1.5.1 Zufallszahlen

Zufallszahlen sind numerische Ergebnisse von Zufallsexperimenten, bei denen also das Resultat nicht kausal vorhergesagt werden kann. In analogen Spielen werden Zufallszahlen üblicherweise mit dem Werfen eines Würfels, einer Münze oder dem Ziehen einer Karte erzeugt. Bei einem sechsseitigen Würfel ist die Eintrittswahrscheinlichkeit für eine Zahl üblicherweise 1/6, bei einer Münze 1/2. Eine Funktion, die jedem Wert einer Zufallsgröße die Wahrscheinlichkeit ihres Auftretens zuordnet, heißt **Wahrscheinlichkeitsverteilung.**

Die algorithmische Generierung möglichst überzeugender Zufallszahlen ist eine der ältesten Herausforderungen in der Programmierung von Computern. Zufallszahlengeneratoren (**Random Number Generator,** im Folgenden **RNG**) geben eine Folge von Zahlen aus, die zumindest den Anschein von Zufälligkeit haben.

Im Zusammenhang mit algorithmischen RNGs spricht man von **Pseudozufallszahlen (PNRG)**, weil die errechnete Zahlenfolge mit jedem Start des Algorithmus identisch ist. Echte RNGs sind möglich (**True RNG, TRNG**) und werten z. B. thermisches Rauschen, photoelektrische oder Quanteneffekte aus, die nicht vom Computer berechnet werden können.

Dennoch sind auch die Zahlenfolgen aus guten PRNGs stochastisch so gleichmäßig verteilt, dass sie problemlos in zufallsbasierten Anwendungen verwendet werden können. Kennt man den zugrundeliegenden

Algorithmus nicht, so sind diese Zahlenfolgen nicht von echtem Zufall unterscheidbar.

Die Ergebnisse auch kleiner Folgen von PRNGs sind teilweise sogar gleichmäßiger verteilt als echte Zufallszahlen, bei denen häufiger dieselben Ergebnisse hintereinander oder einzelner Zahlen über längere Strecken überhaupt nicht erscheinen können. Die Zahlenreihe $1, 3, 3, 3, 2, 5, 2, 1, 4, 1$ ist für einen Würfel nicht ungewöhnlich, würde bei einem Algorithmus jedoch den Verdacht der fehlerhaften Implementierung wecken, weil dreimal hintereinander eine 3 und bei zehn Versuchen keine einzige 6 ausgegeben wurde.

Wenn ein Gegnertyp mit einer Wahrscheinlichkeit von 1/6 ein seltenes Item fallen lässt, wäre es für einen Spieler allzu frustrierend, dieses Item nach 10 Versuchen nicht zu erhalten, obwohl die Wahrscheinlichkeit dafür $(5/6)^{10}$ also ca. 0,16 beträgt, d.h. in 16 % aller 10er-Reihen auftritt. Bei 10 Mio. Spielern träfe dieses Ereignis 1,6 Mio. Mal ein, was zu vielen irritierten Spielern führen würde. Ebenso überrascht wäre der Spieler aber auch, wenn er das Item dreimal hintereinander erhielte, auch wenn diese Folge $(1/6)^3$, d.h. in ungefähr 0,46 % der Fälle auftritt, bei 10 Mio. Spielen immerhin 46.000 Mal.

Echte Zufallszahlen können zu ungewöhnlich erscheinendem Misserfolg oder Erfolg führen. Daher werden Wahrscheinlichkeitsverteilungen in Computerspielen häufig manipuliert, damit sie der subjektiven Erwartung der Spieler entsprechen, dass sich Wahrscheinlichkeitsverteilungen bereits in kleinen Versuchsreihen zeigen, bei sechs Würfen mit einem Würfel zumindest eine 6 vorkommt oder bei drei Würfen einer Münze mindestens einmal Kopf oben liegt.

Dieser Erwartung kann entsprochen werden, indem z.B. die Zahlen nicht unabhängig wie bei einem Würfel, sondern abhängig wie bei einem Kartenspiel gewählt werden, bei dem jede Karte einmal gezogen, ehe der Stapel neu gemischt wird. Alternativ kann die Wahrscheinlichkeit bei Nichteintreten so lange erhöht werden, bis das Ereignis nahezu sicher eintritt, um sie anschließend wieder abzusenken.

Pseudozufallsverteilung
für P(A) = 15 %

Echte Zufallsverteilung
für P(A) = 15 %

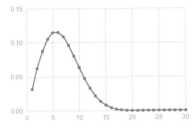
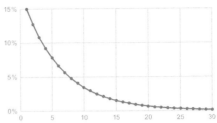

Echte und Pseudo-Wahrscheinlichkeitsverteilung für ein Ereignis mit Eintritts-
wahrscheinlichkeit von 15 % in *Dota 2*.
*Quelle: Eigene Darstellung nach https://liquipedia.net/dota2/Pseudo_Random_*
Distribution

In *Dota 2* (Valve 2013) wird dieser Mechanismus **Pseudo-Wahrscheinlichkeitsverteilung (Pseudo Random Distribution, PRD)** genannt: „The
PRD works by increasing the percentage chance for an activation by a
certain amount every time it didn't activate until the chance for activation is over 100 %. On the other side right after an activation the chance
for another activation is significantly lower than the chance stated in the
skill/item description. This means that skills such as critical strike will
occur more consistently than they would in more common standard
random distributions. Significantly streaks of „good luck" or „bad luck" are
less likely to occur, making the game less luck dependent."[28]

In *Hearthstone* (Blizzard) heißt diese Mechanik „Pity Timer", „which
defines a maximum number of packs that a player opens before guaran-
teeing the next Rare/Epic/Legendary card."[29]

Da viele Entwickler derartige Pseudo-Verteilungen als **adaptive
Wahrscheinlichkeitsverteilungen** ohnehin in ihren Spielen installieren,

---

28 https://liquipedia.net/warcraft/Pseudo_Random_Distribution
29 https://hearthstone.gamepedia.com/Card_pack_statistics

können sie auch für Regulierungen genutzt werden: Das in China seit 2017 geltende Gacha-Gesetz zur Regulierung von Lootboxen (s. 3.6.4) wurde 2019 noch einmal verschärft: unter anderem muss die Pseudo-Verteilung zugunsten der Spieler geändert werden, indem seltene Items garantiert nach „X" Lootboxen gefunden werden müssen. Zwar können Entwickler diese Anzahl „X" einstellen, sie muss aber im Spiel ausgewiesen werden.[30]

Je nach Spiel können Pseudo-Wahrscheinlichkeitsverteilungen auch individuell variiert werden. In diesem Fall kann man von **individualisierten Zufallszahlengeneratoren (IRNG)** sprechen, wenn die Wahrscheinlichkeitsverteilungen sich an individuelles Spielverhalten anpassen. Dies ist insbesondere sinnvoll, um Schwierigkeitsgrade einzustellen oder um den Ressourcenfluss in einem Spiel zu kontrollieren, ohne die Spieler-Community direkt mit dem Umstand zu konfrontieren, dass die Ergebnisse auf Grundlage der Auswertung von Spielerdaten errechnet wurden.

Jason Kapalka, Spielentwickler bei PopCap Games beschreibt, wie diese Form des manipulierten Glücks im Spiel *Peggle* (2007) eingesetzt wird: „In Peggle, the seemingly random bouncing of the balls off of pegs is sometimes manipulated to give the player better results [...] The Lucky Bounce that ensures that a ball hits a target peg instead of plunking into the dead ball zone is used sparingly. But we do apply a lot of extra 'luck' to players in their first half-dozen levels or so to keep them from getting frustrated while learning the ropes."[31]

Während in *Peggle* das Balancing noch den Ludic Contract (s. 1.4.2) zu erfüllen sucht und die positive Spielererfahrung im Mittelpunkt steht, sind bei *Peggle Blast* (PopCap Games 2014) Mikrotransaktionen fester Bestandteil der hybriden Spielökonomie. In Kombination mit dem Lucky Bounce ist es möglich, aber nicht nachgewiesen, dass das Spielglück

---

[30] https://www.pocketgamer.biz/asia/comment-and-opinion/70642/loot-box-design-20-complying-with-chinas-new-rules/
[31] Parkin 2017: How Designers Engineer Luck Into Video Games.

oder -pech auch vom individuellen Spiel- und vor allem Zahlungsverhalten abhängt, indem Spieler bis an die Grenze ihrer Zahlungsbereitschaft
frustriert werden, ihnen aber kurz vor der endgültigen Aufgabe wieder
mehr Glück gewährt wird, um sie im Spiel zu halten.

1.5.2 Glücksspiele

Glücksspiele sind eine besondere Form des Spiels, bei der das Ergebnis überwiegend vom Zufall und nicht von den Fähigkeiten der Spieler abhängt. Kulturgeschichtlich lassen sich erste Spiele dieser Art als
Würfelspiele bis nach Mesopotamien, Ägypten und Indien 4.000 Jahre
und vierseitige Stabwürfel in Afrika bis 6.000 Jahre vor unserer Zeit-
rechnung zurückverfolgen.[32] Die ägyptischen Würfel haben sich über
Rom nach Europa verbreitet und bildeten dort die Grundlagen der Würfelspiele. Spielkarten kamen von China über Indien, Persien und die
arabischen Länder nach Europa, wo sie ab dem 14. Jahrhundert belegt
sind. Spielautomaten wie die amerikanischen *Slot Machines* wurden im
späten 19. Jahrhundert in Amerika entwickelt und fanden von dort ihren
Weg nach Europa. Maschinell unterstütztes Glücksspiel gibt es inzwischen in vielen Formen. Seit den 80er-Jahren ist auch hier eine Ablösung analoger und elektromechanischer Techniken durch Digitalisierung
zu verzeichnen. Inzwischen bieten viele Hersteller von Glücksspielautomaten ihre Spiele losgelöst von den Automaten im Internet an, mit ver-
einfachtem Zugang für Spieler und größeren Gewinnquoten für die Anbieter.

---

[32] Hite 2010: A Random History Of Dice.

Nach dem Glücksspielforscher Mark Griffith unterscheiden sich Glücksspiele durch folgende Merkmale von anderen Aktivitäten:[33]
1. Austausch von Geld oder wertvollen Gütern
2. Ein unbekanntes, zukünftiges Ereignis bestimmt den Austausch
3. Glück bestimmt zumindest teilweise das Ergebnis
4. Nicht-Teilnahme kann den Verlust verringern
5. Gewinner gewinnen ausschließlich von den Verlierern

Für diese Untersuchung ist ein Blick auf Glücksspiele und ihre Regulierung aus mehreren Gründen relevant:

- Moderne Automaten-Glücksspiele sind aus technischer Sicht Computerspiele in speziellen Kontexten. Zwar erinnert die audiovisuelle
  Präsentation an elektromechanische Maschinen mit Walzenautoma-
  tiken, die dahinterliegenden Algorithmen haben sich aber deutlich
  von ihren analogen Vorbildern entfernt. Der Umgang mit dem Spieleinsatz und der damit verbundene Ressourcenfluss bei Glücksspielautomaten ist daher eine Monetarisierungsform für Computerspiele, wenngleich auch eine besonders regulierte.

- Nicht-lizenzierte Glücksspielangebote im Internet sind zwar gesetz-
  lich verboten, die Durchsetzung dieses Verbots ist aber nur schwer
  zu kontrollieren. Insofern ist der Zugang zu einem legalen Onlinespiel
  ähnlich einfach wie zu einem in Deutschland illegalen Glücksspiel.

- Zunehmend werden Casino-Spiele in sozialen Medien angeboten,
  die zentrale Glücksspielmerkmale aufweisen. Weil bei diesem **Social
  Gambling** nur Spielgeld eingesetzt wird, erfüllen die Spiele nicht die
  formalrechtliche Definition von Glücksspielen. Da die übrigen Merkmale jedoch zutreffen, können sie zumindest als glücksspielähnlich
  und als Vorbereitung und Einstieg in das echte Glücksspiel mit monetärem Wetteinsatz bewertet werden.

---

[33] Griffiths 1995: Adolescent Gambling.

- Wetten auf den Ausgang von Computerspielpartien, bei denen virtuelle Items auf das Ergebnis gesetzt werden, können die Bedingungen eines öffentlichen Glücksspiels erfüllen. Dieses **Skin Betting** oder **Skin Gambling** ist nicht nur weit verbreitet, sondern derzeit einer der zentralen Auslöser für Suchterkrankungen gerade bei Jugendlichen (s. 3.6.5).

- Die Randomisierung von Belohnungen in Spielen z. B. in Form von Lootboxen (s. 3.6.4), Booster Packs oder Spielmöglichkeiten an Glücksrädern (s. 3.6.6) hat zunächst einmal den Charakter eines Gewinnspiels, da hier teilweise auch ohne monetären Einsatz Sachpreise gewonnen werden können.

- Werden Lootboxen in Hybridökonomien jedoch zum Verkauf angeboten und gibt es Möglichkeiten, die Gewinne anschließend zu monetarisieren, kann die Schwelle zum Glücksspiel überschritten werden. Manche Länder legen ihre Glücksspielgesetze so aus und haben Maßnahmen ergriffen, um Lootboxen zu regulieren oder zu verbieten. Eine ausführlichere Darstellung dieser Diskussion findet sich in Abschnitt 3.6.4.

- Fiedler et al. gehen davon aus, dass sich die Trennung von Computerspielen und Glücksspielen zunehmend auflöst und diagnostizieren in ihrem Gutachten eine „Konvergenz von Gaming und Gambling".[34] Einige Forscher sprechen im Zusammenhang von Free-to-play-Spielen von „glücksspielähnlichen" Spielen, weil zwar nicht die Spielmechanik, wohl aber die Spielerstruktur und das Spielverhalten große Ähnlichkeiten zu Glücksspielen aufweisen.[35]

---

34 Fiedler et. al. 2018: Die Konvergenz von Gaming und Gambling.
35 Dreier et al. 2017: Free-to-play: About Addicted Whales, At Risk Dolphins And Healthy Minnows.

1.5.3 Regulierung von Glücksspielen

Glücksspiele wurden in Deutschland bis 2012 im Glücksspielstaatsvertrag (GlüStV) sowie im Jugendschutzgesetz (JuSchG) reguliert. Aufgrund fehlender Einigung der Länder konnte bislang keine Einigkeit für einen neuen Staatsvertrag gefunden werden. Gleichwohl gelten wesentliche Regelungen in den einzelnen Bundesländern weiterhin.

Ziele der gesetzlichen Regulierung ist es laut § 1 GlüStV einerseits, „das Entstehen von Glücksspielsucht und Wettsucht zu verhindern", andererseits „den natürlichen Spieltrieb der Bevölkerung in geordnete und überwachte Bahnen zu lenken", wobei der Kinder- und Jugendschutz gewährleistet bleiben muss.[36] Aspekte der Glücksspielsucht werden in Kapitel 2.10 diskutiert.

Dennoch wird im Staatsvertrag und in seiner Umsetzung bei der Regulierung des Glücksspiels auch deutlich, dass es nicht nur um Suchtprävention und Kanalisieren von natürlichen Triebkräften geht, sondern auch um eine Abschöpfung des im Glücksspiel entstehenden Gewinns. Auf die Darstellung der Ökonomie der Glücksspielindustrie kann an dieser Stelle allerdings nicht eingegangen werden.[37] In diesem Abschnitt werden Glücksspiele aus juristischer Sicht vorgestellt und anschließend Parallelen zur Ökonomie der Computerspiele besprochen.

Ähnlich wie Griffith (s. 1.5.2) definiert der Gesetzgeber Glücksspiele durch eine Reihe von Merkmalen. Ein Glücksspiel liegt demnach vor, „wenn im Rahmen eines Spiels für den Erwerb einer Gewinnchance ein Entgelt verlangt wird und die Entscheidung über den Gewinn ganz oder überwiegend vom Zufall abhängt. Die Entscheidung über den Gewinn hängt in jedem Fall vom Zufall ab, wenn dafür der ungewisse Eintritt oder

---

[36] Bayerische Staatskanzlei 2011: Staatsvertrag zum Glücksspielwesen in Deutschland: GlüStV.

[37] Details dazu finden sich z. B. bei Fiedler et al. 2018: Die Konvergenz von Gaming und Gambling.

Ausgang zukünftiger Ereignisse maßgeblich ist. Auch Wetten gegen Entgelt auf den Eintritt oder Ausgang eines zukünftigen Ereignisses sind Glücksspiele.[38]

Die juristischen Merkmale eines Glücksspiels sind demnach:

1. Die Teilnahme kostet Geld. Zusätzlich geht die Rechtsprechung und die rechtswissenschaftliche Literatur davon aus, dass dieser Einsatz ein nicht unerheblicher Vermögenswert sein muss.[39] Die Bedeutung des Vermögenswertes hängt dabei sowohl von den persönlichen Verhältnissen des Spielers als auch von der Spieldauer ab. Verhaltensökonomisch geht es also um die Frage, wie viel Geld für eine randomisierte Unterhaltungszeit eingetauscht werden muss. Im Zweifelsfall, d.h. bei einem Gerichtsprozess, muss die Bagatellgrenze durch ein Gutachten entschieden werden.

2. Es gibt ein Ereignis, dessen Eintreten bzw. dessen Ausgang ungewiss ist. Dies kann die angezeigte Zahl auf einem Rouletterad, das Symbol auf der Walze eines Glücksspielautomaten, die Ziehung der Lottozahlen oder das Ergebnis einer Sportveranstaltung sein.

3. Gewinnen oder verlieren ist im Wesentlichen vom Zufall und nicht von Kompetenzen und Fähigkeiten der Spieler abhängig. Der Begriff des Zufalls bezieht sich auf den Umstand, dass der Einsetzende keine oder nur unbedeutende Möglichkeit hat, den Ausgang des Spiels zu beeinflussen. Bei einer Sportwette hat der Wettende keinen Einfluss auf das Ergebnis, wohl aber der Sportler, dessen Fähigkeiten den Spielverlauf maßgeblich prägen. Daher ist eine Sportwette ein Glücksspiel, das Honorar oder der nach einem Sieg gezahlte Bonus für einen Sportler hingegen nicht.

---

[38] § 3.1 GlüStV
[39] Rauda 2013: Recht der Computerspiele, S. 168, S. 466.

Spiele, deren Teilnahme kostenlos oder mit unbeträchtlichem Einsatz möglich ist, gelten als **Gewinnspiele**, sind zusätzlich auch die Gewinne unbedeutend, kann von einem **Unterhaltungsspiel** gesprochen werden. Gewinnspiele sind z. B. Preisausschreiben oder Lose auf dem Jahrmarkt, selbst wenn dort ein teurer Hauptpreis gewonnen werden kann. Unterhaltungsspiele sind Tombolas auf Schulfeiern, wenn sowohl der Einsatz als auch der Gewinn unerhebliche Vermögenswerte repräsentieren.

Aus Gründen des Jugendschutzes sind Glücksspiele für Minderjährige gänzlich verboten und Gewinnspiele beschränken sich laut Jugendschutzgesetz auf speziell ausgewiesene Räume: „Die Teilnahme an Spielen mit Gewinnmöglichkeit in der Öffentlichkeit darf Kindern und Jugendlichen nur auf Volksfesten, Schützenfesten, Jahrmärkten, Spezialmärkten oder ähnlichen Veranstaltungen und nur unter der Voraussetzung gestattet werden, dass der Gewinn in Waren von geringem Wert besteht."[40]

Zu den staatlich regulierten Glücksspielen gehören Lotterien, Wettgeschäfte, Kartenspiele, Spielgeräte und Online-Glücksspiele. Nach § 284 StGB ist die öffentliche Veranstaltung eines Glücksspiels zunächst einmal verboten, wobei im GlüStV die Möglichkeit eröffnet wird, eine behördliche Genehmigung einzuholen.

Fragwürdig ist, inwieweit Gewinnspiele mit Mehrwertdiensten (0137- und 0190-Rufnummern) oder Tombola-Spiele mit 50-Cent-Einsatz als verbotene Glücksspiele zu werten sind.[41] Zwar werden derartige Gewinnspiele durch den Rundfunkstaatsvertrag geregelt, dennoch enthält der entsprechende § 8a zahlreiche Einschränkungen, die im Einzelfall zu prüfen sind.[42]

---

[40] § 6 (2) JuSchG
[41] Bahr 2019: Sind 50 Cent-Gewinnspiele nach dem Glücksspiel-Staatsvertrag verboten?
[42] http://www.gesetze-bayern.de/Content/Document/RFunkStVertr-8a

Das staatliche Zulassungsverfahren für den Bau und den Betrieb von Geldspielgeräten wird in der Spielverordnung (SpielV) geregelt.[43] Demnach wird durch einen „vereidigten und öffentlich bestellten Sachverständigen oder eine von der Physikalisch-Technischen Bundesanstalt zugelassene Stelle" alle 24 Monate auf Grundlage der Beschreibung des Spielgeräts, eines Bauplans, einer Bedienungsanweisung, einer technischen Beschreibung der Komponenten sowie eines Mustergeräts unter anderem geprüft, ob „die Gewinnaussichten zufällig sind, für jeden Spieler gleiche Chancen eröffnet werden und die am Gerät dargestellten Gewinnaussichten zu keinem Zeitpunkt einen festen Gegenwert von 300 Euro übersteigen" (§ 12 Abs. 2 Nr. 2 SpielV). Damit werden insbesondere der Einsatz von adaptiven Wahrscheinlichkeitsverteilungen oder individuelle Zufallszahlen (s. 1.5.1) ausgeschlossen.

Das hindert Spieler allerdings nicht, ihre eigene Interpretation des Zufallsprozesses zu konstruieren, wie André Walter bemerkt: „Fast jeder Spieler hat einen Lieblingsautomaten. Das ist oft der, bei dem er zum ersten Mal seinen ersten großen Gewinn hatte. Hinter all diesen Automaten hängt aber im Prinzip der gleiche Remote Game Server (RGS) mit demselben Random Number Generator (RNG). Dieselbe Funktion wird aufgerufen. Es ist eigentlich egal, an welchem Automaten ich spiele. Bei unterschiedlichen Spielfunktionen wird das Ergebnis des RNG's nur anders verarbeitet. Für die Onlinezulassung in Europa gibt es sehr wenige Lizenzgeber. Man legt praktisch den Softwarecode, Bildmaterial, Beschreibung und die Ausspielung zur Prüfung einer Behörde vor. Der RNG muss dort 100 – 200 Millionen Ergebnisse liefern, diese Zufallsausspielungen müssen dann gewissen Parametern entsprechen. Auch das Bildmaterial wird auf Parameter wie Größe und Lesbarkeit geprüft und dann kann der Automat auch schon zugelassen werden. Die Spieler haben die Vision, dass die Automaten unterschiedlich sind, ein Eigenleben haben, aber es ist egal, an welchem Automaten sie spielen, das Glück

---

43 http://www.gesetze-im-internet.de/spielv/

ist identisch. Wenn man von Glück sprechen kann, es gibt einfach eine vorgeschriebene Gewinnausschüttung von über 90 % (je nach Lizenz) und diese wird über sehr große Zahlen auch mit Sicherheit erreicht. Man kann schon sagen, dass die Quoten deutlich besser sind als bei Lotto, aber im Endeffekt, nach dem Gesetz der großen Zahlen, gewinnt immer die Bank."

1.5.4 Glücksspieldesign

Bei der Gestaltung von Glücksspielen kann zwischen Spielregeln und Gewinnplan unterschieden werden.[44] Die Spielregeln (s. 1.4) bestimmen, wie viele Personen teilnehmen, welche Aktionen sie ausführen, welche Start-, Zwischen- und Endzustände es gibt und in welchen Spielsituationen welche Zufallselemente eingesetzt werden. Im **Gewinnplan** wird festgelegt, wer in welcher Endsituation gewonnen oder verloren hat und worin der Gewinn oder der Verlust besteht. Erst die Kombination von Spielregeln und Gewinnplan legt ein Glücksspielsystem fest.

Im Gegensatz zu anderen Unterhaltungsbranchen bekennt sich die Glücksspielindustrie offen zu dem Ziel, möglichst viel Geld ihrer Kunden abzuschöpfen oder wie Bob Stupak, Chef des Casinos Stratosphere in Las Vegas 1995 sagte: „It's our duty to extract as much money as we can from customers."[45] In der casinonahen Glücksspielforschung wird dies als **Spielerproduktivität** bezeichnet, als „wagering action (play) per patron per interval".[46] Ziel des Glücksspieldesigns ist es, diese Spielerproduktivität zu erhöhen. Drei Metriken gilt es dabei zu optimieren:[47]

---

44 Bronder 2016: Spiel, Zufall und Kommerz, Kap. 4, S. 169 ff.
45 Zitiert aus Schüll 2014: Addiction By Design, S. 29.
46 Cummings 1999: A Typology Of Technology Applications To Expedite Gaming Productivity, S. 63.
47 Schüll 2014: Addiction By Design.

1. **Spielgeschwindigkeit:** Je schneller ein Spiel vorbei ist, desto mehr Geld wird pro Stunde ausgegeben. Dies gilt sowohl für die Zeit, Geld oder Chips einzuwerfen, als auch für den Aufwand, den Spielknopf zu drücken und auf das Ergebnis zu warten.

2. **Spieldauer:** Je länger ein Besucher an einer Maschine spielt, desto größer ist die Geldsumme, die er für diese Zeit aufwenden muss.

3. **Höhe des Einsatzes:** Je mehr pro Spiel ausgegeben wird, desto größer der Gewinn.

Leslie E. Cummings, Professor an der University of Nevada, Las Vegas, listet in seinem Überblicksartikel „A Typology of Technology Applications to Expedite Gaming Productivity" verschiedene Gestaltungselemente von Glücksspielautomaten auf, um diese Metriken zu beeinflussen:[48]

Mehr Spielangebote (More Places to Play): Neben Casinos können Spielautomaten an vielen anderen Orten aufgestellt werden und damit auch neue Zielgruppen erschließen. „The tourism industry also is cultivating a new generation of game-players by creating game-embedded attractions for children to enjoy, with or without adult accompaniment."[49] Vor allem das Internet und der Fernsehbildschirm werden als attraktive Möglichkeit gesehen, Glücksspiele weltweit anzubieten und damit die Spielerproduktivität auch außerhalb der spezialisierten Räume zu erhöhen: „The ultimate gaming location convenience is TV-based home gaming."[50]

Mehr Unterhaltungsangebote pro Gerät (More Entertainment Options per Machine): Moderne Spielautomaten bieten eine Vielzahl an Spielen und abwechslungsreiche Spielerfahrungen. Damit müssen Spieler nicht den Automaten – und evtl. die Spielstätte – verlassen,

---

[48] Cummings 1999: A Typology Of Technology Applications To Expedite Gaming Productivity.

[49] Cummings 1999: A Typology Of Technology Applications To Expedite Gaming Productivity, S. 70.

[50] Cummings 1999: A Typology Of Technology Applications To Expedite Gaming Productivity, S. 71.

wenn sie zu einem anderen Spiel wechseln möchten. Neben einem viel-fältigen Spielangebot an einem Gerät ist auch eine Medienhybridisie-rung möglich. Manche Automaten integrieren Fernsehprogramme in die Bildschirmanzeige, damit Spieler den Automaten nicht aus den Augen lassen müssen, um anderweitig Zerstreuung zu suchen.

Mehr Autonomie (More Autonomy): Münzautomaten bieten ver-schiedene Interaktionsmöglichkeiten. Dies reicht vom Einstellen der Hel-ligkeit und Lautstärke über das Anpassen der optimalen Spielgeschwin-digkeit bis zur Konfiguration des Mindesteinsatzes pro Partie.

Spielgeschwindigkeit (Quicker Wager In-Out Options): Viele Auto-maten können Geldscheine wechseln, um das nötige Münzgeld zur Ver-fügung zu stellen. In manchen Casinos bekommen Kunden hauseigene Kreditkarten zur Verfügung gestellt, die vom Betreiber aufgeladen wer-den und die bargeldloses Spielen sowohl beim Einsatz als auch bei den Gewinnen ermöglichen.

Spielfluss (Streamlined Play): Dabei werden Totzeiten und unpro-duktive Handlungen aus den einzelnen Spielphasen entfernt. Der Hebel am einarmigen Banditen wurde längst durch Tasten ersetzt, wodurch die Anzahl möglicher Spiele pro Stunde verdoppelt wurde. Touch-Screens mit direkter Interaktion im Spielgeschehen ersetzen eine tastengebun-dene Auswahl und erhöhen damit erneut die Spielgeschwindigkeit.

Eine weitere Möglichkeit, stärkere Spielanreize zu schaffen, ist es, die Auszahlungssumme zu erhöhen. Dieser Betrag hängt beim Glücksspiel von der Gewinnwahrscheinlichkeit ab, d. h. vom Risiko, das Spieler mit einer Wette auf den Ausgang einzugehen bereit sind. Bei einem Glücks-spielautomaten kann dies theoretisch durch Vergrößern der Walzen, Hin-zunahme weiterer Symbole und damit gleichzeitigem Verkleinern der Ge-winnwahrscheinlichkeit erreicht werden. Aus physikalischen Gründen werden auf einer Walze jedoch nicht mehr als 22 Symbole untergebracht. Ein wesentlicher Durchbruch erfolgte 1978 mit dem Übergang von einer elektromechanischen zu einer Steuerung mit Mikroprozessoren. Damit wurde es möglich, den Spielausgang elektronisch zu berechnen und einer bestimmten Halteposition auf einer Walze zuzuordnen. Zusätzlich wird durch das Verfahren des **Virtual Reel Mapping** eine virtuelle Walze (Reel) eingeführt und von ihr mehrere Ergebnisse auf ein einzelnes Symbol der echten Walze abgebildet. Mit 22 Symbolen lag die Wahrscheinlichkeit für einen Jackpot bei eins zu 10.648, der Automat konnte daher bei einem Einsatz von 1 US-Dollar nicht mehr als 10.648 US-Dollar als maximalen Gewinn anbieten, um rentabel zu arbeiten. Ganz anders bei virtuellen Walzen: „On a machine whose virtual reels have 64 stops each with only one stop mapped to a jackpot symbol, the chances of hitting that symbol on all three reels to win the jackpot are 1 in 643, or 262,144. The machine could therefore offer a jackpot of up to $262,144 without losing money. On a machine with 512 virtual stops, the odds of a jackpot would be as rare as 1 in 137 million − giving the house a safe enough edge to offer $20 or $30 million prizes and still ensure long-term profit."[51]

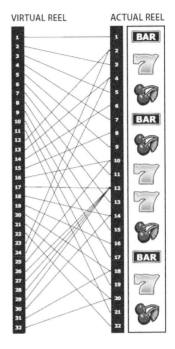

VIRTUAL REEL   ACTUAL REEL

Virtual Reel Mapping mit Clustering mehrerer Verlustpositionen direkt neben einem der 11 Gewinnsymbole. *Quelle: Schüll 2014, S. 88*

Neben dieser unsichtbaren Erweiterung des Wahrscheinlichkeitsraums können mehrere Verlustpositionen direkt neben ein Gewinnsymbol gruppiert werden (**Clustering**), was die Near Miss Illusion (s. 2.8.5) befördert, das Gefühl, einen Spielsieg nur knapp verfehlt zu haben.[52]

---

51   Schüll 2014: Addiction By Design: Machine Gambling In Las Vegas, S. 87.
52   Partin 2020: The Perverse Psychology Of Dota 2's Battle Pass Minigames.

1.5.5 Gefährdungspotenzial

Glücksspiele werden staatlich reguliert, um dem Entstehen einer Glücksspielsucht vorzubeugen. Wie bei suchtfördernden Substanzen – Alkohol, Tabak oder Medikamente – wird bei Glücksspielen die Verantwortung für diese Sucht nicht nur bei den Betroffenen gesucht, sondern auch bei den Anbietern, die durch die Gestaltung ihrer Spiele mit dem Ziel der Erhöhung der Spielerproduktivität gleichzeitig das Suchtrisiko steigern. Dieses sogenannte **Gefährdungspotenzial** von Glücksspielen wird anhand verschiedener Faktoren eingeschätzt. Im Folgenden werden die von der Bundeszentrale für gesundheitliche Aufklärung zusammengestellten Faktoren[53] vorgestellt und mit Tendenzen im Game Design von Computerspielen verglichen. Dabei wird deutlich, dass diese Computerspiele zwar nicht als Glücksspiel, aufgrund ähnlicher Gestaltungsentscheidungen unter bestimmten Umständen aber durchaus als „glücksspielähnlich" bezeichnet werden können.

Schnelle Spielabfolge
Mehr Partien pro Zeiteinheit erhöhen mit den Ausgaben der Spieler (und damit den Einnahmen der Betreiber) die Intensität des Flows, das Gefühl, im Spiel zu sein. In *CSR Racing 2* (Natural Motion ab 2015) kann ein Spieler je nach verfügbarer Zeit ein Auto kaufen, verkaufen, gewinnen, tunen oder veredeln, die Crew verwalten oder ein Rennen fahren, um verschiedene Währungen zu optimieren. Bei einer Renndauer von maximal 15 Sekunden wird eine schnelle Spielabfolge garantiert, die immer auch eine Änderung der eigenen Vermögensverhältnisse bedeutet.

---

[53] Bundeszentrale für gesundheitliche Aufklärung 2020: Das Sucht-Risiko beim Glücksspiel.

Auszahlungsintervall

Je kürzer die Zeitspanne zwischen Spielbeginn und Ergebnis ist, desto schneller können Spieler ihre Gewinne in neue Spiele investieren bzw. Verluste in einer neuen Partie auszugleichen versuchen. In Computerspielen beschreibt der **Handlungsdruck** das Verhältnis von Handlungskonsequenz zu Zeit. Der Handlungsdruck steigt, je wichtiger das Ergebnis, d. h. die Auszahlung, einer Handlung für den weiteren Spielverlauf wahrgenommen wird und je weniger Zeit für die Entscheidung zur Verfügung steht. In Battle-Royale-Spielen wie Fortnite wird das Spielfeld, hier „Auge des Sturms" genannt, regelmäßig verkleinert. Dadurch steigert das Spiel den Handlungsdruck, begrenzt die Spieldauer und erhöht das Auszahlungsintervall zwischen Engagement und Ergebnis. Einzelne Partien haben damit eine Maximaldauer von anfangs 25 Minuten, die inzwischen auf 19 Minuten, im Blitz-Modus sogar auf 15 Minuten gesenkt wurde.

Aktive Einbeziehung
des Spielers

Bekommen Spieler den Eindruck, ein Ergebnis aktiv beeinflussen zu können, steigert dies den Wunsch, das Spiel zu lernen und es letztlich zu besiegen, was wiederum zu erhöhter Spieldauer führt. Dabei ist es unerheblich, ob das Spiel tatsächlich durch die Kompetenz des Spielers zu beeinflussen ist – wie beim Automaten-Poker oder bei Sportwetten – oder lediglich den Anschein erweckt, z. B. durch die Stopp-Taste an Spielautomaten, die keinen Einfluss auf das zu Spielbeginn

Der Klick auf den Halte-Knopf beim Glücksrad von *Gardenscapes,* auf den die freundlich lächelnde Figur hinweist, bremst zwar das Rad, beeinflusst aber nicht die Position, an der es genau anhält.
Quelle: Screenshot aus Garden-scapes (Playrix)

bestimmte Ergebnis hat. Bei Computerspielen steht die aktive Einbe-
ziehung der Spieler in Form von Handlungsmöglichkeiten im Mittelpunkt
der Gestaltungsentscheidungen. Insofern ist es sehr einfach, diesen
Eindruck z. B. auch auf die simulierten Glücksspiele in Computerspielen
zu erweitern.

Verbindung mit anderen Interessen
Wenn das Glücksspiel mit anderen Interessen verbunden wird, entsteht
der Eindruck, dass es sich um eine harmlose Freizeitbeschäftigung handelt, ähnlich dem Besuch im Kino oder einem Konzert, das schließlich
auch Geld kostet. Schon aus diesem Grund haben Spiele Interessen,
dass Spieler ihre Freunde einladen, damit ein soziales Erlebnis entsteht,
das im Wettstreit mit anderen bestenfalls auch Ausgaben befördert.

Gewinnchancen und Höhe
Aufgrund der Verfügbarkeitsheuristik, die von Bildern glücklicher Gewinner geprägt ist, werden die eigenen Gewinnchancen im Glücksspiel
grundsätzlich höher eingeschätzt als sie rational tatsächlich sind. Im
Computerspielbereich sind gerade in Onlinespielen die Ausstattung anderer Spieler mit besonderen Kostümen, Animationen, Accessoires oder
Spielgegenständen sichtbar und verleiten zu der Annahme, dass diese
Items einfach zu erlangen sind. Hanno Beck beschreibt die Konsequenzen eines Erstgewinns: „Das Schlimmste, was einem Glücksspieler pas-
sieren kann, ist, dass er das erste Mal spielt und gewinnt. Sie spielen
das erste Mal in ihrem Leben und gewinnen sofort. Das ist ein Eindruck,
den Sie für den Rest Ihres Lebens nicht mehr abschütteln können." Der
subjektive Ersteindruck, vom Glück begünstigt zu sein, verzerrt dauerhaft die Einschätzung der Gewinnchancen. Diesen Umstand können
Lootboxen mit individualisierter Wahrscheinlichkeitsverteilung anbieten,
indem sie in die erste Box, die ein Spieler kauft, einen besonders wertvollen Gewinn platzieren oder mit einem zu Spielbeginn verschenkten
Startkapital bessere Ergebnisse erspielbar sind.

Fast-Gewinne

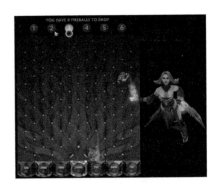

Near Miss in *Lina's Battle Blaze*.
Quelle: Screenshot aus Dota 2 *(Valve)*

Das Clustering-Verfahren beim Virtual Reel Mapping (s. 1.5.4), bei dem ein Verlust in optische Nähe zu einem möglichen Gewinn gestellt wird, erhöht den Eindruck, nur knapp verloren zu haben. Die Near Miss Illusion fördert zusammen mit der Gambler's Fallacy die Bereitschaft, sein Glück erneut zu versuchen, weil beim nächsten Mal mit größerer Wahrscheinlichkeit ein Gewinn erwartet wird (s. 2.8.5). Als Beispiel können sowohl Glücksräder als auch Lootboxen in Spielen herangezogen werden, sofern neben dem tatsächlichen Gewinn die entgangene Chance eingeblendet wird. In *Lina's Battle Blaze*, einem Mini-Game von 2016 in *Dota 2,* das einer Pachinko-Maschine ähnelt, ist der Hauptgewinn zwar mittig platziert, wird im Gegensatz zu den benachbarten Ergebnissen aber aufgrund von Barrieren nie erreicht. Zumindest ist kein Fall dokumentiert, in dem die 24.000 Punkte gewonnen wurden, zahlreiche andere aber, in denen die virtuelle Kugel direkt daneben gelandet ist.

Art des Einsatzes

Kleine Einsätze oder Geldersatzmittel wie Jetons oder Spielwährung verschleiern die in einer Spielsitzung tatsächlich verlorene Geldmenge. Besteht zusätzlich die Möglichkeit, mit Kreditkarte zu bezahlen, werden die Verluste erst deutlich später sichtbar und können emotional nicht mehr mit dem Spielerlebnis verknüpft werden. Dies ist einer der Hauptgründe dafür, dass harte Spielwährungen (s. 1.3.3) von ihrem Kaufpreis losgelöst und in Mengen zu unterschiedlichen Preisen verkauft werden. Dadurch wächst der kognitive Aufwand, bei einem Bezahlvorgang im Spiel den Gegenwert des Preises in Echtgeld zu berechnen und mit einem rational

kalkulierten Budget abzugleichen. Beispielsweise dienen die drei Währungen in *Apex Legends* nicht nur verschiedenen Zwecken, sie sind auch
partiell ineinander umwandelbar, teilweise mit probabilistischen Konvertern. Auf der Spieleseite werden sie so erklärt: „Apex-Münzen sind eine
Premiumwährung, mit der Apex-Packs, kosmetische Objekte im Rotationsshop und neue Legenden gekauft werden können. Herstellungsme-
talle sind in Apex-Packs enthalten und können zur Herstellung bestimmter
kosmetischer Objekte wie Legenden-Skins, Waffen-Skins und mehr benutzt werden. Legenden-Token sind eine Währung, die du erhältst, wenn
du deine Spielerstufe erhöhst. [...] Verwende sie im Rotationsshop, um
exklusive Umfärbungen für legendäre Waffen und Legenden-Skins bzw.
neue Legenden freizuschalten."[54] Durch intransparente Wechselkurse
verbergen sie eine komplexe Hybridökonomie (s. 1.5.3).

Ton-, Licht- und Farbeffekte, Atmosphäre

Die audiovisuelle Gestaltung des Spiels wird an Automaten durch An-
ordnung der Bedienelemente am Gerät, besonders bequemen Sitzen
davor sowie Ausgestaltung und Beleuchtung des umgebenden Spiel-
raums komplettiert. In Casinos kommt zusätzlich das Gebäude als Ge-
staltungsdimension dazu – Raumaufteilung, Möblierung, Ausstattung
vom Teppichbelag bis zur Blumendekoration, Beleuchtung und Hinter-
grundmusik sind architektonische Gestaltungselemente, die darauf ab-
zielen, Besucher aus ihrer gewohnten raumzeitlichen Orientierung zu
führen und gleichzeitig Spielangebote als private Räume der Sicherheit
anzubieten: „The gambling room is always very dark; the patio, always
very bright. But both are enclosed: The former has no windows, and the
latter is open only to the sky. The combination of darkness and enclo-
sure of the gambling room and its subspaces makes for privacy, protec-
tion, concentration, and control. The intricate maze under the low ceiling
never connects with outside light or outside space. This disorients the

---

54   https://www.ea.com/de-de/games/apex-legends/news/how-to-earn-cosmetics

occupant in space and time. One loses track of where one is and when it is. Time is limitless, because the light of noon and midnight are exactly the same. Space is limitless, because the artificial light obscures rather than defines its boundaries."[55] All diese Elemente verleiten zu längerer Spieldauer und damit längerem Verbleiben im Spiel.

Auch Lootboxen werden audiovisuell sorgfältig ausgestaltet, um ein maximales Gefühl von Belohnung zu vermitteln, wie Michael Heiberg, einer der Designer der Lootboxen in *Overwatch,* schildert:

„Overwatch box animations maximize on anticipation. They break open, shake, spit into the air and rain down items, never revealing what you receive until the very end. The rewards almost feel tacked-on to the opening experience. 'When you start opening a loot box, we want to build anticipation [...] We do this in a lot of ways – animations, camera work, spinning plates, and sounds. We even build a little anticipation with the glow that emits from a loot box's cracks before you open it.' Originally, colored lights preceding the spinning plates hinted at the items' rarity. It drew the eye to one item in particular at the expense of others. 'We quickly learned that this was too early, and it killed your anticipation of the box's contents', Heiberg said."[56] Tatsächlich ist die audiovisuelle Gestaltung der Lootbox-Animation ein ganz wesentlicher Unterschied zu Überraschungseiern und Panini-Sammelkarten, deren Öffnung deutlich unspektakulärer ist und damit als weniger belohnend empfunden wird.

Lootbox in *Overwatch* kurz vor der Öffnung.
Quelle: Screenshot aus Overwatch

---

55 Venturi et al. 2000: Learning From Las Vegas, S. 49.
56 D'Anastasio 2017: Why Opening Loot Boxes Feels Like Christmas, According To Game Devs.

Leichte Verfügbarkeit

Je leichter ein Spiel verfügbar ist, desto häufiger kann es gespielt werden. Insbesondere für Menschen mit Suchttendenz (s. 2.10) erfordert die permanente Verfügbarkeit von Glücksspielen große Willensstärke. Die enorme Verbreitung von digitalen Spielen, die dazu führt, dass inzwischen ein Drittel bis die Hälfte der Bevölkerung angibt, regelmäßig zu spielen (s. 1.1.2), ist vor allem den Smartphones und Tablets zu verdanken, die Menschen als ständige Begleiter mit sich führen und auf denen Spielangebote permanent zur Verfügung stehen. Gerade in Transit- und Wartezeiten bieten sich Spiele an, die in kurzer Zeit das Gefühl vermitteln, einen Fortschritt erreicht zu haben. Social-Gambling-Casino-Apps, die Glücksspiele über Spielwährung ohne monetäre Gewinne simulieren, erhöhen die mentale Verfügbarkeit von Glücksspielen und bereiten auf das echte Spiel vor: „Bei dieser App können Sie kein Echtgeld einsetzen, sondern nur zum Spaß und Training spielen, bis Sie bereit sind, echtes Geld einzusetzen."[57]

1.5.6 Fazit

Die inneren Ökonomien von Computerspielen können viele Merkmale mit Glücksspielen teilen. Daraus folgt nicht automatisch, dass sie auch als solche zu behandeln sind. Dennoch kann es im Einzelfall gerechtfertigt sein, von *glücksspielähnlichen* Spielen zu sprechen[58], wenn die Übereinstimmung zu deutlich wird, vor allem, was die Gestaltung des Spielangebots, aber auch Ausgaben, Spieldauer und Verhalten der Spieler angeht.

Bei Glücksspielen werden die Gestaltungsparameter zur Begrenzung dieses Gefährdungspotenzials – vor allem Spieleinsatz, Spieldauer, Spielfolge und Betrieb – im § 13 der Spielverordnung auf Sekunden und

---

57 https://play.google.com/store/apps/details?id=net.netbet&hl=de
58 Müller et al. 2003: Konsum von Glücksspielen bei Kindern und Jugendlichen: Verbreitung und Prävention.

Eurocents präzisiert (s. Kasten unten). Mit dem Ziel der Suchtprävention reguliert die Verordnung damit das Balancing der Hybridökonomie von Glücksspielautomaten, indem sie genau jene Faktoren begrenzt, die gezielt zur Erhöhung der Einnahmen – von der Industrie euphemistisch als „Spielerproduktivität" bezeichnet – verwendet werden. Da es sich dabei gleichzeitig um die Risikofaktoren des Suchtpotenzials handelt, muss davon ausgegangen werden, dass Designer von Glücksspielen die Erhöhung des Risikos einer Spielsucht zumindest billigend in Kauf nehmen. Wie die Tabak- und Alkoholbranche arbeitet die Glücksspielindustrie damit an der Grenze zwischen Unterhaltung, Genuss und Suchtförderung zum Ziel der Umsatzsteigerung. In ihrem Selbstverständnis bzw. in ihrer Selbstdarstellung nach außen richten sich ihre Angebote an Menschen, die ihr Spielverhalten rational kontrollieren und nicht mehr setzen, als sie zu verlieren sich leisten können.

§ 13 SpielV (Auszug)

1. Der Spieleinsatz darf nur in Euro oder Cent erfolgen [...]

2. Die Mindestspieldauer beträgt fünf Sekunden; dabei darf der Einsatz 0,20 Euro nicht übersteigen und der Gewinn höchstens 2 Euro betragen.

3. Bei einer Verlängerung des Abstandes zwischen zwei Einsatzleistungen über fünf Sekunden hinaus bis zu einer Obergrenze von 75 Sekunden darf der Einsatz um höchstens 0,03 Euro je volle Sekunde erhöht werden; bei einer Verlängerung des Abstandes zwischen zwei Gewinnauszahlungen über fünf Sekunden hinaus bis zu einer Obergrenze von 75 Sekunden darf der Gewinn um höchstens 0,30 Euro je volle Sekunde erhöht werden. Darüberhinausgehende Erhöhungen von Einsatz und Gewinn sind ausgeschlossen.

4. Die Summe der Verluste (Einsätze abzüglich Gewinne) darf im Verlauf einer Stunde 60 Euro nicht übersteigen.

5. Die Summe der Gewinne abzüglich der Einsätze darf im Verlauf einer Stunde 400 Euro nicht übersteigen. Jackpots und andere Sonderzahlungen jeder Art sind ausgeschlossen.

6. Nach einer Stunde Spielbetrieb legt das Spielgerät eine Spielpause von mindestens fünf Minuten ein, in der keine Einsätze angenommen und Gewinne gewährt werden. In der Pause dürfen keine Spielvorgänge, einsatz- und gewinnfreie Probe- oder Demonstrationsspiele oder sonstige Animationen angeboten werden.

Manche Computerspielentwickler gehen inzwischen einen vergleichbaren Weg, indem sie Angebote für eine bestimmte Zielgruppe schaffen und versuchen, deren Zahlungsbereitschaft zu erhöhen, bisweilen auch durch absichtliche Verschlechterung der Spielerfahrung (s. 1.4). Für ein besseres Verständnis dieses Verhältnisses von Entwicklern, Zielgruppen und Monetarisierungsmodellen in hybriden Ökonomien ist daher eine genauere Betrachtung der Spielerinnen und Spieler notwendig, die von der Spielindustrie als Kunden adressiert werden. Diese soll im folgenden Kapitel erfolgen.

Kapitel 2
Spielerinnen und Spieler

2.1 Zielgruppen

Im ersten Kapitel wurde die äußere und innere Ökonomie von Computerspielen betrachtet sowie auf die Struktur von Hybridökonomien eingegangen, die in einigen Monetarisierungsmodellen eine herausragende Rolle spielen, indem Spielressourcen durch Nicht-Spielressourcen wie Echtgeld erworben werden können.

Da aber ein Computerspiel als Verlauf erst durch die Handlungen der Spielerinnen und Spieler entsteht, ist für die weitere Analyse eine genauere Betrachtung dieser Spielenden entscheidend. Aus Sicht des Marketings handelt es sich dabei um die Zielgruppe, auf deren Profil hin ein Spiel zugeschnitten, beworben und monetarisiert wird. Zur Definition einer Zielgruppe werden Spielerinnen und Spieler zunächst durch Segmentierungsmerkmale beschrieben.[59] Anschließend wird aus der Menge aller Spielenden eine Teilmenge durch gleiche oder ähnliche Merkmalsausprägungen segmentiert. Diese Segmente sind Zielgruppen wie „weiblich, über 50, wohlhabend, sicherheitsorientiert", „männlich, 14 bis 25 Jahre, wettbewerbsorientiert", „Mädchen, 8 bis 12 Jahre, Pferdeliebhaberin" etc. Die Allensbacher Markt- und Werbeträgeranalyse differenziert durch Berücksichtigung von Wertvorstellungen, Einstellungen, Interessen und Konsumpräferenzen bis zu 2.000 verschiedene Zielgruppen.[60] Derart feingranular wird dieses Kapitel nicht vorgehen, es werden lediglich diejenigen Merkmale berücksichtigt, die im Zusammenhang mit

---

59 Freter und Naskrent 2008: Markt- und Kundensegmentierung, S. 93.
60 https://www.ifd-allensbach.de/awa/inhalte/uebersicht/uebersicht.html

Monetarisierungsmodellen als relevant angesehen werden. Insbesondere entwickelt die Spieleindustrie nicht nach feinen Einteilungen, sondern orientiert sich an wenigen Basismerkmalen.

In kommerziell ausgerichteten Spielen haben diese Zielgruppen Einfluss auf das Game Design, die Narration und die audiovisuelle Gestaltung. Der Game Designer André Walter bemerkt dazu: „Wie mache ich ein gutes Spiel? Stark vereinfacht kann ich das wie folgt zusammenfassen: Zuerst überlege ich mir ein Setting und eventuelle Mechanismen. Anschließend überlege ich, wer die eigentliche Zielgruppe des Spiels ist, welche sich anhand des Settings relativ gut eingrenzen lässt. Zum Beispiel ein Shooter/Ballerspiel: ganz klar männlich, 14 – 22 Jahre. Dann sucht man Mechaniken, die bekanntermaßen bei dieser Zielgruppe akzeptiert werden und somit gut funktionieren. Bei männlichen Spielern geht es hauptsächlich um den Wettbewerb und das stetige Verbessern, z. B. in einem Rollenspiel das Einsammeln des ‚Plus-Zwölf-Angriffspunkte-Schwert'. Hierbei geht es oft um Präsentation von Stärke. Bei weiblichen Spielern geht es eher um Collectables, Besitz. Weibliche Spieler mögen Dinge, die sie sammeln und vervollständigen können. Das sage ich gerade sehr vereinfachend und es gibt natürlich viele Nuancen, aber ähnlich wie beim RNG stimmt auch hier das Gesetz der großen Zahlen. Dazu gibt es einige sehr interessante Studien. [61] Wenn man diese gelesen hat, sieht man die Welt mit anderen Augen. Man bemerkt, wie stark die Manipulation ist, welcher man täglich ausgesetzt wird, egal in welchem Lebensbereich."

Neben diesen Einflüssen auf die klassischen Gestaltungselemente von Spielen – Audiovision, Narration, Ludition – kann eine Zielgruppe aber auch die Entscheidung für ein Monetarisierungsmodell beeinflussen.

---

[61] Vgl. Abschnitt 2.4

Die Merkmale zur Segmentierung eines Marktes müssen konsumrelevant, messbar, zugänglich, handlungsfähig, wirtschaftlich und zeitlich stabil sein, um eine zweckmäßige Marktaufteilung zu gewährleisten.[62] Meffert et al. gliedern die in der Literatur diskutierten Merkmale in geografische, demografische, psychografische und verhaltensorientierte Kriterien, die in mehrere Untergruppen aufgeteilt sind.[63]

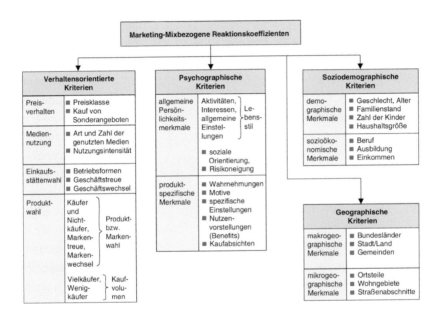

Kriterien der Marktsegmentierung. *Quelle: Meffert et al. 2019, S. 223*

Viele dieser Einzelmerkmale werden in veröffentlichten Diskussionen oder Analysen der Monetarisierungsmodelle von Computerspielen nicht erwähnt, darunter Familienstatus, Gehalt oder Beruf.

---

62 Meffert et al. 2019: Marketing, S. 222 ff.
63 Meffert et al. 2019: Marketing, S. 223, S. 792 ff.

Dieses Kapitel gliedert sich daher entlang der in Hinblick auf die Monetarisierung von Computerspielen als relevant identifizierte Segmentierungsmerkmale. Die Erfassung und Zuordnung dieser Merkmale geschieht bei Spielen nicht auf Grundlage von Konsumentenbefragungen, sondern mittels automatisierter Erfassung und Auswertung der Spielerdaten. Daher werden in Abschnitt 2.2 zunächst diese Daten als Ressourcen vorgestellt, ehe die weiteren Merkmale diskutiert werden.

Soziodemografische Merkmale
2.3 Alter

2.4 Geschlecht

Psychografische Merkmale
2.5 Motivation und Nutzenvorstellung

Verhaltensorientierte Merkmale
2.6 Preisverhalten

2.7 Nutzungsintensität

Da sich diese Expertise auf den deutschsprachigen Raum konzentriert, werden geografische Merkmale nicht berücksichtigt. Grundsätzlich kommt der räumlich-kulturellen Dimension bei der Wahl der Monetarisierungsform allerdings eine erhebliche Bedeutung zu, wie André Walter feststellt: „Im asiatischen Raum gibt es Monetarisierung, die im europäischen Raum nicht akzeptiert wird. Das fängt beim Pricing an. Speziell in Japan lässt man die Spieler, wenn sie verlieren, wirklich leiden. Sie verlieren den gesamten Spielprogress, den sie vorher hatten oder sie sind bereit 5 Dollar zu zahlen, um ihn zu behalten und es nochmal zu versuchen. In Asien funktionieren auch Lootboxen sehr gut, weil Glück ein Bestandteil der Kultur ist. In vielen Spielen machen Lootboxen 80 % des Umsatzes aus. Im japanischen Spielemarkt gibt es Spiele mit einem Sonderbonus, wenn du 5.000 oder mehr Dollar ausgibst. Das wird dort wirklich akzeptiert, in Europa wäre das nicht möglich. In Europa brauchst du einen ständigen Progress, die Monetarisierung läuft eher über dessen Beschleunigung."

Zusätzlich zu den genannten Kriterien, die in der Konsumentenforschung bereits für verschiedene Märkte genutzt werden, soll eine weitere Differenzierung der psychografischen und verhaltensorientierten Merkmale erfolgen, die gerade im Hinblick auf das Kaufverhalten von zentraler Bedeutung sind und im Mittelpunkt der Kontroverse um problematische Monetarisierungsformen stehen (s. Kapitel 3). Diese Merkmale gehen nicht von einer idealtypischen, selbstbestimmten Rationalität der Marktteilnehmer aus, sondern von ihrer grundsätzlichen Manipulierbarkeit. Manche, keineswegs alle Spiele versuchen, die Eigenarten der Urteilskraft ihrer Spielerinnen und Spieler auszunutzen, um sie zu Entscheidungen zu verleiten, die zu ihren übrigen Konsumpräferenzen inkonsistent sind und reflexiv auch nicht gerechtfertigt werden können. Diese Merkmale beziehen sich auf die veränderte Sicht bzgl. der Rationalität von Menschen, wie sie in der Verhaltensökonomie diskutiert wird, auf Vorgänge des konditionierten Lernens durch Handlungsverstärkung sowie auf mögliche Wirkungen, die dies mit sich führen kann.

Verhaltensökonomische Merkmale
2.8 Rationalitäten

2.9 Konditionierung

2.10 Spielsucht

Es ist eine Kernthese dieser Arbeit, dass die Entwickler dieser Spiele gezielt manipulative Mechanismen einsetzen und ihre Spielerinnen und Spieler implizit oder sogar explizit nach diesen Kriterien klassifizieren, um sich bewusst auf diejenigen zu konzentrieren, die für diese Mechanismen anfällig sind. Die drei verhaltensökonomischen Merkmalsgruppen sind also sowohl Dimensionen der Zielgruppentaxonomie als auch eine Diagnose manipulativer Designpraktiken.

2.2 Daten

Beim Spielen eines Computerspiels fallen zahlreiche Daten an, die von Entwicklern und Publishern ausgewertet werden können. Insbesondere Multiplayer-Spiele fordern den Zugriff auf Kontaktdaten, damit die Spieler im Spiel ihre Freunde einladen können (s. u.). Location Based Games wie *Pokémon Go* benötigen zusätzlich den Zugang zur GPS-Ortung und senden diese Informationen an den zentralen Server. Ob und inwiefern diese Daten dort gespeichert und weiterverarbeitet werden, ist unklar und bei internationalen Anbietern kaum zu kontrollieren.

Die Spieldaten werden in Bestands- und Verkehrsdaten unterschieden. **Bestandsdaten** werden dauerhaft vom Spieleanbieter oder Händler gespeichert, dazu gehören Namen, Anschrift, Geburtsdatum, Kontodaten, Passwörter und Netzwerkadressen der aufrufenden Geräte. **Verkehrsdaten** fallen im Spielverlauf an. Anders Drachen, Magy Seif El-Nasr und Alessandro Canossa unterscheiden drei Ebenen von Verkehrsdaten:[64]

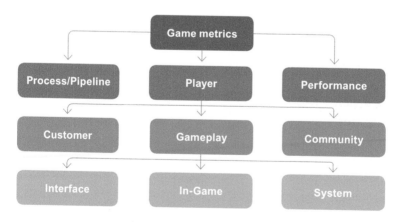

Arten von Spieldaten. *Quelle: Drachen et al., 2013, S. 22*

---

[64] Drachen et al. 2013: Game Analytics – The Basics.

Process/Pipeline: Dies bezieht sich auf den Spielentwicklungspro-
zess. Wie lange braucht es, um neuen Content zu generieren? In welcher Geschwindigkeit werden Fehler bearbeitet? Welche Hindernisse
blockieren die Entwicklung? etc.

Performance: Diese Daten sind wichtig, um die technischen Möglichkeiten des Spielsystems zu bestimmen. Wichtige Metriken sind Fra-
mes per Second (fps) oder Server-Uptime in Sekunden.

Player: Wie viel Zeit verbringen Spieler im Spiel? Wie viele Freunde
haben sie innerhalb der Spielwelt? Welche Spielerfolge werden wie oft
errungen? Diese Daten sind für die Bildung von Spielerprofilen am rele-
vantesten und können weiter ausdifferenziert werden.

Customer: Wie viele Spiele wurden gekauft? Wann wird welches
Spiel wie lange gespielt? Wie teuer ist es, einen neuen Spieler als Kunden zu gewinnen und ihn zu halten?

Plattformanbieter wie Valve (Steam), Ubisoft (Uplay), Electronic Arts
(Origin) oder Blizzard (Battle.net) wissen zu jedem Zeitpunkt und über
jeden Kunden, wann sie mit welchem Computer welches Spiel wie lange
und mit wem gespielt haben, welchen Internet-Provider sie dabei nutzen,
ihre Spielstände, Punkte, Achievements, wie viel Geld sie für Spiele und
in Spielen ausgegeben haben.[65]

Community: Hierunter fallen insbesondere Forenaktivitäten, Beiträge in Chats innerhalb des Spiels oder auf der firmeneigenen Website.

Gameplay: Diese Daten beziehen sich auf das aktive Verhalten einzelner Nutzer im Spiel. Mit welchen Objekten wird auf welche Weise in-
teragiert, welche Objekte werden gehandelt, wie bewegen Spieler sich
durch die Welt?

---

65 Boutilier 2015: Video Game Companies Are Collecting Massive Amounts Of
Data About You.

Diese Gameplay-Metriken schließlich werden differenziert in:

Interface: In diese Kategorie gehören alle Handlungen, die Spieler im Menü vornehmen, z. B. Einstellen der Mausempfindlichkeit, Lautstärke oder Schwierigkeitsgrad.

System: Wie reagieren die Game Engine und ihre Sub-Systeme auf die Spielereingaben?

In-Game: In dieser Kategorie werden die meisten Daten gesammelt. Je nach Spielgenre und den Spielmechaniken werden hier Bewegungs-Trajektorien, Interaktionen, Gebrauch und Erwerb von Gegenständen und Power-Ups, Level-Auswahl, Spielgeschwindigkeit und Fortschritte, Schwierigkeiten, Gewinne und Verluste u. v. m. erfasst und ausgewertet. Mit Blick auf die Spielökonomie sind vor allem die Rate von Quellen, Senken, der Gebrauch von Konvertern oder Tauschvorgänge relevant. Insbesondere Hybridökonomien haben eine Fülle an Metriken und Dimensionen (s. 2.7) zur Differenzierung von Spielerverhalten.

Für einzelne Spiele, vorranging E-Sport-Titel, gibt es Webseiten, auf denen die Performanz einzelner Spieler aggregiert und detailliert angezeigt werden kann. Bei overbuff.com können Spieler beispielsweise ihre Daten für das Spiel *Overwatch* veröffentlichen.

Die derart gesammelten Daten können auf verschiedene Arten ausgewertet werden. Neben der Berechnung statistischer Kennzahlen wie Mittelwerte, Varianzen, Korrelationen oder Signifikanztests sind gerade für Bewegungsdaten Visualisierungen hilfreich. Heatmaps zeigen an, welche Bereiche in einem Level noch überarbeitet werden müssen und wo weitere Assets hinzugefügt oder weggelassen werden können. Für Game Designer sind Gameplay-Daten zentrales Werkzeug für das Ausbalancieren der Spielmechaniken, um das Gleichgewicht zwischen Herausforderung und Spielspaß herzustellen.

Aus ökonomischer Sicht besonders relevant ist die **Retention Rate**, d. h. die Zeit, wie lange Spieler Interesse an einem Spiel haben – verbunden mit der Frage, wann genau sie es verlieren. Die **Funnel-Analyse** (Trichter-Analyse) stellt den Spielverlauf anhand vordefinierter Etappen dar und visualisiert, wie viele Spieler welche Etappe in welcher Zeit erreicht haben und wann sie das Spiel verlassen. In jeder Etappe bleiben weniger Spieler erhalten, die Spielerzahl verringert sich trichterförmig. Aber wer nicht spielt oder aufhört zu spielen, kann keinen Umsatz mehr generieren. Daher sind Entwickler und Publisher daran interessiert, die Retention Rate möglichst hochzuhalten.

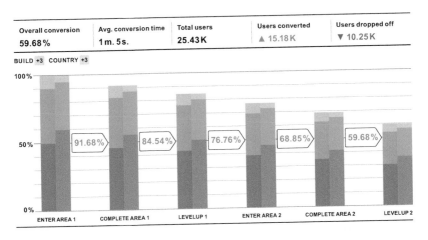

Overall conversion	Avg. conversion time	Total users	Users converted	Users dropped off
59.68%	1 m. 5 s.	25.43 K	▲ 15.18 K	▼ 10.25 K

Funnel-Analyse zur Visualisierung, wie viele Spieler die Etappen EnterArea1, CompleteArea1, LevelUp1, EnterArea2, CompleteArea2 und LevelUp2 gespielt haben. *Quelle: https://gameanalytics.com/docs/item/funnels*

Ein für Publisher ebenso wichtiger Wert von Spielerdaten ist das Verhalten in der Spielwelt, insbesondere in Bezug auf die Bereitschaft, Geld für Zusatzangebote auszugeben. Damit ist es z. B. möglich, individuelle Zufallszahlen (s. 1.5) für randomisierte In-Game-Käufe (z. B. Lootboxen, s. 3.6.4) zu optimieren, die sich an dem bisherigen Kaufverhalten orientieren.

Darüber hinaus können aus Daten des Spielerverhaltens detaillierte Spielprofile abgeleitet werden, die anschließend für individuelle Vermarktung oder für statistische Aussagen nutzbar sind. Ein Spielprofil kann Angaben zum Ressourceneinsatz über die Zeit einer Spielerin oder eines Spielers umfassen:

- Zeit: Wann und wie lange wird gespielt?
- Fähigkeiten: Welche Erfolge werden dabei erzielt?
- Zahlungsbereitschaft: Wie oft und wie viele In-Game-Items werden gekauft und wie viel Geld wird dafür ausgegeben?
- Emotionalität: Wann und an welchem Punkt wird eine Spielsitzung unterbrochen? Daraus kann auf die emotionale Stabilität und eine grundsätzliche Frustrationstoleranz geschlossen werden. Auch die vollständige Abkehr eines Spielers vom Spiel kann für die Gestaltung zukünftiger Titel eines Genres relevant sein.
- Status: Welche und wie viele Bekannte innerhalb und außerhalb der Spielwelt bestehen und werden gepflegt? Je höher dieses soziale Kapital ist, desto interessanter kann ein Spieler als Influencer sein.

Neben Aussagen zum individuellen Spielverhalten können aus der Aggregation dieser Daten auch statistische Merkmale z. B. in Bezug auf Alter, Geschlecht, Wohnort, verwendeter E-Mail-Adresse oder genutzten Plattformen getroffen werden.

Individualisierte Angaben erfordern eine Registrierung beim Spielbetreiber oder zumindest die Einwilligung, dass das Spiel auf vorhandene Daten zugreifen darf. Bei Onlinespielen ist eine solche Registrierung üblich, weil mit den Profildaten auch die Informationen zum Spielverlauf und Fortschritt verknüpft sind. Wer ein Königreich aufbauen möchte und bereit ist, dafür Geld auszugeben, muss dem Spielebetreiber auch namentlich bekannt sein, inklusive Daten zu einem gültigen Zahlungsmittel.

Spielerdaten können benutzt werden, um die Konsumpräferenzen näher zu bestimmen und diese Informationen gezielt Werbepartnern zugänglich zu machen. Der vermeintliche Vorteil des Spielers besteht darin, dass er oder sie mehr relevante statt allgemeine Werbung erhält.

Bei diesen Datensammlun-
gen kann es durchaus zu unerwünschten Nebeneffekten
kommen. Die Spiele der Firma Dumadu, z. B. *Beer Pong:
Trickshot, Real Bowling Strike
10 Pin* oder *Honey Quest*, ein
Spiel, das ausdrücklich Kinder
als Zielgruppe hat, sammeln
neben den üblichen perso-
nenbezogenen Kundendaten
auch sogenannte nicht-perso-
nenbezogene Daten wie „short
duration audio samples from
the microphone on your de-

Das Spiel als akustische Wohn-
raumüberwachung.
Quelle: Screenshot aus Honey Quest,
zitiert aus Maheshwari 2017

vice … geographic data and time zone … and so forth."[66] Die kurzen
Audiosamples werden benötigt, um TV-Werbespots zu identifizieren und
dazu passend mobile Werbung einzublenden.[67] Ermöglicht wird dies
durch die Software *TV Retargeting* von Alphonso[68], die eine Ausweitung
von TV-Werbung auf mobile Geräte verspricht. Mit anderen Worten: Die
Spiele-App nimmt permanent Audio-Samples aus der Wohnung auf, um
gegebenenfalls gezielte Werbung einblenden zu können. In Zeiten von
digitalen Assistenten für das Smart Home wie *Amazon Alexa* oder *Google Assistant* wirkt diese Funktion vielleicht weniger befremdlich, dennoch
sollte der Einsatz von Audioüberwachung in Kinderzimmern kritisch beobachtet werden, selbst wenn er freiwillig erfolgt und durch Einstellung
der Optionen geändert werden kann.

---

66 http://dumadu.com/privacy-policy/
67 Maheshwari 2017: That Game On Your Phone May Be Tracking What You're
    Watching On TV.
68 https://alphonso.tv/tv-retargeting/

2.3 Alter

Ein zentrales Merkmal zur Differenzierung von Spielerinnen und Spielern ist ihr Alter. Das Jugendschutzrecht definiert die Regulierungsschranken entlang von Altersgrenzen, die bei Medienangeboten wie Computerspielen durch entsprechende Kennzeichen ausgewiesen werden. Für die Kennzeichnung sind entweder nationale Institutionen der freiwilligen Selbstkontrolle zuständig – in Deutschland die USK – oder, bei anderen rechtlichen Standards, Hinweise auf der Grundlage von Deskriptoren, in Europa verwaltet von der **PEGI** (Pan European Game Information). Sollte diese Kennzeichnung verweigert werden, gilt ein Spiel als nicht gekennzeichnet und ist damit automatisch erst ab 18 Jahren verfügbar.

2.3.1 Unterhaltungssoftware Selbstkontrolle (USK)

Interview mit Lorenzo von Petersdorff

„Die USK ist als freiwillige Einrichtung der Computerspielewirtschaft zentrale Ansprechpartnerin für Gesellschaft, Politik und Medien zu Fragen des Jugendschutzes rund um das Thema Computer- und Videospiele. Sie ist sowohl unter dem Jugendschutzgesetz als auch für den Onlinebereich unter dem Jugendmedienschutz-Staatsvertrag als zuständige Selbstkontrolle staatlich anerkannt. Entsprechend lässt sich die USK in drei Teilbereiche unterteilen: Im Bereich des Jugendschutzgesetzes erteilen staatliche Vertreter am Ende eines USK-Verfahrens die Alterskennzeichen per Verwaltungsakt. Darüber hinaus vergibt die USK über ihren zweiten Geschäftsbereich Alterskennzeichen innerhalb der International Age Rating Coalition (IARC) für Onlinespiele und Apps.

Die International Age Rating Coalition (IARC) ist ein Zusammenschluss verschiedener verantwortlicher Organisationen zur weltweiten Altersbewertung von Onlinespielen und Apps. Das System selbst ist ein automatisiertes Altersklassifizierungssystem, das je nach Region das passende Alterskennzeichen ausspielt und – für Deutschland – auf der Spruchpraxis der USK beruht.

Dritter Geschäftsbereich ist die USK.online. Im Onlinebereich besteht gemäß Jugendmedienschutz-Staatsvertrag kein Verbot mit Erlaubnisvorbehalt (Kennzeichnungspflicht für Games), sondern es gilt das Prinzip des eigenverantwortlichen Anbieters. D. h. der Anbieter ist prinzipiell selbst dafür verantwortlich, seine Angebote einzustufen und anschließend die richtigen Maßnahmen zur Zugangsbeschränkung zu ergreifen.

So sind Unternehmen auch ‚online' in der Verantwortung, ihre Angebote jugendschutzkonform anzubieten, unabhängig davon, ob es sich um Spieleanbieter, Händler oder Betreiber von journalistischen Portalen handelt. Dabei ist es nicht immer einfach, zwischen notwendiger rechtlicher Absicherung, sinnvollem Jugendschutz und überflüssigen Maßnahmen zu unterscheiden. Dabei hilft ihnen die USK.online. Im Rahmen einer Mitgliedschaft verpflichten sich die Unternehmen gegenüber der USK zu einer nachhaltigen Umsetzung deutscher Jugendschutzregelungen. Im Gegenzug genießen die Mitgliedsunternehmen einen umfangreichen rechtlichen Schutz vor unmittelbaren aufsichtsrechtlichen Maßnahmen. Bereits 45 Unternehmen haben sich der USK als Mitglieder angeschlossen, um beim Thema Jugendschutz dauerhaft und besonders eng zu kooperieren."

Die Zusammenhänge von Computerspielen und Alter ihrer Rezipienten werden in der USK vor allem in Bezug auf Spielinhalte und Bedeutungsangebote betrachtet. Insbesondere aus den Regelungen zum Jugendschutz (JuSchG und JMStV) werden Beeinträchtigungen und Entwicklungsgefährdungen entwicklungspsychologisch begründet. Die USK hat in ihren Grundsätzen[69] Kriterien definiert, wonach die Alterseinstufung von Computerspielen beurteilt werden kann: „Ein Spiel darf für

---

[69] USK 2017: Grundsätze.

eine Altersgruppe nur dann freigegeben werden, wenn es die Entwicklung oder Erziehung keines Jahrgangs dieser Altersgruppe beeinträchtigen kann. Dabei ist nicht nur auf den durchschnittlichen, sondern auch
auf den gefährdungsgeneigten Minderjährigen abzustellen, Extremfälle
sind auszunehmen."[70] Beeinträchtigungen, d.h. Hemmungen, Störungen oder Schädigungen, soll vorgebeugt werden: „insbesondere Inhalte
von Spielen, welche die Nerven überreizen, übermäßige Belastungen
hervorrufen, die Fantasie über Gebühr erregen, die charakterliche, sitt-
liche (einschließlich religiöse) oder geistige Erziehung hemmen, stören
oder schädigen oder sozialethisch desorientierend wirken, können die
Entwicklung von Kindern und Jugendlichen oder ihre Erziehung zu einer eigenverantwortlichen und gemeinschaftsfähigen Persönlichkeit
beeinträchtigen."[71] In den Leitkriterien[72] wird insbesondere auf gefähr-
dungsgeneigte Jugendliche verwiesen, „die vermehrt Risikofaktoren aufweisen, die der Entwicklung zu einer gemeinschaftsfähigen und eigenverantwortlichen Persönlichkeit entgegenwirken können."[73] Dabei wird
vor allem auf die aggressionssteigernde Wirkung von Gewaltdarstellungen abgezielt, deren individuell riskante Wirkung auf einer in der Wirkfor-
schung vorherrschenden Auffassung basiert.

Zentral für die Alterseinstufung ist die **Rahmungskompetenz,** „die
Minderjährigen bei der kognitiven und emotional-moralischen Einordnung medialer Inhalte und Darstellungen altersabhängig zugetraut wird"[74]
und die dafür sorgt, „dass der Spieler aufgrund seiner Lebens- und Me-
dienerfahrung die reale Welt nicht mit der virtuellen vermischt."[75]

---

70 USK 2017: Grundsätze, § 19 Abs. 2 Punkt 4.
71 USK 2017: Grundsätze, § 19 Abs. 2 Punkt 3.
72 USK 2011: Leitkriterien.
73 USK 2011: Leitkriterien, Abschnitt 2.4, S. 7.
74 USK 2011: Leitkriterien, Abschnitt 3, S. 8.
75 USK 2011: Leitkriterien, Abschnitt 3, S. 8.

Die Alterseinstufungen beziehen sich damit auf die Möglichkeit, Spielinhalte gänzlich oder in Teilen angemessen einordnen sowie kognitiv und affektiv verarbeiten zu können. Im vierten Abschnitt der Leitkriterien werden als relevant angenommene Aspekte der **Wirkungsmacht** aufgezählt:[76]

1. Visuelle und akustische Umsetzung der Spielidee
2. Gameplay
3. Atmosphäre
4. Realismus
5. Glaubwürdigkeit
6. Menschenähnlichkeit
7. Jugendaffinität und Identifikationspotenzial
8. Handlungsdruck
9. Gewalt
10. Krieg
11. Angst und Bedrohung
12. Sexualität
13. Diskriminierung
14. Sprache
15. Drogen

Diese Aspekte beziehen sich primär auf die audiovisuelle Umsetzung und narrative Einbettung, prägend für die Atmosphäre, den Realismus und Glaubwürdigkeit der Darstellung, z. B. durch Menschenähnlichkeit der Figuren, insbesondere mit Blick auf Identifikationsangebote für Jugendliche. Problematisch werden Darstellungen von Gewalt, hier vor allem die Treffervisualisierung, Krieg, Angst und Bedrohung, Sexualität, Diskriminierung und Drogen sowie Vulgärsprache gesehen.

---

[76] USK 2011: Leitkriterien, Abschnitt 4. S. 12 ff.

Im Vergleich zum Film, der seine Altersfreigaben nach ganz ähnlichen Bedenken gegenüber der Darstellung von Gewalt, Sexualität und Gemeinschaftsfähigkeit ausspricht[77], werden bei Computerspielen neben der audiovisuellen und narrativen Darstellung noch das Gameplay, die Ziele, Hindernisse, Interaktionsmöglichkeiten, Belohnungen und vor allem der Handlungsdruck berücksichtigt.

Geschäftsmodelle und Monetarisierungsformen hingegen werden bei der USK bislang nicht als Wirkungsmacht bewertet und es ist auch nicht geplant, dies zu ändern.

 Welche Möglichkeiten gibt es, Geschäftsmodelle in die Altersbewertung einzubeziehen?
Lorenzo von Petersdorff: „Geschäftsmodelle werden bei der Altersbewertung nicht mit einbezogen. Das beschloss der Beirat der USK bereits vor vielen Jahren im Rahmen der USK-Leitkriterien.[78] Ziel einer Altersfreigabe ist das Kenntlichmachen von Inhaltsrisiken. Diese Bedeutung der Alterskennzeichen hat sich so auch in der Gesellschaft etabliert. Wenn Eltern also einer Spiel- oder Filmkennzeichnung ‚ab 16' oder ‚ab 12' gegenüberstehen, wissen sie, dass ihr Kind damit eventuell aufgrund der audiovisuellen Inhalte überfordert ist, nicht aber aufgrund etwaiger dahinter stehender Geschäftsmodelle. Dieses Ziel, nämlich allein der Schutz vor entwicklungsbeeinträchtigenden oder -gefährdenden audiovisuellen Inhalten, ist in den zugrundeliegenden Gesetzeswerken JuSchG und JMStV entsprechend vorgesehen. Anderweitige Risiken werden hier nicht berücksichtigt, sondern fallen unter das klassische Verbraucherschutzrecht – wie etwa das Zivilrecht oder das Gesetz gegen den unlauteren Wettbewerb – die wiederum entsprechend eigene Schutzmechanismen vorsehen.

---

77 FSK 2011: Kriterien für die Prüfung von FSK.online.
78 https://usk.de/die-usk/grundlagen-und-struktur/grundlagen/

Diese strikte Trennung zwischen Inhaltsrisiken auf der einen und sogenannten Nutzungsrisiken auf der anderen Seite, ist gut und richtig. Themen wie Geschäftsfähigkeit, AGBs, Datenschutz oder gar Kommunikationsrisiken gehören nicht in die Alterskennzeichnung, da diese sonst vollkommen verwässert würde. Die Alterskennzeichnung bzw. ‚eine Zahl‘ ist kein geeignetes Mittel, um all diese komplexen Themengebiete gemeinsam und differenziert genug widerzuspiegeln. Dies würde im Ergebnis zu weniger Orientierung führen. In Konsequenz würde wiederum den Minderjährigen eine Teilhabe am medialen Geschehen erschwert werden, da es für Eltern nicht mehr nachvollziehbar ist, welche der zahlreichen und von Grund auf verschiedenen Themenkomplexe für die Bewertung letztendlich ausschlaggebend war. Wir hoffen sehr, dass dieses Problem auch im Hinblick auf die Novellierung der Gesetze JuSchG und JMStV Beachtung findet.

Nutzungsrisiken sollte hingegen mit Transparenz begegnet werden, namentlich über Deskriptoren und Zusatzinformationen, ohne dass diese Nutzungsrisiken aber selbst in die Alterskennzeichnung einfließen. Entsprechend handhabt es bereits das plattformgebundene IARC-System, an deren Gründung die USK beteiligt gewesen ist. So wird etwa auf In-Game-Käufe oder enthaltene Werbung im Store und separat neben der USK-Kennzeichnung hingewiesen. Aufgrund der sich ständig verändernden Nutzungsmöglichkeiten im Rahmen von Onlineangeboten – regelmäßig werden Features erst im Nachhinein integriert oder entfernt – und einem entsprechend einhergehendem hohem Grad an Dynamik, macht es aber wenig Sinn, diese Handhabung eins zu eins in den Retail-Bereich zu übertragen und solche Deskriptoren oder Zusatzinformationen auf die Verpackung zu drucken. Es bestünde mithin die Gefahr, auf Risiken hinzuweisen, die tatsächlich nicht mehr vorhanden sind oder aber es sind neue hinzugetreten, die sich nicht auf der Verpackung befinden. Wenn, dann sollte zur Vermeidung von Irreführungen vielmehr über einen ‚Onlineabruf‘ bzw. Verweis gearbeitet werden, der einen aktuellen und versionsbezogenen Abruf bestehender Nutzungsrisiken ermöglicht. Wir beschränken uns daher im Bereich der Zusatzinformationen und Deskriptoren bisher allein auf den Onlinebereich, da Anpassungen flexibler vorgenommen werden können."

2.3.2 IARC

Onlinespiele und Apps, die mit nationalem Recht kaum zu kontrollieren sind, weil die Publisher beispielsweise keine Repräsentanz in Deutschland haben, können sich mithilfe eines IARC-Ratings eine Altersempfehlung ausstellen lassen. Die International Age Rating Coalition (IARC) ist eine weltweite Kooperation nationaler Organisationen für Alterseinstufung, die ein einheitliches System für die internationale Vermarktung von Onlinespielen und Apps anbietet. Mitglieder sind die Organisationen zur Alterskennzeichnungen von Australien, Brasilien, USA und Kanada, Südkorea, Deutschland sowie die PEGI für große Teile Europas.

Auf Grundlage eines Fragebogens, den der Publisher ausfüllen muss, berechnet das System eine Alterseinstufung für jedes teilnehmende Land in den Altersstufen 3+, 7+, 12+, 16+ und 18+. Die Alterseinstufungen können je nach Land durchaus variieren: „So erhalten Spiele mit sexuellen Inhalten und Nacktheit in den USA eine höhere Altersfreigabe, während in Europa mehr Wert darauf gelegt wird, Kinder vor Gewaltdarstellungen zu schützen."[79]

Voraussetzung ist, dass das Spiel auf einer der teilnehmenden Onlineplattform hochgeladen wird, derzeit Google Play Store, Oculus Store, Nintendo eShop, PlayStation Store und Microsoft Store.[80]

Die IARC-Mitglieder haben darüber hinaus die Möglichkeit, eine berechnete Einstufung zu korrigieren, wodurch die Spiele weiterhin einer nationalen Kontrolle unterliegen können. In Deutschland gilt das System

[79] Kleinz 2015: Gamescom 2015: Schlagabtausch zum Jugendschutz.
[80] https://www.globalratings.com/about.aspx

als pragmatische, da automatisierte Umsetzung des Jugendschutzgedankens, das in den meisten Fällen zuverlässige Ergebnisse liefert. Eine Ausweitung der IARC-Bewertung auf Retail-Spiele ist nicht vorgesehen, weil eine nachträgliche Korrektur der Einstufung mit erheblichen Kosten verbunden wäre und das derzeitige Recht keine gesetzliche Grundlage dafür bereitstellt. Insofern gilt weiterhin die Verpflichtung zur Vorabkontrolle, um eine automatische Abgabebeschränkung auf einen ausschließlich erwachsenen Personenkreis zu vermeiden und keinen Werbebeschränkungen zu unterliegen.

2.3.3 PEGI

Die PEGI (Pan European Games Information) hat im August 2018 Warnhinweise auf Spieleverpackungen angekündigt, mit denen auf Mikrotransaktionen hingewiesen werden soll.[81] Damit wird das bestehende Deskriptoren-System der PEGI zur Inhaltsbeurteilung[82] neben Darstellungen von Gewalt, Vulgärsprache, beängstigenden Inhalten, Glücksspiele, Sex, Drogen und Diskriminierung um einen Hinweis auf ein potenziell problematisches Monetarisierungsmodell erweitert. Dies setzt natürlich eine Packung voraus, auf der dieses Kennzeichen angebracht werden kann.

PEGI-Deskriptor mit Bezug auf Monetarisierung.
Quelle: https://pegi.info/de

81 https://pegi.info/news/new-in-game-purchases-descriptor
82 https://pegi.info/de/node/59

2.3.4 Glücksspiele

Die Teilnahme an Glücksspielen, d.h. an Spielen, bei denen „für den Erwerb einer Gewinnchance ein Entgelt verlangt wird und die Entscheidung über den Gewinn ganz oder überwiegend vom Zufall abhängt"[83], wird als derart riskant angesehen, dass sie national und international erst mit Erreichen der Volljährigkeit gestattet ist. Die Risikofaktoren werden im Abschnitt 1.5 und 2.10 diskutiert.

2.3.5 Zusammenfassung

Zusammenfassend kann festgestellt werden, dass die Diskussion, Monetarisierungsmodelle in die Alterseinstufung von Computerspielen einfließen zu lassen, noch nicht abgeschlossen ist. Dies hat einerseits den Grund, etablierte Kennzeichen nicht durch zusätzliche Kriterien zu überladen, beruht andererseits aber auch auf der Einschätzung, dass die Monetarisierung eines Spiels unbedenklich ist, solange nicht wie bei Glücksspielen um echtes Geld gespielt wird. Auf In-Game-Käufe wird maximal mit einem Deskriptor hingewiesen und dies auch nur bei Onlinespielen. Auf Covern von Retail-Spielen sind derartige Hinweise bestenfalls zu finden, wenn die Publisher sie freiwillig aufdrucken.

---

[83] Bayerische Staatskanzlei 2011: Staatsvertrag zum Glücksspielwesen in Deutschland, § 3.1.

2.4 Geschlecht

Ob männlich, weiblich oder divers, das Geschlecht spielt vor allem bei der Präferenz für Themen und Spielziele eine Rolle. Verschiedene Studien zeigen klare Unterschiede auf, wobei an dieser Stelle nicht die Diskussion über mögliche Ursachen, den Einfluss von Natur und Kultur oder die Sinnhaftigkeit dieser Kategorien geführt werden soll. Vielmehr kann von einem – sicherlich kulturell geprägten – Grundverständnis ausgegangen werden, dass Menschen auf die Frage nach ihrer Geschlechterzugehörigkeit eine Antwort wählen und in dem Zusammenhang ebenfalls angegebene Präferenzen sich entsprechenden Kategorien zuordnen lassen.

2.4.1 Themen

Die Kinder-Medien-Studie 2018[84] identifizierte diametrale Unterschiede in den Themeninteressen bei der Mehrheit der Mädchen und Jungen zwischen 4 bis 13 Jahren: „Das Klischee lebt: Mädchen lieben Prinzessinnen und Tiere. Jungen stehen auf Fußball, Autos und Superhelden. Was Jungen gut finden, finden Mädchen oft doof – und umgekehrt. Aber: Jungen und Mädchen haben ein gleichermaßen hohes Interesse an gesellschaftlichen Themen ‚Natur und Umwelt', ‚Reisen und andere Länder', aktuelle Themen. Und: Schule interessiert."

---

84 Blue Ocean Entertainment AG et al. 2018: Kinder-Medien-Studie 2018.

Themeninteresse – Mädchen & Jungen im Vergleich

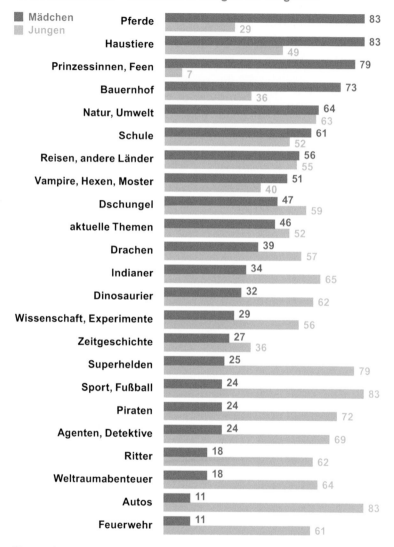

■ Mädchen
■ Jungen

Thema	Mädchen	Jungen
Pferde	83	29
Haustiere	83	49
Prinzessinnen, Feen	79	7
Bauernhof	73	36
Natur, Umwelt	64	63
Schule	61	52
Reisen, andere Länder	56	55
Vampire, Hexen, Moster	51	40
Dschungel	47	59
aktuelle Themen	46	52
Drachen	39	57
Indianer	34	65
Dinosaurier	32	62
Wissenschaft, Experimente	29	56
Zeitgeschichte	27	36
Superhelden	25	79
Sport, Fußball	24	83
Piraten	24	72
Agenten, Detektive	24	69
Ritter	18	62
Weltraumabenteuer	18	64
Autos	11	83
Feuerwehr	11	61

Themeninteressen von Mädchen und Jungen. Basis: 3,53 Mio.
Mädchen und 3,73 Mio. Jungen, 4 bis 13 Jahre, Angaben in %.
4 bis 5-Jährige: Antworten der Eltern, 6 bis 13-Jährige: Antworten der Kinder.
Quelle: Blue Ocean Entertainment AG et al. 2018

Eine derartige Darstellung von bevorzugten Themen für ältere Medien-
nutzerinnen und -nutzer liegt leider nicht vor. Es kann aber davon ausgegangen werden, dass auch bei Jugendlichen und Erwachsenen thematische Unterschiede bei den Geschlechtern vorliegen.

2.4.2 Motivation

Quantic Foundry hat 2016 in einer Onlineumfrage, an der weltweit
250.000 Spielerinnen und Spieler teilnahmen, mittels statistischer Analysen 12 Motivgruppen identifiziert, aus denen heraus Spielerlebnisse gesucht werden (s. 2.5). Das in einem Profil im Vergleich zu anderen Spielerinnen und Spielern am stärksten ausgeprägte Motiv wird als
Primärmotivation bezeichnet. Gruppiert man diese Primärmotivationen
nach den Angaben zur Geschlechtszugehörigkeit in absteigender Reihenfolge, so ergeben sich zwei deutlich voneinander unterscheidbare
Profile.[85]

Demnach sind für Männer Wettbewerb (Duelle, Zweikämpfe, Rang-
ordnung) und Zerstörung (Waffen, Explosionen, Chaos und Verlet-
zungen) die häufigsten Primärmotivationen, wohingegen Erkundung
(Exploration, Basteln, Experimentieren) und Macht (mächtige Figuren,
Ausrüstung und Spielwerte) am seltensten genannt werden.

---

85 Yee 2016: 7 Things We Learned About Primary Gaming Motivations From Over
250,000 Gamers.

Primary Motivation (Male Gamers)

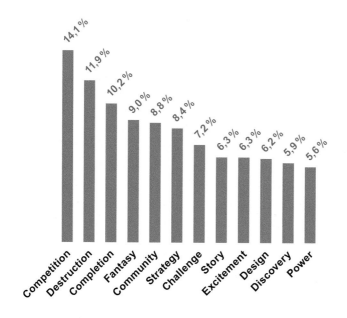

Primäre Motivation für Computerspiele bei Männern.
*Quelle: Yee, 2016: 7 Things We Learned About Primary Gaming Motivations
From Over 250,000 Gamers*

Bei Frauen sind Komplettierung (alle Sterne oder Sammelobjekte erhalten, alle Missionen abschließen) und Fantasie (jemand anderes sein,
woanders sein) die häufigsten Primärmotivationen, während Aufregung
(schnelle Action, Überraschungen, Nervenkitzel) und Herausforderung
(Übung, schwierige Aufgaben) am wenigsten genannt werden.

Primary Motivation (Female Gamers)

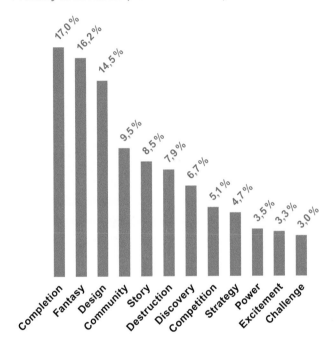

Primäre Motivation für Computerspiele bei Frauen.
Quelle: Yee, 2016: 7 Things We Learned About Primary Gaming Motivations From Over 250,000 Gamers

Der oder die Gründe für diese Unterschiede lässt sich laut Nick Yee aus den Daten nicht ableiten: „It may be an artifact of how games are marketed to women, a self-fulfilling prophecy among game devs, or a genuine difference in how men and women approach gaming and play in general."[86]

---

86   Yee 2016: 7 Things We Learned About Primary Gaming Motivations From Over 250,000 Gamers.

2.4.3 Genres

Eine Auswertung wurde auch bezogen auf Spielgenres durchgeführt.[87] Die Prozentangaben beziehen sich auf das Verhältnis von Männern zu Frauen, nicht auf die prozentuale Verteilung unter Spielerinnen: „So for example, the 69 % for Match 3 games means that of the gamers who mentioned a Match 3 game in the data, 69 % of them were female. The 69 % does NOT mean that 69 % of female gamers play Match 3 games."[88]

Match-3-Spiele wie *Candy Crush Saga, Bejeweled* oder *Farm Heroes Saga* und Familien-/Bauernhof-Simulationen wie *The Sims, Harvest Moon, Animal Crossing* oder *Stardew Valley* sind daher bei Frauen beliebter als bei Männern, wohingegen Taktische Shooter wie *Squad, ARMA 3* oder *Tom Clancy's Rainbow Six Siege* und Sportspiele wie *FIFA, NBA* oder *Madden* überwiegend von Männern gespielt werden.

---

[87] Yee 2017: Beyond 50/50: Breaking Down The Percentage of Female Gamers By Genre.

[88] Yee 2017: Beyond 50/50: Breaking Down The Percentage of Female Gamers By Genre.

Percentage of Gamers in Each Genre That Are Female

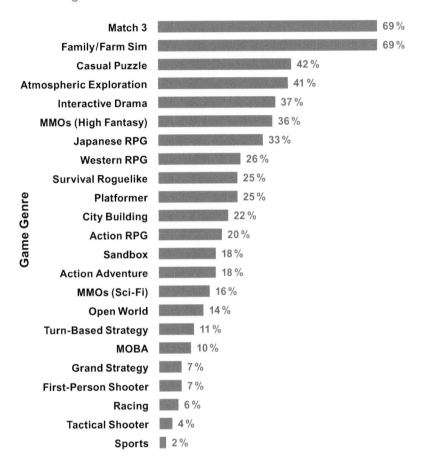

Game Genre	
Match 3	69 %
Family/Farm Sim	69 %
Casual Puzzle	42 %
Atmospheric Exploration	41 %
Interactive Drama	37 %
MMOs (High Fantasy)	36 %
Japanese RPG	33 %
Western RPG	26 %
Survival Roguelike	25 %
Platformer	25 %
City Building	22 %
Action RPG	20 %
Sandbox	18 %
Action Adventure	18 %
MMOs (Sci-Fi)	16 %
Open World	14 %
Turn-Based Strategy	11 %
MOBA	10 %
Grand Strategy	7 %
First-Person Shooter	7 %
Racing	6 %
Tactical Shooter	4 %
Sports	2 %

Prozentuale Verteilung von Frauen im Vergleich zu Männern
in ausgewählten Genres.
*Quelle: Yee 2017: Beyond 50/50: Breaking Down The Percentage
Of Female Gamers By Genre*

Auch hier lassen sich die Differenzen unterschiedlich begründen, z. B. damit, dass Spiele, für die sich Spielerinnen wenig interessieren, oftmals auch keine weiblichen Figuren aufweisen oder Onlinekontakte zu Fremden erfordern. Cecilia D'Anastasio schreibt auf Kotaku dazu: „It may be the case that many more women would enjoy first-person shooters or sports games if they were designed with women in mind. Just think about how many women love Overwatch, which boasts a high female/male playable character ratio, or Splatoon, a third-person shooter with customizable characters and unique gameplay."[89]

2.4.4 Zusammenfassung

Das Geschlecht der Spielerinnen oder Spieler ist auch bei Computerspielen ein wichtiges Merkmal der Zielgruppensegmentierung: Aus Marketingsicht sollten Spiele für Frauen andere Themen, Mechaniken, Ziele und Herausforderungen aufweisen als solche für Männer, weil damit im Durchschnitt mehr Kundinnen erreicht werden. Die Monetarisierungsform ist davon unberührt, weil jedes thematische Setting und Spielgenre auf verschiedene Weise monetarisiert werden kann. Daten zur Geschlechterverteilung bei der Zahlungsbereitschaft liegen keine vor, es ist aber eine plausible Annahme, dass Spiele, die zielgruppenspezifisch entwickelt werden, innerhalb dieser Zielgruppe auch auf höhere Zahlungsbereitschaft treffen.

---

[89] D'Anastasio 2017: Study Shows Which Video Game Genres Women Play Most.

2.5 Motivation

2.5.1 Taxonomien von Spielertypen

Menschen wählen ihre Spiele in Abhängigkeit davon aus, welches Erlebnis sie damit gestalten wollen. So individuell diese Motive auch sein mögen, lassen sie sich doch in Gruppen einteilen, in denen sich die Art der Ziele ähnelt. 1996 stellte Richard Bartle vier Erlebnisse vor, die Menschen in textbasierten Rollenspielen suchen: „I) Achievement within the game context, II) Exploration of the game, III) Socialising with others, IV) Imposition upon others."[90]

Dementsprechend nannte er die vier idealtypischen Spielertypen, die diese Ziele verfolgen: *Achiever, Explorer, Socialiser* und *Killer* und klassifizierte sie in zwei Dimensionen nach ihren (1) Handlungsformen – acting und interacting – mit (2) der Spielwelt bzw. den Mitspielern. Zusätzlich untersuchte er die Interaktionen von Spielern dieser Kategorien untereinander. Dabei geht es nicht darum, jede Spielerin und jeden Spieler in genau eine der vier Klassen zu verorten, sondern um eine Kategorisierung von Motiven, die Menschen in Spielen zu erfüllen suchen. Ein individueller Spieler kann durchaus mehrere dieser Motive haben und je nach Stimmung mal das eine, das andere oder mehrere gleichzeitig verfolgen.

Diese Taxonomie von Onlinerollenspielern wurde zur Grundlage für verschiedene Einteilungen von Computerspielern, die grundsätzlich wenige Unterschiede, aber vor allem weitere Differenzierungen aufweisen. Juho Hami und Janne Tuunanen haben 2014 in einer Metaanalyse dieser Ansätze die fünf Kategorien *Achievement, Exploration, Sociability, Domination, Immersion* herausgearbeitet, die in der Literatur regelmäßig genannt werden.[91] Sie schreiben aber auch, dass es durchaus

---

90   Bartle 1996: Players Who Suit MUDs.
91   Hamari und Tuunanen 2014: Player Types: A Meta-synthesis.

Lücken gibt, die sich zwar aus der Motivationspsychologie ableiten lassen, bislang aber noch nicht diskutiert wurden: „There were no mentions of such motivation to play such as sensory enjoyment, aesthetic enjoyment, playfulness or utilitarian gaming motivations, such that professional eSports player might have for example."[92]

2.5.2 Motivationsmodell

Die Marktforschungsfirma Quantic Foundry erstellt seit 2015 auf Grundlage bestehender Modelle und einer Onlineumfrage, an der sich inzwischen über 400.000 Spielerinnen und Spieler beteiligt haben, durch Faktorenanalyse eine Taxonomie aus sechs Motivationsgruppen mit jeweils zwei Untergruppen (s. 2.4):[93]

Gamer Motivation Model

Action	Social	Mastery	Achievement	Immersion	Creativity
"Boom!"	"Let's Play Together"	"Let Me Think"	"I Want More"	"Once Upon a Time"	"What If?"
Destruction	Competition	Challenge	Completion	Fantasy	Design
Guns. Explosives. Chaos. Mayhem.	Duels. Matches. High on Ranking.	Practice. High Difficulty. Challenges.	Get All Collectibles. Complete All Missions.	Being someone else, somewhere else.	Expression. Customization.
Excitement	Community	Strategy	Power	Story	Discovery
Fast-Paced. Action. Surprises. Thrills.	Being on Team. Chatting. Interacting.	Thinking Ahead. Making Decisions.	Powerful Character. Powerful Equipment.	Elaborate plots. Interesting characters.	Explore. Tinker. Experiment.

Das Gamer Motivation Model von Quantic Foundry.
Quelle: Yee, 2015: How We Developed The Gamer Motivation Profile V2.

---

92   Hamari und Tuunanen 2014: Player Types: A Meta-synthesis, S. 47.
93   Yee 2015: How We Developed The Gamer Motivation Profile V2.

Die angestrebten Spielerlebnisse differenzieren auch die Beurteilung von Monetarisierungsmodellen. Eine kompetitiv orientierte Spielerin A, die vor allem die Bestenliste dominieren möchte, legt auf audiovisuellen Schmuck weniger Wert als ein Immersiv-Spieler B, dem es darum geht, Facetten seines Spielverhaltens über die Wahl von Kleidung, Skins oder Accessoires auszudrücken. Spielerin A wird für Mikrotransaktionen oder Lootboxen mit kosmetischen Inhalten daher weniger zahlungsbereit sein als Spieler B, den im Gegenzug Angebote im Bereich Pay-to-Win kaum locken. Insgesamt wird A sich weniger von Spielen angesprochen fühlen, in denen die audiovisuelle Ausstattung ihrer Spielfigur im Vordergrund steht und Spieler B weniger Interesse daran haben, kompetitive Spiele zu spielen, die wenig Möglichkeiten der Selbstdarstellung anbieten.

Zwar sind Monetarisierungsformen nicht Bestandteil der Untersuchung von Quantic Foundry, bezogen auf ihr Modell können verschiedene Spielermotivationen jedoch durch passgenaue Angebote adressiert und monetarisiert werden:

Action

Destruction-Spieler genießen Spiele mit Waffen und Explosionen. Sie sind daher auch bereit, für besonders zerstörerische Items Geld auszugeben. Wer in *Angry Birds* einen Level mit großem Knalleffekt sofort beenden möchte, kann mit dem *Mighty Eagle* eine Spezialwaffe kaufen, deren Einsatz die gegnerischen Bauten vollständig zerstört. Dieser Pay-to-Win-Kauf wird durch Abspielen einer besonderen Animation belohnt.

Excitement-Spieler suchen schnelle und intensive Spielverläufe mit starken Spannungsmomenten. Dazu gehören auch die entsprechenden Ausrüstungsgegenstände. Aber Spannung hat ihren Preis: Im Rennspiel *Angry Birds GO* sind die besten und schnellsten Fahrzeuge zugleich die teuersten.

Social

Kompetitive Spieler messen sich bevorzugt mit anderen und versuchen, in Highscore-Listen möglichst weit oben zu stehen. Sie sind daher in Multiplayer-Spielen auch bereit, Pay-to-Win-Angebote anzunehmen, wenn ihnen diese einen Vorteil im Wettbewerb versprechen.

In *FIFA Ultimate Team (FUT)* können Spieler ihre Mannschaft durch den Kauf von Spielern mit In-Game-Währung bzw. gegen Echtgeld aufwerten. Der Publisher Electronic Arts erwirtschaftet mit diesen sogenannten „Live Services" aus verschiedenen Spielen inzwischen über 40 % seines gesamten Umsatzes.[94]

Community-orientierte Spieler schätzen Kooperation und Gemeinschaftsgefühl. Sie investieren in Kommunikationsmöglichkeiten wie Emotes – Animationen, um Emotionen durch die Spielfigur ausdrücken zu lassen. Zwar lassen sich in vielen Spielen diese Emotes auch durch normales Spielen freischalten, schneller geht es aber durch In-Game-Käufe.

Beide Spielertypen, die sozial motiviert sind, benötigen für viele Multiplayer-Spiele Zugänge zu Servern, die von Konsolenanbietern wie Sony oder Microsoft bzw. von Spieleherstellern gekauft bzw. gemietet werden müssen. Hierbei werden üblicherweise monatliche Abonnement-Gebühren erhoben, die neben Multiplayer-Spielen häufig noch andere Medienangebote abdecken (s. 3.2).

Mastery

Challenge-Spieler suchen beständig neue Herausforderungen, sie sind daher besonders an weiteren Inhalten zu Spielen interessiert, die sie bereits gut kennen. Derartige Erweiterungen werden z. B. als Downloadable Content angeboten und können Spiele individuell ergänzen. Im Musikspiel *Sing Star* können weitere Songs gekauft werden, um die eigenen Kompetenzen zu erweitern und zu testen.

---

[94] Davis 2018: EA Now Makes 40 % Of Its Revenue From 'Live Services'.

Strategy-Spieler schätzen Spielerfahrungen, in denen die Beherrschung eines Spielsystems im Mittelpunkt steht. Sie bevorzugen daher komplexe Spiele, die sorgfältige Planung und Nachdenken erfordern. Dementsprechend sind sie auch bereit, zu einem einmal beherrschten Spiel Erweiterungen zu kaufen, die seinen Möglichkeitenraum zusätzlich erweitern (s. 3.5.6). Paradox Development Studio erstellt und verkauft für das Globalstrategiespiel *Crusader Kings II* auch sieben Jahre nach der Veröffentlichung noch immer Erweiterungen, die das Spiel um zusätzliche Mechaniken oder Regionen ergänzen.

Achievement
Completionists versuchen, ein Spiel vollständig durchzuspielen, wobei es verschiedene Vorstellungen davon gibt, wann diese Vollständigkeit erreicht ist, darunter das Erreichen des Spielendes, das Abschließen aller Quests und Missionen, das Finden aller Sammelobjekte oder das Gewinnen aller Achievements. In *Rise of Kingdoms* gibt es im „More Than Gems"-Ereignis spezielle Auszeichnungen und Belohnungen in Abhängigkeit der Menge an ausgegebener Premiumwährung. Insbesondere Completionists werden dadurch zusätzlich motiviert, Geld zu investieren, um auch diese Auszeichnungen zu erlangen.

Power-Spieler streben nach Figuren, die innerhalb der Spielwelt mächtig sind. Dafür sind manche von ihnen bereit, Geld in Ausrüstungen oder Mitgliedschaften zu investieren, die ihnen Spielvorteile versprechen.

Riots *League of Legends* verkauft den Zugang zu Champions nach einem festen Schema, das an die Verwertungskette der Filmindustrie erinnert, wobei Blaue Essenz (BE) durch Spielerfolg erworben, Riot Points (RP) hingegen für Geld gekauft werden können.[95]

---

95 https://euw.leagueoflegends.com/de/news/store/store-update/rp-aktualisierung-kosten-und-ruckerstattungen

Kriterien	BE	RP
Preis für neuveröffentlichte Champions	7800 BE	975 RP
Eine Woche nach Veröffentlichung des neuen Champions wird der Preis gesenkt auf:	6300 BE	975 RP
Mit jeder Veröffentlichung sinkt der Preis des ältesten Champions zum Preis von 6300 BE auf:	4800 BE	880 RP
Bei jeder dritten Neuveröffentlichung wird ein weiterer Champion, der höchstens 4800 BE kostet, in eine der folgenden Kategorien reduziert:	3150 BE 1350 BE 450 BE	790 RP 585 RP 260 RP

Preis für Champions in *League of Legends*.
Quelle: *https://support.riotgames.com/hc/de/articles/202083304-Dauerhafte-Preisreduzierung-von-Champions*

Andre Walter bemerkt dazu im Interview: „League of Legends lebt davon, dass sie regelmäßig neue Helden rausbringen, die im Grundsatz over-powered sind. Diese neuen Helden bekommt man zum Anfang nur über den direkten Kauf. Natürlich will man ebenfalls den neuen und auch noch sehr starken Helden spielen, das ist ein starker Kaufimpuls. 14 Tage später gibt es ein Update, wo Riot diesen wieder anpasst und seine Stärke senkt. Wieder später kommt er dann ins freie Wirtschaftssystem und jeder kann ihn haben. Für einen free-to-play-Gamer ist das eine sehr smarte Monetarisierung. Viele der Top-Leute kaufen auch mal einen Skin, aber wenn ein neuer Held rauskommt, klingelt die Kasse."

Immersion

Fantasy-orientierte Spieler versuchen, im Spiel jemand anderes und woanders zu sein. Sie legen großen Wert auf ein umfassendes und viel-
schichtiges symbolisches Repertoire, um ihre eskapistischen Wünsche
ohne Einbrüche der Außenwelt leben und erleben zu können. Besonders empfänglich sind sie daher für kosmetische Gegenstände, die zur
Ausgestaltung und Inszenierung einer Spielidentität genutzt werden können, sei es in Form von Kleidungsstücken und Accessoires, Modellen
und Animationen, Ausrüstungen und Erweiterungen. Ein erfolgreiches
Leben in der Welt der Sims hat seinen Preis, der sich weniger aus den
Herstellungskosten des Entwicklers, sondern überwiegend aus dem
Wunsch der Spieler erklären lässt, die Handlungs- und Entfaltungsmög-
lichkeiten eines Avatars zu erhöhen.

Ein weiterer Kaufanreiz für Immersionssucher besteht darin, ein Spiel
von lästiger Werbeunterbrechung freizukaufen, um ungestörte Erlebnisse
in der Spielwelt zu ermöglichen.

Story-Spieler schätzen an einem Spiel die narrativen Elemente, die
Erzählung, die sich im Verlauf der Spielhandlung entfaltet. Spiele stehen
hier im Vergleich zu Filmen oder Büchern, die ebenfalls auf ihren narrativen Gehalt hin ausgewählt, angeschaut und gelesen werden, mit Blick
auf interessante Settings, Figurendarstellungen und ihre Entwicklung,
dramatische Handlungsbögen mit überraschenden Wendungen oder
ansprechende Themen und erzählerische Motive. Mehrere Monetarisierungsformen bieten sich an: zum einen der Kauf von Fortsetzungen einer bereits begonnenen Geschichte, sei es in Form von DLCs, weiterer
Episoden oder eigenständigen Spielen. Die erste Episode des 5-teiligen
Spiels *Life is Strange* wird kostenlos angeboten, um durch seinen offe-
nen Handlungsverlauf den Absatz der weiteren Folgen zu erhöhen.

Eine andere Möglichkeit bieten narrative Spiele, die den Handlungs-
fortschritt an In-Game-Währung koppeln bzw. Energie oder Diamanten,
die wiederum gegen Echtgeld erworben werden können. Das Spiel *Episode: Choose your own Story* bietet einerseits relevante Handlungsop-

tionen zum Kauf an, ermöglicht andererseits die Erstellung eigener Geschichten in einem eigenen Editor. Damit handelt es sich um eine der wenigen Apps, mit der Nutzer als Prosumer sogar Geld verdienen können. Nach eigenen Angaben wurden inzwischen über 7 Mrd. Episoden von 100.000 Geschichten angesehen, die aus einer Community von 12 Mio. registrierter Autoren stammen. Besonders erfolgreiche Autoren qualifizieren sich für das „Writer Payments program" und können je nach Zuschauerzahl hunderte oder sogar tausende Dollar für eine Geschichte einnehmen.[96] Allerdings verdient der Publisher Episodes Interactive deutlich mehr auch an weniger erfolgreichen Autoren, indem sowohl für narrative Fortschritte als auch für neue Episoden einer Geschichte In-Game-Währung verlangt wird, die gegen Echtgeld gekauft werden muss.[97]

Eigene und fremde Geheimnisse bewahren oder verführerische Kleidung tragen: Die gefühlt bessere Weiterführung einer Geschichte in *Episode: Choose your own Story* muss mit In-Game-Währung bezahlt werden.
Quelle: Tandon, 2017

96 https://forums.episodeinteractive.com/t/how-to-get-money-and-how-much-for-a-story/24000
97 Tandon 2017: Will You Pay $2 To Kiss A Game Character? *Episode: Choose Your Story.*

Creativity

Kreative Spieler experimentieren mit ihrer Spielwelt und versuchen sie nach ihrem eigenen Geschmack einzurichten. Dabei geht es nicht primär um vereinfachten Zugang zu Siegbedingungen, sondern um Formen des persönlichen Ausdrucks. Pragmatische Spieler akzeptieren die Spielumgebung, so wie sie ihnen vorgesetzt wird. Kreative Spieler hingegen wählen bevorzugt Spiele mit der Möglichkeit, die Spielwelt aktiv mitzugestalten, und können über entsprechende Möglichkeiten wie Level-Editoren oder individualisierbare Asset Pakete zum Kauf motiviert werden.

Designorientierte Spieler suchen Formen des persönlichen Ausdrucks. Neben den vielfältigen Möglichkeiten, die eigene Spielfigur über Skins, Accessoires oder Ausrüstungsgegenstände zu individualisieren, die bei den Immersions-Spielern angesprochen wurden, bieten manche Spiele darüber hinaus die Möglichkeit, über zusätzliche Modelle oder Texturen die eigene Spielwelt zu gestalten. *Minecraft* bietet entsprechende Pakete im Marketplace an.[98]

Discovery- oder entdeckungsorientierte Spieler genießen die Erschließung neuer oder bislang unentdeckter Abschnitte von Spielwelten. Sie spielen bevorzugt Online-Rollenspiele, Open-World- oder Sandbox-Spiele und experimentieren mit den Möglichkeiten, die ihnen dort zur Verfügung stehen. Entdeckungsspieler sind eine wichtige Zielgruppe für Erweiterungen der Spielwelt, in denen neue Gebiete, Level oder Handlungsstränge angeboten werden.

Das Spiel *World of Warcraft* erhielt seit seinem Erscheinen 2004 sieben Erweiterungen *The Burning Crusade* (2007), *Wrath of the Lich King* (2008), *Cataclysm* (2010), *Mists of Pandaria* (2012), *Warlords of Draenor* (2014), *Legion* (2016) und *Battle for Azeroth* (2018), die ungefähr alle zwei Jahre die Spielwelt vergrößern und sich bereits am Erscheinungs-

---

[98] https://marketplace.minecraft.net/

tag besser verkaufen als viele Spiele über ihre gesamte Laufzeit.[99] In *Battle of Azeroth* wurden 2018 alle vorherigen Erweiterungen in das Basisspiel integriert, das monatlich für 12,99 Euro abonniert (s. 3.2.1) werden kann. Trotz dieser umfangreichen Spielinhalte wurde dieses Expansion Pack, das für 44,99 Euro in der Standard- und für 59,99 Euro in der Deluxe-Edition (s. 3.5.5) angeboten wird, mit 3,4 Mio. Verkäufen zur erfolgreichsten Erweiterung der WoW-Geschichte.[100]

2.5.3 Motivation und Monetarisierung

Die Bewertung eines Monetarisierungsmodells und die Aufstellung eines Bewertungsschemas müssen immer auch mit Blick auf die angesprochenen Spieler- bzw. Motivationstypen erfolgen. Die Aussage, dass in einem Spiel In-Game-Käufe lediglich kosmetischer Natur und damit harmlos seien, ist also auch vor dem Hintergrund der Motivation der angesprochenen Zielgruppe dieses Spiels zu bewerten.

Die vor allem bei Kindern sehr beliebten Spiele von Outfit7 wie *My Talking Tom*, *My Talking Angela* oder *Talking Tom 2*, in denen Tiere Stimmaufnahmen verfremdet wiedergeben, finanzieren sich überwiegend durch Werbung (s. 3.3), bieten aber auch Premiumwährung für den Erwerb modischer Accessoires als In-Game-Kauf an (s. 3.6.2), die laut Website zwischen 0,50 Euro und 99,99 Euro kosten können.[101] Seit einer Abmahnung des Spiels *My Talking Angela* durch die Verbraucherzentrale Rheinland Pfalz[102] kann in Deutschland für Premiumwährung zwar nur noch maximal 20 Euro pro Kauf ausgegeben werden, dennoch sind virtuelle Hüte, Brillen, T-Shirts oder andere Kleidungsstücke wei-

---

[99] Gough 2019: World Of Warcraft Expansion Pack Sales Worldwide 2018.
[100] Valentine 2018: Battle For Azeroth Is The Fastest-selling World Of Warcraft Expansion.
[101] https://play.google.com/store/apps/details?id=com.outfit7.mytalkingtom2&hl=de
[102] Verbraucherzentrale Rheinland-Pfalz 2019: *My Talking Angela* und *Dog Run*: Spiele-Apps für Kinder abgemahnt.

terhin eine permanente Kaufaufforderung, die durch Gestik und Mimik der jeweiligen Tiere noch verstärkt wird, die sich sichtbar über ein neues Geschenk freuen. Es handelt sich also um virtuelle Haustiere, die ihre Konsumwünsche direkt an Kinder kommunizieren, die sie dank einer USK-0-Freigabe auch problemlos erreichen.

2.6 Spielzeit und Intensität

Die individuell zur Verfügung stehende Spielzeit ist das knappste Gut, das nicht vermehrt werden kann. Es kann aber in der mentalen Buchführung (s. 2.8) von anderen Zeitbudgets transferiert werden. Zeit selber ist primäres Tauschgut bei der Medienrezeption. Ihr Einsatz wird vom Spieler nach dem subjektiven Nutzen bewertet, der innerhalb der aufgewendeten Zeit erlangt wird. Wenn für manche das Aufleveln eines WoW-Charakters als genussreicher Einsatz von Spielzeit angesehen wird, empfinden andere dies als sinnleeres Grinding auf dem Weg zum Endgame. Daher bietet Blizzard für ungeduldige Spieler die Möglichkeit, Geld gegen diese als langweilig empfundene Spielzeit einzutauschen.

Spieler sind in unterschiedlichem Ausmaß bereit, Zeit in ein Spiel zu investieren. Manche suchen vor allem Zeitvertreib ohne besonders hohe Anforderungen an Fähigkeiten oder Konzentration, andere erwarten Erlebnisse, die sie als Bestandteil ihrer Identitätskonstruktion verwenden können. Diese Impulse können durchaus in einer Person vereinigt sein, je nach Ausrichtung des Spiels haben sie aber unterschiedliche Monetarisierungsformen zur Folge. Ein Differenzierungsmerkmal ist daher die Intensität, mit der Spiele als Teil der Freizeitgestaltung gesehen werden. Hier haben sich drei Kategorien durchgesetzt:

Hardcore- oder **Core-Gamer** sind Menschen, die sich sehr stark für Computerspiele im Allgemeinen bzw. für einzelne Titel interessieren und die Computerspiele als Bestandteil der eigenen Identitätskonstruktion sehen.[103] Diese Identifikation drückt sich insbesondere in Spielzeiten aus, aber auch in Darstellungen der eigenen Fähigkeiten in Bezug auf Computerspiele sowohl online als auch offline. Ein Spiel zu gewinnen ist ihnen sehr wichtig und sie verbringen viel Zeit damit, ihre eigenen Kompetenzen zu steigern. Sie wählen daher bevorzugt Spiele aus, bei denen das Verständnis einer komplexen Geschichte, die Kenntnis der Spielmechaniken und die performative Beherrschung der Steuerung unabdingbar sind. *League of Legends* ist ein typisches Spiel für Hardcore-Gamer: Eine Partie dauert 30 – 60 Minuten und setzt für ein erfolgreiches Spiel erhebliche Kenntnisse der Spielmechaniken voraus. Um in die höheren Klassen aufzusteigen, sind hunderte oder tausende von Spielstunden Übung erforderlich. Manche professionellen E-Sportler organisieren ihr gesamtes Leben um dieses Spiel herum.

Midcore-Gamer legen Wert auf anspruchsvolle Spieltiefe, ohne dabei bereit zu sein, ihren Tagesablauf dem Spiel unterzuordnen. Die ausgewählten Spiele sind einfacher zu erlernen, benötigen weniger spielerisches Geschick und ermöglichen Fortschritte in einer im Verhältnis zu Hardcore-Spielen kürzeren Spieldauer. Sie sind dabei aber herausfordernder, komplexer und kompetitiver als Casual-Spiele. Wie diese sind sie aber auch auf Dispositiven verfügbar, die sich nicht ausschließlich an Computerspieler richten, z. B. mobile Geräte oder PCs. *Clash Royale* ist ein typisches Midcore-Spiel, es verfügt über ein komplexes Regelwerk, das seinen Spielern Nachdenken, Geschick und Übung abverlangt, aber pro Partie nicht zu viel Zeit beansprucht.

Casual-Gamer oder **Gelegenheitsspieler** sind Menschen, die Computerspiele vor allem als nebensächliche Beschäftigung spielen. Dies bedeutet nicht unbedingt, dass sie wenig Zeit mit Spielen verbringen, sondern dass sie diesbezüglich keinen Ehrgeiz entwickeln, der sich in dem Wunsch nach größerer Spielkompetenz äußert. Casual-Games kommen daher ohne narrative, ludische oder performative Komplexität

---

[103] Quandt et al. 2009: Die Computerspieler.

aus, die einzelnen Spielabschnitte sind kurz und können ohne kognitive Anstrengung jederzeit unterbrochen und wiederaufgenommen werden. Das Unterhaltungsziel ist Zeitvertreib, ohne Spuren in der Identitätskonstruktion zu hinterlassen. Casual-Gamer weigern sich daher regelmäßig, überhaupt als „Computerspieler" bezeichnet zu werden, weil dies eine Nebensächlichkeit zu einem Persönlichkeitsmerkmal erheben würde, das sie nicht anzuerkennen bereit sind. Genauso regelmäßig sind sie aber auch überrascht, wie viel Zeit und andere Ressourcen sie tatsächlich in Spiele investieren. Das ikonische Casual Game ist *Candy Crush Saga*, das mit Blockmatching eine einfache und eingängige Spielmechanik hat, kurze Spielzyklen anbietet und den Fokus auf unmittelbare Belohnung durch audiovisuelles Feedback legt.

Zusammengefasst lassen sich die drei Intensitätsstufen anhand der zugestandenen Priorität von Spielen und der Investitionsbereitschaft von Lebenszeit unterscheiden:[104]

1. Hardcore-Spieler gestalten ihren täglichen Zeitplan um Spiele herum. Spiele sind für sie so wichtig, dass sie bereit sind, ihre übrigen Aktivitäten der Spielzeit unterzuordnen.
2. Midcore-Spieler gestalten ihre Spielzeit um ihre tägliche Zeitplanung herum. Sie reservieren in ihrem Tagesplan bewusst Zeit für Spiele, ohne dass sie hohe Priorität bekommen.
3. Casual-Spieler lassen sich von Spielen unterhalten, wenn sich die Zeit dafür ergibt. Sie spielen nur, wenn sie gerade nichts anderes zu tun haben, häufig in Wartesituationen oder während eines Transports.

Die gewählte Intensität hat erhebliche Auswirkungen auf die Zahlungsbereitschaft, die im nächsten Abschnitt besprochen wird.

---

104 Graft 2020: What The Hell Does 'Mid-core' Mean Anyway?

2.7 Zahlungsbereitschaft

Wenn Spiele als Ware zu einem festen Preis verkauft werden, reicht es, für die Umsätze die Anzahl der verkauften Einheiten zu erfassen, die **Number of Units sold**. Das Spiel *Minecraft* beispielsweise wurde zwischen 2009 und 2019 weltweit über 176 Mio. Mal verkauft, was es zum meistverkauften Spiel aller Zeiten macht.[105]

In Spielen mit wechselnden Einnahmen pro Spieler, z. B. durch In-Game- oder Zusatzkäufe, lassen sich durchschnittliche Einnahmen pro Nutzer erfassen, die **Average Revenue per User (ARPU)**. Spiele haben aber unterschiedlich begeisterte Fans, die sich auch in der Bereitschaft unterscheiden, Geld für das Spiel, für Erweiterungen oder zusätzlichen Content auszugeben. Je mehr zusätzliche Kaufmöglichkeiten für ein Spiel angeboten werden, desto interessanter wird es für Publisher, herauszufinden, wie sich die Einnahmen auf die Spieler verteilen. Bei Free-to-Play-Spielen werden diese Einnahmen nicht mehr von allen Spielern erzeugt, sondern einige zahlen nichts und andere sind bereit, Geld auszugeben.

Für Publisher ist es damit essenziell, nicht mehr die Einnahmen bezogen auf die Gesamtnutzerzahl zu betrachten, sondern sich auf die Einnahmen der tatsächlich auch zahlenden Spieler zu konzentrieren, den **Average Revenue Per Paying User (ARPPU)**.[106] Eine weitere Kenngröße ist die durchschnittliche Einnahme pro Spieler, die täglich aktiv spielen, die **Average Revenue per Daily Active User (ARPDAU)**. Weitere Metriken finden sich z. B. bei Game Analytics.[107]

In Bezug auf die Zahlungsbereitschaft hat sich die von Nicholas Lovell popularisierte Einteilung der zahlenden Spieler in Wale, Delfine und kleine Fische durchgesetzt:[108]

---

[105]   Valentine 2019: Minecraft Has Sold 176 Million Copies Worldwide.
[106]   Koster 2009: ARPU Vs ARPPU.
[107]   https://gameanalytics.com/docs/item/metric-and-dimensions-reference
[108]   Lovell 2011: Whales, Dolphins And Minnows – The Beating Heart Of A Free-to-play Game.

Whales: 10 % of payers, ARPPU of 20 US-Dollar
Dolphins: 40 % of payers, ARPPU of 5 US-Dollar
Minnows: 50 % of payers, ARPPU of 1 US-Dollar

Hinzu kommen **Freeloader**, die kein Geld ausgeben und zwischen 70 und 98 % der Spieler ausmachen. Vorgeschlagen, aber nicht etabliert, wurde der Begriff **Sharks** für Spieler, die mit gestohlenen, gefälschten, ungültigen oder überzogenen Kreditkarten bezahlen, wodurch teilweise erheblicher Verwaltungsaufwand entsteht, der sich negativ auf die Gesamtbilanz auswirkt.[109]

Monetization Habits of Users by Group

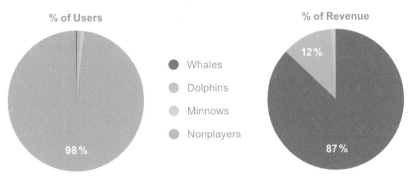

Quelle: https://www.adcolony.com/blog/2016/05/10/mobile-monetization-nurturing-minnows-dolphins/

Eine weitere Differenzierung ist die von Ninja Metrics genutzte Berücksichtigung des sozialen Netzwerks, wodurch Spieler mit hohem sozialem Kapital (s. 2.2) Mitspieler beeinflussen, selber Geld in das Spiel zu investieren. Dieser **soziale Wert** kann höher sein als die eigenen Ausgaben, weswegen Influencer nicht nur in Spielen gesucht und umworben werden.

---

109 Lovell 2011: ARPPU In Freemium Games, – Kommentar von RichS.

Sowohl die prozentuale Verteilung als auch die Höhe der Ausgaben variieren je nach Spiel, die Grundbeobachtung in allen Spielen mit variabler Monetarisierung ist jedoch, dass ein kleiner Teil der Spieler den größten Anteil am Umsatz verantwortet. Die Zahlungsbereitschaft der Spieler ist dabei nicht normalverteilt, sondern folgt einer Pareto-Verteilung, wonach 90 % der Einnahmen von 10 % der Spieler erwirtschaftet werden. Diese 10 % kann man als „True Fans", „High Rollers", „Big Spenders" oder eben „Wale" bezeichnen. Sie finanzieren den Spielgenuss der anderen Spieler, die deutlich weniger ausgeben und alleine das Spiel finanziell auch nicht tragen würden. Diese Dynamik sei, so Lovell, der Grund für den Niedergang der Musikindustrie, die durch feste Preise den Verlust nicht auffangen konnte, der durch ausbleibende Käufe aufgrund von Menschen entstand, die nicht bereit waren, für Musik zu bezahlen, und sich ihre Alben illegal als digitale Downloads im Netz besorgten.[110]

Die Fixierung auf verkaufte Einheiten und nicht auf die individuelle Zahlungsbereitschaft ist ein Relikt des Industriezeitalters, das Produktivitätssteigerung im Senken von Stückkosten sah, die anschließend zu einem einheitlichen Preis an eine homogene Käufergruppe veräußert wurden. Zwar gibt es auch industriell gefertigte Hochpreisprodukte für reichere Zielgruppen, jedoch keine individuell unterschiedlichen Preise für dasselbe Produkt.

Diese Beobachtung führt seitdem dazu, dass viele Publisher ihre Spiele bevorzugt auf Wale ausrichten, d.h. ihre Spiele so entwickeln oder balancen lassen, dass sie, zumindest ab einem bestimmten Punkt, nur mit erheblichem Geldeinsatz sinnvoll spielbar werden. Diese Spiele werden damit zu einem Luxusgut, das sich nur wenige Menschen leisten können oder wollen. Von einem rational-ökonomischen Standpunkt aus ist dies nachvollziehbar, denn solange es eine Nachfrage und Zahlungsbereitschaft gibt, ist es vernünftig, entsprechend hochpreisige Angebote zu machen.

---

[110] Lovell 2010: Whales, Power-laws And The Future Of Media.

Diese Schlussfolgerung geht allerdings davon aus, dass Spieler ökonomisch rational handeln, indem sie aus der Summe ihrer Zahlungen den daraus entstehenden Genuss abschätzen und nur so viel ausgeben, wie es ihr Budget für Unterhaltung vorsieht. Dabei spielt es keine Rolle, ob dieses Budget auf einmal oder in mehreren Etappen verbraucht wird: Wer 75 Euro pro Monat für sein Vergnügen auszugeben bereit ist, kann dies in einer Ausgabe machen, z. B. durch den Besuch eines Konzerts, den Kauf eines Vollpreisspiels oder durch zahlreiche Kleinkäufe in einem Free-to-Play-Spiel. In beiden Fällen wird dieses Budget durch eine klare Präferenzordnung gedeckt und die einzelnen Ausgaben dagegen abgewogen. Wale wären demnach einfach Menschen, die sich zu einem Spiel besonders hingezogen fühlen, dabei über ein größeres Vermögen verfügen, das sie bereit sind, in das Spiel, die Community oder die Entwickler zu investieren.

Wie im nächsten Abschnitt gezeigt wird, ist die Annahme eines rational-kontrollierten Konsumenten in vielen Fällen jedoch unzureichend, um ökonomische Entscheidungen angemessen zu erklären. Unter den Walen finden sich demnach nicht nur die treuen und finanzstarken Fans, sondern auch Spieler, die Probleme haben, ihr Spielverhalten zu kontrollieren, die sich zu Kaufentscheidungen verleiten lassen, die ökonomisch nicht rational sind. Für Entwickler ist es nicht zuletzt eine ethische Entscheidung, welche Zielgruppe sie anvisieren: „If your customers suddenly stop, realise how much they have spent, and suffer buyer's remorse, you're targeting Whales. If they know how much they've spent and view it as value for money, you're targeting True Fans."[111]

---

111   Lovell 2011: Whales, True Fans And The Ethics Of Free-to-play Games.

Eine weitere zentrale Metrik für die Zahlungsbereitschaft von Spielern ist die **Retention Rate** oder **Returning Quote**, also die Anzahl der Spieler, die sich über den Verlauf eines Zeitraums wiederholt mit dem Spiel beschäftigen und dort zumindest Zeit verbringen. Dabei wird zwischen der Hard Retention und der Rolling Retention unterschieden:[112]

Die **Hard Retention** umfasst Spieler, die genau 1, 3 oder 7 Tage nach der Installation der App das Spiel erneut öffnen. **Rolling Retention** bezieht sich auf Spieler, die z. B. am 7. Tag oder nach 7 Tagen zurückkommen. Diese Metrik ist sinnvoller bei Spielen, die nicht jeden Tag gespielt werden sollen, sondern z. B. nur an Wochenenden. Zwar sagt die Retention Rate noch nichts über die monetäre Zahlungsbereitschaft aus, sie ist aber ein guter Indikator darüber, wie gut ein Spiel angenommen wird und wie stabil die Spielerpopulation ist. Ein Spiel mit hoher Retention Rate hat viele Spieler, die zumindest Zeit und Aufmerksamkeit in das Spiel investieren. Nur auf dieser Grundlage ist es möglich, Wege zu suchen, diese Bereitschaft zu kapitalisieren.

Auf der Retention Rate basiert die Entscheidung des Publishers, ob ein Spiel überhaupt weitergeführt wird und ob es sich lohnt, Ressourcen in den Betrieb von Servern, Updates und Support sowie in Marketingmaßnahmen zu investieren.

Der Indie-Entwickler Playsaurus sieht die Wal-Jagd hingegen kritisch und verzichtet bei der Fortsetzung seines erfolgreichen Spiels *Clicker Heroes* auf In-Game-Käufe: „Games are inherently addictive. That alone is not a bad thing, until it gets abused. In Clicker Heroes 1, we never tried to abuse players with our real-money shop, and for the most part, we designed it without the shop in mind so that you never have to purchase rubies to progress. Despite this, we found that some number of players spent many thousands of dollars on rubies. I can only hope that these people could afford it and that they were doing it to support us, and not to feed an addiction. But I strongly suspect that this is not the

---

case. We made a lot of money from these players who spent thousands. They are known to the industry as 'Whales'. Great. If you're rich, please be my guest. But we don't want this kind of money if it came from anyone who regrets their decision, if it made their lives significantly worse as a result. Unfortunately, those who have a problem are usually in denial about it, and would be too ashamed to ask us for a refund. We would give the refund in a heartbeat. It's not like we have artists drawing each ruby by hand. It costs us nothing but payment processing fees."[113]

Dies sind ehrenhafte Überlegungen, die das Wohl der Spieler im Blick behalten. Das Ziel der meisten Publisher ist es jedoch, die **Conversion Rate** zu steigern. Diese gibt an, wie viel Prozent der Spieler In-Game-Käufe tätigen und damit die ARPPU erhöhen. Die Conversion Rate errechnet sich aus dem Verhältnis der Anzahl der Spieler, die Geld ausgeben, zur Gesamtzahl der Spieler, die das Spiel installiert haben. Von Publishern wird sie als Maßstab für die Entscheidung genutzt, wie viel Geld in die Akquise neuer Spieler investiert werden kann, z. B. durch Werbung (s. 3.3) oder Affiliate-Angebote (s. 3.4). Monetär erfolgreiche Spiele können mehr Geld für Werbung ausgeben als weniger erfolgreiche.

---

[113] https://www.clickerheroes2.com/paytowin.php

2.8 Rationalitäten

In diesem Abschnitt werden zwei Modelle vorgestellt, mit denen das Konsumverhalten von Spielern erklärt werden kann: (1) Die **Erwartungsnutzentheorie** der klassischen Ökonomie mit dem Homo oeconomicus als Akteur und (2) die **Neue Erwartungstheorie** bzw. **Prospect-Theorie** der Verhaltensökonomie.

1. Bei der **Erwartungsnutzentheorie** wird davon ausgegangen, dass Menschen eine Entscheidung nach dem höchsten Erwartungswert ihres Nutzens treffen. Gleichzeitig wird vorausgesetzt, dass sie sowohl den erwarteten Nutzen einer Entscheidung einschätzen können als auch über eine stabile Präferenzordnung verfügen, mit denen die erwartbaren Ergebnisse zweier Entscheidungen miteinander verglichen werden können.

    Das Menschenbild dieser Theorie wird als **Homo oeconomicus** bezeichnet, ein umfassend informiertes Subjekt, das sich über seine Vorlieben jederzeit im Klaren ist und seine Konsumentscheidungen entsprechend rational treffen kann. Nach Hanno Beck zeichnen drei Merkmale dieses Menschenbild aus: [114]

    Unbegrenzte Rationalität ohne kognitive Beschränkung, weder bei der Wahrnehmung und Verarbeitung von Informationen noch bei der Urteilsbildung. Für eine Kaufentscheidung kann sich der Homo oeconomicus über alle Angebote am Markt informieren, er kennt dabei alle relevanten Parameter, die einer Entscheidung zugrunde liegen müssen, kann die eingesammelten Informationen perfekt zuordnen und auf dieser Grundlage eine rationale Entscheidung treffen. Insbesondere werden keine Fehlentscheidungen getroffen oder impulsive Käufe getätigt.

---

[114] Beck 2014: Behavioral Economics, S. 2 ff.

Unbegrenzte Willenskraft bei der Verfolgung seiner Ziele. Der Mensch handelt stets so, wie es für ihn rational am günstigsten ist, ohne dass Motivationsschwächen oder Probleme der Selbstkontrolle im Weg stehen. Wer sich entschlossen hat, nicht länger als eine Stunde am Tag zu spielen oder nicht mehr als fünf Euro pro Woche für In-Game-Käufe auszugeben, wird diese Vorsätze diszipliniert einhalten, das verbrauchte zeitliche und monetäre Kontingent überwachen und sein Verhalten entsprechend anpassen.

Unbegrenztes Eigennutzstreben ohne Berücksichtigung der Interessen anderer. Dies schließt nicht Altruismus aus, aber Verhalten erfolgt immer aus Eigeninteresse nach Abwägung aller Vor- und Nachteile.

Inzwischen wurde in zahlreichen Experimenten, Untersuchungen und Studien gezeigt, dass diese Annahmen in realen Entscheidungssituationen nur selten erfüllt sind. Selbst erwachsene Menschen im Vollbesitz ihrer geistigen Kräfte treffen regelmäßig Entscheidungen, die diesen Prinzipien widersprechen:

Begrenzte Rationalität bei der Aufnahme und Verarbeitung von Informationen, die Entscheidungen zugrunde liegen. Dies führt zu Ergebnissen, die aus ökonomischen Gesichtspunkten irrational erscheinen, weil sie der eigenen Präferenzordnung widersprechen.

Begrenzte Willenskraft beim Treffen von Entscheidungen, selbst wenn sie langfristig größeren Nutzen versprechen. Schüler wissen, dass sie für die Schule lernen oder Hausaufgaben machen sollten und beschäftigen sich lieber mit ihrem Smartphone; Spielsüchtige wissen, dass sie sich finanziell ruinieren und können dennoch nicht an der Spielhalle vorbeilaufen.

Begrenzter Eigennutz, wenn bei einer Entscheidung die Interessen anderer einbezogen werden und dadurch nicht diejenige Entscheidung getroffen wird, deren Erwartungswert maximal ist. Dies
kann zum Wohle anderer geschehen oder einfach nur die Anpassung
an die vom sozialen Umfeld vorherrschenden Entscheidungen bedeuten.

Im Alltag der menschlichen Entscheidungen handelt die Mehrheit
der Menschen mit begrenzter Rationalität, begrenzter Willensstärke
und auch nur begrenzt eigennützig. Noch deutlicher wird dies bei
Kindern und Jugendlichen, deren rationale Entscheidungsfähigkeit
schon aus physiologischen Gründen deutlich schwächer ausgeprägt
ist (s. 2.9).

2. Als Alternativmodell bzw. als Erweiterung der Annahmen von rein
rational handelnden Wirtschaftsakteuren wurde von den Psychologen Daniel Kahnemann und Amos Tversky die **Neue Erwartungstheorie** bzw. **Prospect-Theorie** entwickelt. Demnach handeln Menschen nicht kalkulierend rational und überlegt, sondern versuchen,
den Prozess der Entscheidungsfindung abzukürzen. Dabei verlassen
sie sich auf bewährte Verfahren in der Wahrnehmung, Erinnerung,
Verarbeitung oder Beurteilung von Informationen.

Als zentrale Begrifflichkeit dafür hat sich in der verhaltensökonomischen Literatur die von Stanovich und West[115] eingeführte Be-
zeichnungen **System 1** und **System 2** durchgesetzt, die insbesondere durch die Untersuchungen von Kahnemann und Tversky eine
breite Aufmerksamkeit erfahren haben:

---

[115] Stanovich und West 2000: Individual Differences In Reasoning: Implications For
The Rationality Debate?

System 1 arbeitet automatisch und schnell, weitgehend mühelos und ohne willentliche Steuerung. System 2 lenkt die Aufmerksamkeit auf die anstrengenden mentalen Aktivitäten, die auf sie angewiesen sind, darunter auch komplexe Berechnungen. Die Operationen von System 2 gehen oftmals mit dem subjektiven Erleben von Handlungsmacht, Entscheidungsfreiheit und Konzentration einher.[116]

In dieser Arbeit soll für die beiden Systeme, die von Kahnemann und Tversky gewählte Bezeichnung **schnelles Denken** für System 1 und **langsames Denken** für System 2 gewählt werden, um diese beiden grundsätzlich voneinander verschiedenen Formen der Informationsaufnahme und -verarbeitung sowie Urteilsbildung voneinander abzugrenzen.

Das **langsame Denken** sucht und evaluiert Informationen, orientiert sich bei seinen Schlüssen an logischen Regeln und versucht, nach sorgfältigem Abwägen aller Alternativen eine rational begründbare Entscheidung zu treffen. Langsames Denken erfordert viele Ressourcen wie Aufmerksamkeit, Konzentration, kognitiven Aufwand und vor allem Zeit, weswegen es so weit wie möglich vermieden wird. Bei besonders wichtigen Entscheidungen wird, sofern die Ressourcen vorhanden sind, das langsame, abwägende Denken bemüht. Es entspricht dabei am ehesten der Rationalität des Homo oeconomicus. Ob und welche Spielkonsole gekauft wird, ob eine schnellere Grafikkarte angeschafft wird oder die Einstellungen in Spielen auf geringere Qualität zu setzen sind oder ob ein Spiel zum Zeitpunkt der Veröffentlichung als Vollpreistitel gekauft wird oder bis zur Preissenkung gewartet wird, kann in Ruhe bedacht, mit Informationen unterfüttert und gegen Handlungsalternativen abgewogen werden.

---

[116] Kahneman 2015: Schnelles Denken, langsames Denken, S. 33.

Solche Prozesse sind aufwendig und schon die simple Ankündigung „Schlussverkauf! Preissenkungen bis zu 80 %! Jetzt zugreifen, solange der Vorrat reicht!", führt bei vielen Menschen dazu, die Rationalität des langsamen Denkens zu vermeiden und sich in dieser Situation mit wenig Zeit und Informationen auf andere Verfahren der Entscheidungsfindung zu verlassen. Das **schnelle Denken** ist impulsiv und versucht, mit so wenigen Informationen wie nötig auszukommen und diese so rasch wie möglich zu verarbeiten. Dabei werden die rationalen Entscheidungen des langsamen Denkens regelmäßig von den Impulsen des schnellen Denkens überholt und damit nicht in Handlungen umgesetzt. Das schnelle Denken ist allerdings nicht in der Lage, alle zur Verfügung stehenden Informationen auszuwerten und muss daher auf Entscheidungsheuristiken zurückgreifen, die sich in manchen Situationen als angemessen erweisen, in anderen jedoch nicht. Diese **Heuristiken** werden auch als **kognitive Verzerrung** (cognitive bias) bezeichnet. Inzwischen gibt es Listen mit Dutzenden solcher Heuristiken[117], die im Rahmen dieser Untersuchung in fünf Arten von Situationen beobachtbar sind:

- Urteilen und Entscheiden bei zu vielen Informationen. Dabei werden die meisten gefiltert und nur die vermeintlich wichtigen behalten. Heuristiken helfen bei der Entscheidung, welche wichtig sind.
- Urteilen und Entscheiden bei zu wenigen Informationen. Diese werden mit bestehendem Wissen verglichen und zu Mustern zusammengefügt, um die mentale Repräsentation der Welt zu vervollständigen.
- Urteilen und Entscheiden unter Zeitdruck. Schnelle Entscheidungen können nur vom schnellen Denken getroffen werden, das auf Gewohnheiten und einfache Lösungen zurückgreift, selbst wenn die überlegte und kompliziertere Entscheidung langfristig besser wäre.

---

[117] Benson 2016: Cognitive Bias Cheat Sheet.

- Auswahl von Erinnerungen. Das menschliche Gedächtnis ist keineswegs ein Speicher, sondern hochgradig selektiv, es reorganisiert bestehende Erinnerungen auch rückwirkend, um ein kohärentes Weltbild zu stabilisieren.
- Urteilen und Entscheiden mit Zufallsereignissen. Da Menschen fundamentale Schwächen im Umgang mit Zufällen haben, stehen Glücksspiele unter besonderer staatlicher Kontrolle. Der Grund liegt in der von diesen Spielen ausgehenden Suchtgefahr (s. 2.10), die unter anderem darauf zurückzuführen ist, dass Heuristiken den Zufall nicht vorhersagen können, dies aber gleichzeitig suggerieren und zufällige Erfolge als besondere Leistung verbuchen.

In Bezug auf Kaufentscheidungen bei Computerspielen wurden die im Folgenden aufgeführten Heuristiken auf Grundlage der Gespräche mit den Interviewpartnern als besonders relevant für Konsumentscheidungen im Zusammenhang mit Computerspielen diskutiert.

2.8.1 Urteilen und Entscheiden bei zu vielen Informationen

Verfügbarkeitsheuristik

Ein Ereignis wird als umso verfügbarer eingeschätzt, je einfacher es mental abgerufen und vorgestellt werden kann. Dieser Umstand wird in der Werbung genutzt, die Waren und Dienstleistungen präsentiert und positiv konnotiert. Wird einem potenziellen Kunden das Produkt wiederholt gezeigt, ist es von ihm im Falle einer Konsumentscheidung mühelos als Vorstellung abrufbar. Dies wird auch **Mere Exposure Effect** bzw. **Effekt des bloßen Kontakts** genannt, wonach eine Sache oder eine Person nach häufiger Wahrnehmung positiver oder sympathischer bewertet wird. Es ist die Grundidee der Werbung, dass schon die Wahrnehmung die mentale Verfügbarkeit des beworbenen Produkts erhöht.

Ankereffekt

Entscheidungen werden nicht auf Grundlage aller zur Verfügung stehenden Informationen getroffen, sondern hinsichtlich einer Bezugsgröße, die willkürlich sein kann. Wenn bei einer Kaufentscheidung kein Maßstab über den Wert der Ware bekannt ist, werden die ersten Zahlen als Anker verwendet, an dem die weiteren Angebote gemessen werden. Virtuelle Güter wie Software oder In-Game-Käufe sind besonders schwer einzuschätzen, da sie sich ohne materielle Repräsentation einem Vergleich mit anderen Waren entziehen. Der Preis für mobile Spiele hat sich bei wenigen Euro verankert, wodurch Preise, die für vergleichbare PC- oder Konsolenspiele gezahlt werden, im Play- oder App-Store nicht erzielbar sind.

Andererseits sind In-Game-Käufe im Wesentlichen ein Phänomen mobiler Spiele, hier sind Preise bis zu 100 Euro und mehr keine Seltenheit.

In Free-to-Play-Spielen wird der Ankereffekt bevorzugt beim Verkauf von Premiumwährung genutzt, indem Extrempreise gezeigt werden, in deren Vergleich die moderateren Angebote günstig erscheinen. Wenn dann noch zusätzliche Nachlässe gewährt werden, wirkt das mittlere Angebot als rationale Entscheidung, weil es als Referenz nur innerhalb der sichtbaren Angebotspalette verankert ist und nicht mit anderen Spielen bzw. anderen Kaufentscheidungen verglichen wird.

2.8.2 Urteilen und Entscheiden bei zu wenig Informationen

Rekognitionsheuristik

„Wenn du zwischen zwei Alternativen zu wählen hast, von denen dir eine bekannt vorkommt und die andere nicht, dann wähle die bekannte."[118]

Hohe Entwicklungskosten und damit ein großes finanzielles Risiko ist einer der Gründe dafür, dass Publisher zunehmend auf Fortsetzungen erfolgreicher Franchises setzen, weil es dafür bereits eine nachgewiesene Anzahl an Kunden gibt, die das Produkt zumindest kennen und – bei erfolgreichen Marken – auch zu schätzen wissen. Die Wahrscheinlichkeit, dass sie sich in der Risikosituation einer Kaufentscheidung für ein einfach abrufbares Erlebnis entscheiden, ist daher größer als bei einer unbekannten Franchise.

Mentale Kontoführung: Accounting (Budgetheuristik)

Menschen haben verschiedene innere Kostenstellen, deren Ressourcen nicht ineinander transferierbar sind. Diese mentalen Konten können in völlig unterschiedlichen Größenordnungen verrechnet werden, ohne dass dies als Widerspruch wahrgenommen würde. Sie werden nach dem „Ziel-Repräsentativitäts-Modell" von Brendl et al. (1998)[119] für verschiedene Ziele angelegt. Ressourcen werden auf dem Konto verbucht, für dessen Ziel sie ausgegeben werden.

Wer sich für 1.500 Euro online einen Spiele-PC gekauft hat, kann sich dennoch über Versandkosten von 10 Euro ärgern, weil die Kostenstelle für Medienartikel von der für Versand getrennt verbucht ist. Wer 60 Euro für ein Spiel ausgibt, möchte zunächst einmal keine weiteren Investitionen in Unterhaltungsprodukte vornehmen und ist wenig gewillt, durch Micropayment weitere Spielelemente zu erwerben. Kostenlose

---

118 Felser 2015: Werbe- und Konsumentenpsychologie, S. 179.
119 Zitiert nach Felser 2015: Werbe- und Konsumentenpsychologie, S. 182.

Spiele belasten zunächst keine Kostenstelle, sondern liefern Spielspaß. Erst wenn ein erwartbarer und wiederkehrender Nutzen feststellbar ist, werden die ersten Zahlungen fällig. André Walter erinnert sich an die Anfänge der Free-to-Play-Spiele, die zunächst Spielerinteressen im Blick hatten: „Im Grunde waren das erst einmal Modelle, wie man eventuell mehr Leute erreichen kann. Der Grundgedanke: Wäre es nicht fairer, wenn die Leute das Spiel erst einmal kennenlernen und spielen können und dann später für Content, oder wenn sie etwas ganz Besonderes erreichen wollen, zahlen müssen? Persönlich fanden wir das besser als zum Media Markt zu rennen, 49 Mark bezahlen und dann zuhause beim Testen festzustellen, wie schlecht das gekaufte Spiel eigentlich ist. Wenn bei Boxed-Titeln die Folie ab war, konnte man es nicht mehr zurückgeben. Daraus und aus der eigenen Not, die man damit hatte, überlegten wir, wie man es anders machen könnte. Es gibt natürlich eine Gewinnoptimierung, wenn du merkst, dass du plötzlich Geld verdienst. Dann stellt man Leute ein, erweitert die Spiele, macht mehr Werbung, man wird einfach professioneller und testet auch wie man mehr Geld verdienen kann. So kommt es dann zu Mechanismen wie Lootboxen."

Eine Möglichkeit, die inneren Kostenstellen zu umgehen, besteht darin, Produkte für ein anderes Ziel anzubieten und sie damit einer anderen Kostenstelle zuzuschlagen. Während der Kauf eines Spiels als „Unterhaltungsprodukt" verbucht wird und die entsprechende Kostenstelle belastet, kann ein darin angebotener Skin mit dem Zielversprechen „andere Leute beeindrucken", „sich selbst mal etwas gönnen" oder „im Spiel immer schick aussehen" verkauft werden.[120] Dadurch können ohne schlechtes Gewissen weitere Mittel zur Verfügung gestellt werden, obwohl die Kostenstelle für Unterhaltung bereits ausgeschöpft ist. Auch zeitliche Abstände zwischen zwei Ausgaben auf einer Kostenstelle sind leichter zu verkraften als eine einzelne große Ausgabe.

---

[120] Felser 2015: Werbe- und Konsumentenpsychologie, S. 182.

Hanno Beck beschreibt den Prozess mentaler Buchführung: „Normalerweise müssen Sie bei einer rationalen Strategie sagen: Ich mache jetzt ein Konto auf ‚World of Warcraft' und darauf buche ich alle Ausgaben, auch die zukünftigen, zins die ab und kann dann einschätzen, wie mein Nutzen auf der Sollseite ist und die kumulierten Kosten auf der Haben-Seite. Das wäre die rationale Strategie, die wir machen müssten, das machen wir aber natürlich nicht. Am ehesten haben die Menschen Probleme beim Umgang mit Zeit. Sie gucken ein wenig in die Zukunft. Haben-Seite: ‚Nutzen von dem Spiel'. Kosten: Erst einmal Null, weil ich nichts bezahlen muss. Also steigen sie ein. Und anstatt alle zukünftigen Zahlungen, die sie haben, z. B. für 10 Jahre, auf einen Schlag sich anzuschauen und abzudiskontieren, sind das immer Einzelzahlungen, die auf das Konto kommen, also kleine Zahlungen. Es ist natürlich viel leichter, 10-mal im Monat einen Euro auszugeben als einmal im Monat 10 Euro. Das steht hinter dieser mentalen Kontenbildung. Insofern ist es psychologisch eine sehr clevere Preisgestaltung. Sie tun sich sehr viel schwerer damit, einmal 60 Euro für ein Spiel auszugeben als 6-mal 10 Euro. Und dann schreiben sie es noch ab bzw. sie vergessen es und das Konto wird dann irgendwann abgeschrieben oder geschlossen und dann rechnen sie gar nicht mehr zusammen, wie viel Euro sie für das Spiel ausgegeben haben. Das zieht die Leute dann rein."

2.8.3 Urteilen und Entscheiden unter Zeitdruck

Unter Zeitdruck haben Menschen die Tendenz, Dinge zu vervollständigen, in die sie bereits Ressourcen, Zeit und Energie investiert haben.

Der subjektive Wert von Besitz: Endowment Effekt

Der **Endowment-Effekt** besagt, dass Menschen Gütern, die sie besitzen, mehr Wert beimessen als Gütern, die sich nicht in ihrem Besitz befinden. Getestet wurde dies mit Tassen, die an eine Hälfte einer Probandengruppe verteilt wurden. Anschließend wurden die Tassenbesitzer gefragt, für welchen Preis sie ihre Tasse verkaufen würden, und die Teilnehmer ohne Tasse, welchen Preis sie für eine Tasse auszugeben bereit wären. Während die Besitzer im Durchschnitt 7,12 US-Dollar für angemessen hielten, wollten Nichtbesitzer durchschnittlich nur 2,87 US-Dollar ausgeben. Auch in anderen Experimenten konnte gezeigt werden, dass Menschen ihren Besitz höher bewerten als andere.[121]

Für die Monetarisierung von Computerspielen wird dieser Effekt an verschiedenen Stellen genutzt: Bei zeitlich begrenzten Freispielen kann ein Spiel für einige Tage, meistens ein Wochenende, kostenlos gespielt werden. Anschließend ist es deutlich einfacher, den Anschaffungswert zu rechtfertigen, da das Spiel bereits an subjektivem Wert gewonnen hat, es ja ohnehin schon installiert ist und mit Freunden getestet wurde.

Viele Free-to-Play-Spiele locken Neuspieler mit Geschenken, die als Starterpakete oder Give Aways verteilt werden. Dieses Anfangskapital ermöglicht nicht nur den reibungsfreien Einstieg in das Spiel, der daraus resultierende virtuelle Besitz erhöht zusätzlich die Bindung des Spielers. Sobald das Spiel beginnt, werden weitere virtuelle Güter verschenkt, die den eigenen Besitz mehren. Spieler müssen zunächst nur Zeit, kognitive Anstrengung für die Aneignung der Spielmechaniken und Spielaktivitäten investieren, erhalten im Gegenzug aber ein passables Eigentum an virtuellen Gütern.

Hinzu kommt der **IKEA-Effekt**, wonach der wahrgenommene Wert eines Gegenstands steigt, wenn man zumindest teilweise an seiner Erstellung und Pflege beteiligt war. Die eigene Investition von Aufwand schreibt sich damit in diesen Gegenstand ein, der stärker als Eigentum wahrgenommen und damit höher bewertet wird.

---

[121]   Kahneman et al. 1991: Anomalies: The Endowment Effect, Loss Aversion, And Status Quo Bias.

Eine Quit-Base in *Clash of Clans*, bei der ein Verlust des aufge-
bauten Vermögens als Geschenk umdeklariert wird, was auch
den inneren Abschied vom Spiel erleichtert.
Quelle: https://www.youtube.com/watch?v=5ZRqLJd5TGM

Umso schwerer wird es anschließend, das ohne oder mit finanziellem
Investment erworbene Eigentum (**Endowed Progress**) wieder abzugeben oder in der Spielwelt zurückzulassen. Eine Möglichkeit in manchen Spielen ist es, das Konto oder zumindest den darin angehäuften
Besitz anderen Spielern zur Verfügung zu stellen, sei es durch Verkauf der Zugangsdaten oder der Güter. Eine besonders originelle Form
haben ehemalige *Clash-of-Clans*-Spieler entwickelt: Eine Quit-Base
gruppiert alle Ressourcen an einer leicht zugänglichen Stelle, die nicht
von Verteidigungseinheiten geschützt wird. Mit den Mauern kann dann
eine Abschiedsbotschaft geschrieben werden, um sicherzustellen, dass
die angehäuften Reichtümer von der Allgemeinheit der anderen Spieler
als Geschenk erkannt und angenommen werden.

Die Angst vor Verlust: Loss Aversion (Verlustaversion)

Eng verwandt mit dem Endowment-Effekt ist die **Verlustaversion**. Während jener den Besitz höher bewerten lässt, gewichtet diese Verluste höher als Gewinne. Im obigen Beispiel wird der Verkauf der Tasse von den Verkäufern als Verlust empfunden, den sie sich mehr als doppelt so hoch vergüten lassen wollen wie potenzielle Käufer für den Besitzzuwachs auszugeben bereit sind. Daraus wurde geschlossen, dass Verluste subjektiv doppelt so schwer wiegen wie Zugewinne. Trotz ihrer Nähe kann die Dynamik der Verlustaversion im Spielverlauf anders genutzt werden als die des Besitztumseffekts. Dies nicht nur bezogen auf einen möglichen Verkauf bzw. die Aufgabe virtueller Güter, sondern vor allem bezogen auf die Ressourcen, die Spieler ausgeben bereit sind, um ihre Güter vor Verlust zu schützen. Wenn ein Spiel also damit droht, bei Verlust einer Partie den Spielstand zu löschen oder diese Folge durch Zahlen eines Betrags abzuwenden, wird die Höhe des Betrags, der dafür in der mentalen Buchhaltung bereitgestellt wird, überproportional mit der Größe des Besitzes steigen.

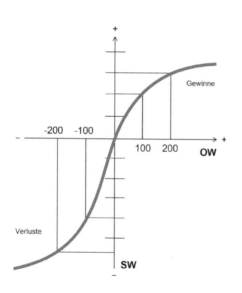

Der subjektive Wert (SW) eines objektiven (OW) Verlusts wiegt ca. zweimal mehr als der eines Gewinns. *Quelle: Döring 2015: Öffentliche Finanzen und Verhaltensökonomik, S. 24*

Nachdem Spiele die ersten Güter verschenkt haben und sich die weiteren mit verhältnismäßig wenig Aufwand erreichen lassen, ist der virtuelle Besitz hinreichend groß, um als wertvolle Ressource geschätzt und beschützt zu werden.

Jens Junge schildert diese Beobachtung: „Wir haben selber einen Bubble-Shooter nachgebaut und bei Facebook als Social-Game eingestellt und dadurch bekamen wir die ganzen Facebook-Daten über Alter, Wohnort usw. Und wir konnten feststellen, dass bei einem Bubble-Shooter, der speziell auf Frauen ab 55+ gerichtet war, die Monetarisierung nicht gut in Energie und Skins zieht – ich mache meinen Hintergrund hübsch oder habe ein besseres Aussehen, wo andere neidisch sind. Besonders funktioniert bei Frauen die Einnahmemöglichkeit über Schutzschilde: ‚Du hast jetzt verloren, wie schade. Wenn du aber nicht willst, dass von deinen mühsam erarbeitet Punkten was abgezogen wird, kannst du sie mit einem Schutzschild sichern.‘ Das Thema Verlustangst ist stark bei einer Frau, die in einem Einfamilienhaus sitzt – die Kinder sind aus dem Haus, man hat Wohlstand aufgebaut, die Familie ist nicht mehr so intensiv zu versorgen, Frühstücksfernsehen ist doof – die spielen sehr gerne auch Casual Games. Da funktioniert die Monetarisierung über Schutzschilde besser als Energie oder Skins zu verkaufen."

Für Spiele, in denen es nicht möglich ist, seinen Besitz und Fortschritt mit Schilden zu beschützen, kann die Verlustaversion auch durch einfache Botschaften emotional angesprochen werden. Hierbei genügt es, einen narrativen oder ludischen Verlust anzudrohen, um Spieler zum Bewahren des erspielten Fortschritts bzw. zum Weiterspielen zu motivieren. Diese bereits in Arcade-Spielen genutzte Methode (s. 3.6.1) findet sich auch in Free-to-Play-Spielen.

Eine besondere Form der Verlustangst bezieht sich auf den Verlust von günstigen Gelegenheiten. Das ist der Trick von Sonderangeboten und Rabatt-Aktionen, die ihre Wirkung nicht nur wegen der günstigeren Preise entfalten können, sondern auch, weil sie nur eine Woche oder gar nur ein Wochenende gültig sind und damit ein Handeln unter Zeitdruck erfordern. Noch besser ist es, wenn die verbleibende Zeit sekundengenau angezeigt werden kann.

Das schnelle Denken ist der Überzeugung, dass nicht von diesem Angebot zu profitieren einen Verlust darstellen würde. Verglichen wird also der Vollpreiskauf mit dem rabattierten Kauf und die Differenz wird als potenzieller Verlust bewertet.

In Spielen kann die Verlustaversion nicht nur zur direkten Monetarisierung genutzt werden, sondern auch zur Steigerung der Retention-Rate, also der Anzahl wiederkehrender Spieler.[122] Durch regelmäßige Geschenke, die allerdings persönlich durch In-Game-Aktivitäten abgeholt werden müssen, erhalten sie einen Anreiz, in ebenso regelmäßigen Abständen das Spiel zu öffnen und sei es nur, um das Geschenk nicht zu verlieren. Und wenn man schon mal da ist, kann man ja auch gleich weiterspielen.

Panda Pop ist wenig zimperlich mit der Monetarisierung von Verlustängsten. *Quelle: https://www.youtube.com/ watch?v=yZ_dSxib5W4*

---

122 Jasani 2017: Loss Aversion: Awesome Psychological Trick To Keep Your Gamers Engaged.

Sunk Cost Fallacy
(Ausgabeneffekt bzw. eskalierendes Commitment)

Eine direkte Konsequenz der Verlustaversion ist die Tendenz, im Falle eines drohenden oder eingetroffenen Verlusts weitere Ressourcen zu investieren, in der Hoffnung, das Konto wieder auszugleichen oder zumindest die Investition zu rechtfertigen. Diese Heuristik ist ganz wesentlich dafür verantwortlich, dass Menschen auch dann noch in Spiele investieren, wenn sie eigentlich aufhören sollten. Sie verlängern ihr Abonnement, kaufen weitere Ressourcen oder unterstützen ein Spiel weiter via Crowdfunding. Das Spiel *Star Citizen* ist seit September 2012 in der Entwicklung und hat bis Juni 2019 mehr als 227 Mio. US-Dollar durch mehr als 2,3 Mio. Unterstützer eingesammelt, obwohl es noch immer ohne Veröffentlichungsdatum ist.[123] Viele Geldgeber geben weiterhin Geld, nicht zuletzt, um damit ihre ursprüngliche Investition intern als rationale Entscheidung zu rechtfertigen.

2.8.4 Auswahl von Erinnerungen

Zeigarnik-Ovsiankina-Effekt

Eine besondere Form der Gedächtnisorganisation ist der Zeigarnik-Ovsiankina-Effekt, wonach unerledigte Handlungen besser im Gedächtnis haften bleiben als erledigte. Spiele machen sich diesen Effekt zunutze, indem sie ihren Spielern permanent neue Missionen, Quests, Aufgaben und Herausforderungen stellen, auch mehrere gleichzeitig oder täglich neue, wodurch die geistige Beschäftigung mit dem Spiel auch außerhalb der eigentlichen Spielzeit erhalten bleibt.

Ein besonders prägnantes Beispiel ist *Tetris*, eine endlose Kette unerfüllter Aufgaben, bei denen viele Spieler erst mit Spielende ihre mentale Spannung zu lösen vermögen: „*Tetris* takes advantage of the mind's

---

[123] https://robertsspaceindustries.com/funding-goals

basic pleasure in getting things done and uses it against us. We can go along with this, enjoying the short-term thrills in tidying up those blocks, even while a wiser, more reflective, part of us knows that the game is basically purposeless. But then all good games are, right?"[124]

Der Schlusssatz, wonach alle guten Spiele absichtslos seien, ist sicherlich aus verschiedenen Gründen diskussionswürdig. Sobald aber die Eigenart des menschlichen Denkens, Freude in abgeschlossenen Aufgaben zu finden, monetär ausgebeutet wird, unterwirft sich eine Tätigkeit, die ihren Zweck in sich selber findet, einem fremdbestimmten Zweck der Gewinnmaximierung, das höchstens durch das Bias der *post-purchase rationalisation* als selbstbestimmtes und vergnügliches Verhalten begründet werden kann. Das Spiel *Tetris Blitz* bietet „exciting fresh features, including a stunning look and feel, rewarding Power-Ups to get as you climb levels, and intense Battles with friends."[125], d. h. aufregende Neuerungen, durch die In-App-Purchases gekauft werden können.

Interview mit Christian Montag

„Ein Klassiker ist der Zeigarnik-Ovsiankina-Effekt. In *Candy Crush* spiele ich mich durch die Level und habe eine begrenzte Anzahl an Leben, die umsonst sind. Wenn meine Spiel-Leben aufgebraucht sind und das gerade gespielte Level noch ungelöst ist, kann das psychischen Druck erzeugen. Wir wissen aus den Studien von Frau Zeigarnik und Frau Ovsiankina aus den 1920/30er-Jahren, dass, wenn Probanden eine Aufgabe erarbeiten und unterbrochen werden, sie sich erstens an die unterbrochene Handlung besser erinnern und zweitens häufig sogar zu Ende führen, selbst wenn dies in dem Experiment nicht mehr von dem Studienleiter ‚verlangt' wird. Wenn Sie bei einem Experiment mitmachen und ich komme als Versuchsleiter rein und unterbreche Sie, dann kehren laut der Ergebnisse der klassischen Arbeiten aus der Psychologie viele

---

[124] Stafford 2012: The Psychology Of Tetris.
[125] https://apps.apple.com/us/app/tetris-blitz/id632827808

Probanden, obwohl das Experiment vorbei ist, zu dieser Aufgabe zurück und führen sie zu Ende, um den aufgestauten psychischen Druck abzubauen. Jetzt kann man sich leicht vorstellen, was bei Computerspielen passiert: Ich versuche die ganze Zeit, dieses Level zu knacken, jetzt sind Leben aufgebraucht, die Handlung ist nicht zu Ende ausgeführt und die Spannung bleibt im Kopf hängen. Ein Spannungsabbau findet erst statt, wenn ich mir dann Spielleben kaufe oder nach zwanzig Minuten ein neues Freileben bekomme, und endlich das Level löse. Diesen Cliffhanger-Effekt kennt man natürlich auch aus zahlreichen Fernsehserien.

Dieser Mechanismus wird forciert, indem es Super Hard Level gibt, die so schwer sind, dass man sie wahrscheinlich nicht beim ersten Mal lösen kann, auch nicht beim zweiten Mal. Diese sehr schweren Level fressen Leben auf und erzeugen besagten psychischen Druck."

2.8.5 Entscheiden mit Zufallsereignissen

Besondere Schwächen haben Menschen im Umgang mit Wahrscheinlichkeiten. Naturgemäß folgen Zufallsereignisse weder einem erkennbaren Muster noch gibt es eine Bedeutung, die ihr Eintreten erklärt. Bei dem Versuch, dennoch eine solche Erklärung zu finden, werden immer weitere Informationen hinzugezogen, auch wenn sie nur in losem Zusammenhang mit dem Zufallsereignis stehen, z. B. weil sie in räumlicher oder in zeitlicher Nähe beobachtet wurden. Darin liegen die Wurzeln von Aberglauben, magischem Denken und dem Vertrauen in Wahrsagerei. Kommt dazu noch ein Entscheidungsdruck, werden verschiedene Heuristiken aktiviert, um den Eindruck von kohärenter Handlungsfähigkeit aufrecht zu halten.

Hanno Beck beschreibt einige davon: „Das eigentliche Problem ist, dass die Leute eine falsche Vorstellung von Zufall haben. Es gibt ein Phänomen, das nennt sich **Überoptimismus**, d. h. man glaubt immer, die guten Dinge stoßen mir zu und die schlechten den anderen. Sie überschätzen die Wahrscheinlichkeit für einen Lottogewinn und unterschätzen die Wahrscheinlichkeit, einen Herzinfarkt zu bekommen. Bei Glücksspielautomaten nährt das Drücken des Knopfes eine **Kontrollillusion**: Sie glauben, Sie hätten Einfluss auf das Ergebnis. Das ist auch der Überoptimismus, dass Sie sagen: Ich habe das selbst in der Hand, ich kann das! Dann sind Sie nicht schutzlos dem Zufallsmechanismus ausgeliefert, sondern Sie können selbst bestimmen. Das ist ganz wichtig, das nährt die **Illusion der Machbarkeit**.

Gegen **Kontrollillusion** und **Überoptimismus** gibt es fast kein Gegenmittel. Die einzigen Leute, die wenig für Überoptimismus anfällig sind, sind z. B. Meteorologen und Bridge-Spieler. Wenn Sie Meteorologe sind, sagen Sie heute: Morgen wird's regnen, und morgen gucken Sie aus dem Fenster und kriegen eine direkte Rückmeldung. Sie bekommen permanent eine Rückmeldung, wie gut Sie wirklich waren. Genauso bei Bridge-Spielern. Bei Bridge kündigen Sie erst den Kontrakt an und legen den vor sich auf den Tisch als Bidding-Cards. Dann spielen Sie das Spiel und stellen fest, dass Sie sich geirrt haben. Das Einzige, was dagegen hilft, ist eine unmittelbare Rückmeldung, praktisch eine Dokumentation. Das sagt man den Leuten auch immer: Schreib deine Einschätzung auf, damit die wirklich schriftlich vorliegt und hol sie raus, wenn das Ergebnis da ist. Ansonsten sagen Sie: Ich schaff das, in der Lootbox ist ein Schwert, ich weiß das. Und dann machen Sie das Ding auf und sagen: ich wusste ja gleich, dass nichts drin ist. Sie schönern Ihre Ergebnisse nachträglich. Dem ist schwer beizukommen. Eigentlich haben die Leute ja die unmittelbare Rückmeldung, aber man nimmt das nicht so wahr. Und man redet sich das dann schön. Man wollte eigentlich das Schwert, aber so eine Weste kann ich ja auch gut gebrauchen, man fügt sich dann seinem Schicksal und redet sich das auch wieder schön. Rationalisierung ist gar nicht irrational, sondern verhindert, dass wir depressiv werden. Das ist eine Art Resilienzmechanismus, der dafür sorgt, dass unsere geistige Gesundheit erhalten bleibt.“

Near Miss Illusion

Die **Near Miss Illusion** suggeriert, dass ein Zufallsereignis beinahe erfolgreich war, wodurch die Kontrollillusion genährt und der Eindruck erweckt wird, es mit einem grundsätzlich beherrschbaren Prozess zu tun zu haben, der nur knapp gescheitert ist. Glücksspielautomaten operieren mit einer Kombination aus vergrößertem Anzeigefenster und virtuellen Walzen (s. 1.5), aber auch Computerspiele können zeigen, was beinahe gewonnen wurde. Dies erhöht den Anreiz, es gleich noch einmal zu versuchen, weil das Spiel ja fast erfolgreich war und sich mit etwas mehr Geschick beim nächsten Mal sicherlich einstellen wird.

Gambler's Fallacy

Während die Kontrollillusion den Zufall als eine Fähigkeit interpretiert, behandelt die **Gambler's Fallacy** unabhängige Zufallsereignisse wie abhängige, d.h. Würfel wie einen Kartenstapel: Je öfter eine Zahl erscheint, desto geringer wird die Wahrscheinlichkeit, dass sie erneut auftauchen wird. Und je seltener ein Ereignis bisher eingetreten ist, desto größer die Wahrscheinlichkeit, dass es bald kommen wird. Glück ist aus dieser Sicht eine Ressource, die sich verbraucht bzw. aufbaut, wenn sie längere Zeit ausgeblieben ist.

Hanno Beck beschreibt dies so: „Wenn ich 10-mal eine Münze werfe, dann erwarten Sie 5-mal Kopf und 5-mal Zahl. Wenn ich sage, dass 8-mal Zahl gekommen ist und 2-mal Kopf, dann sagen Sie, das sei doch kein Zufall. Das ist die sogenannte ‚Gambler's Fallacy'. Damit haben wir ein riesiges Problem, auch beim Roulette, deswegen glauben die Leute immer noch, dass es Systeme gibt, um Glücksspiele zu knacken. Wir sehen in Zahlen sofort irgendwelche Muster. Wir haben ein fürchterliches Bedürfnis danach, Muster zu erkennen und wenn ich Ihnen irgendeine Zahlenreihe nenne oder zeige, fangen Sie sofort an, nach einem Muster zu suchen. […] Auch bei Glücksspielautomaten haben sie auf diese Knöpfe gedrückt, in der Annahme, sie könnten beeinflussen, dass jetzt mal was kommt. Die haben 5-Mark-Stücke eingeworfen und versucht, am Klang der Münze zu erkennen, ob die Münze in ein leeres Fach reinfällt oder ob das Fach schon voll mit Münzen ist, dann klingt es anders. Dann haben sie gesagt: Oh, der ist voll, der muss bald spucken. Das hat nicht so regelmäßig geklappt, ich habe da Dramen gesehen, das glauben Sie nicht."

Tatsächlich haben auch Computerspiele ein Problem mit der Gambler's Fallacy, weil unabhängige Zufallsereignisse tatsächlich dazu führen können, dass bei 10-maligem Münzwurf 8-mal hintereinander Kopf fällt. Wenn aber eine Aufgabe, bei deren Bewältigung mit 50-prozentiger Wahrscheinlichkeit eine besondere Belohnung gewonnen wird, 8-mal hintereinander ohne Belohnung bleibt, vermuten die meisten Spieler einen Programmierfehler. Die Wahrscheinlichkeit dafür ist zwar nur 1:256, aber wenn 2,56 Mio. Spieler diese Aufgabe versuchen, kommt auch dieses seltene Ereignis ca. 10.000-mal vor. Aus diesem Grund werden Pseudozufallszahlengeneratoren an die Spielererwartung angepasst, die Erfolgswahrscheinlichkeit steigt mit jedem Misserfolg und führt z. B. nach dem vierten Versuch zu einem sicheren Gewinn (s. 1.5.1). Aber natürlich funktioniert diese Anpassung auch in die andere Richtung, dass für kaufbereite Spieler die Gewinnwahrscheinlichkeit anders gewählt wird als für zurückhaltendere (s. 3.6.4). In jedem Fall können Game Designer davon ausgehen, dass Spieler umso stärker mit einem Erfolg rechnen, je mehr Misserfolge sie hatten, ob dies nun durch den Zufallszahlenalgorithmus abgedeckt ist oder nicht.

Wie in Abschnitt 1.5 erwähnt, erzwingt das chinesische Gacha-Gesetz eine solche Progression der Erfolgswahrscheinlichkeiten für Lootboxen. Damit entfernen sie sich aber noch weiter von ihren analogen Pendants wie Jahrmarkt-Lose oder Booster-Packs für Sammelkartenspiele, deren Erfolgswahrscheinlichkeiten nach Verpackung gerade nicht mehr geändert werden kann.

Hot Hand Fallacy

Dass Heuristiken sich durchaus widersprechen können, zeigt die **Hot Hand Fallacy**. Demnach gibt es eine besondere Glückssträhne, einen guten Lauf oder eine andere Vergünstigung des Schicksals, die garantiert, dass erfolgreiche Zufallsereignisse auch weiterhin anhalten. Auch wenn nach der Gambler's Fallacy nach längerem Erfolg zwangsläufig das länger ausbleibende Gegenereignis eintreten müsste, sieht die Mustererkennung des schnellen Denkens nach mehreren zufälligen Erfolgen eine besondere Verbindung zum Zufall. Hinzu kommt, dass eine Glücks- oder Pechsträhne nicht zuletzt wegen der emotionalen Intensität als besonderes biografisches Erlebnis im Gedächtnis behalten wird und damit leichter abrufbar ist und damit als anecdotical evidence in zukünftigen Bewertungen und Begründungen zur Verfügung steht. Wer sich in einer solchen Gewinnsträhne wähnt, spielt risikobereiter, weil mit höherem Einsatz auch höhere Gewinne erwartet werden.

2.9 Konditionierung

Computerspiele sind didaktische Maschinen oder wie Raph Koster es ausdrückte: „Fun is just another word for learning."[126] Für die erfolgreiche Bewältigung eines Spielsystems ist es notwendig, Wahrnehmungs- und Verhaltensmuster zu erlernen, im Spielverlauf anzuwenden und ihre Beherrschung unter Beweis zu stellen. Das Wesensmerkmal des Spielens als „freies Handeln"[127] geht dabei davon aus, dass dieses Lern- und Anwendungsverhalten eine freiwillige und selbstbestimmte Tätigkeit ist. Tatsächlich ist es eine Grundannahme bei der Regulierung von Computerspielen, dass die Spieler frei über ihre investierten Ressourcen wie Aufmerksamkeit, Zeit und auch Geld entscheiden und höchstens vor un-

---

126   Koster 2013: A Theory Of Fun For Game Design, S. 46.
127   Huizinga 2017: Homo Ludens, S. 15.

angemessenen Inhalten beschützt werden müssen. Der Schutzgedanke bezieht sich aber nicht auf die Folgen ihrer Spielentscheidungen, die immer auch Entscheidungen dafür sind, welche Systeme in welcher Form gelernt werden.

In diesem Abschnitt wird auf der Grundlage lernpsychologischer Untersuchungen argumentiert, dass Lernprozesse in Spielen keineswegs immer nur harmlose Unterhaltung, sondern teilweise gezielte Verhaltensschulungen sind, die massive Veränderungen in der Wahrnehmung, Beurteilung und Bewältigung von Spielerfahrungen fördern.

Die Lernpsychologie beschäftigt sich damit, Lernprozesse zu beobachten, zu beschreiben, zu analysieren, zu bewerten und zu gestalten. Von den verschiedenen Theorien ist für die weitere Darstellung vor allem der Behaviorismus von besonderem Interesse. Behaviorismus und operante Konditionierung gehören in der pädagogischen Psychologie zwar zu den seit langem als überholt geltenden Lernmodellen, dies gilt jedoch vor allem für die Gestaltung von Schule, Aus- und Weiterbildung. Die behavioristischen Wirkmechanismen sind weiterhin gültig und werden seit mehr als 100 Jahren ausführlich studiert und gut dokumentiert.[128] Insbesondere eignen sie sich hervorragend dazu, Teile der psychologischen Dynamik moderner Computerspiele zu beschreiben.

Der Behaviorismus versucht zu erklären, wie Verhalten von Organismen gelernt wird. B. F. Skinner formulierte 1953 in seinem Buch „Science and Human Behavior" ein Verfahren, um erwünschtes Verhalten aufzubauen. Dabei testete er mit Ratten in einem Käfig, der sogenannten **Skinner-Box**, verschiedene Kreisläufe aus Reiz-Reaktion-Verstärkung (**Stimulus-Reaction-Outcome** oder **S-R-O**). Ein Tier lernte ohne einen eingreifenden Trainer, dass es nach einem Lichtreiz während eines kurzen Zeitraums durch Drücken des Hebels Belohnung in Form von Futter erhält. Wartet es zu lange, erfolgt eine Bestrafung in Form von Elektrostößen.

---

[128] Kiesel und Koch 2012: Lernen.

Die Reaktion auf die Handlung kann auftreten oder ausbleiben. Im ersten Fall wird sie als „positiv" bezeichnet, was sich nicht auf die damit einhergehende Empfindung bezieht, sondern auf den Umstand, dass eine Reaktion erfolgt. Das Ausbleiben einer Reaktion wird „negativ" genannt. Als Kombination gibt es vier Grundformen, mit denen auf ein gezeigtes Verhalten belohnend oder bestrafend reagiert werden kann:

Positive Verstärkung: Die Auftrittswahrscheinlichkeit eines Verhaltens wird durch eine unmittelbar erfolgte Belohnung erhöht. In Computerspielen sind das typischerweise Gewinne von Punkten, Fortschritt der Spielhandlung oder Ressourcen, die innerhalb der Spielökonomie wertvoll sind.

Negative Verstärkung: Die Auftrittswahrscheinlichkeit eines Verhaltens wird durch Ausbleiben einer Bestrafung erhöht. Scheitert ein Spieler bei einem Problem mit verschiedenen Strategien außer einer, wird er diese in einer ähnlichen Situation vermutlich wieder anwenden.

Positive Bestrafung: Die Auftrittswahrscheinlichkeit eines Verhaltens wird durch eine unmittelbar erfolgte Bestrafung verringert. Der Verlust von Punkten oder der Tod der Spielfigur ist die klassische Bestrafung für falsches Spielerverhalten, das zum Spielende oder Zurücksetzen des Spielfortschritts führen kann.

Negative Bestrafung: Die Auftrittswahrscheinlichkeit eines Verhaltens wird durch Ausbleiben einer Belohnung verringert. Dieser Entzug führt dazu, dass das gewünschte Verhalten wiederaufgenommen wird, in der Hoffnung, dafür eine positive Belohnung zu erhalten.

Eine wichtige Beobachtung der behavioristischen Theorie ist, dass ein Verhalten ausschließlich durch Belohnung geändert werden kann. Durch Zufügen oder Ausbleiben einer Bestrafung kann zwar die Abschwächung eines unerwünschten Verhaltens erzwungen werden, da aber kein alternatives Verhalten aufgebaut wird, ist diese lediglich von kurzer Dauer. Wichtig ist daher, parallel zur Bestrafung ein anderes Verhalten positiv aufzubauen. Komplexes Verhalten wird über die Verkettung (**Chaining**) einfacher Verhaltensschritte kombiniert.

Die behavioristische Theorie unterscheidet weiter zwischen primären und sekundären Verstärkern, wobei **primäre Verstärker** physiologische Grundbedürfnisse wie Hunger, Durst, Sexualität oder Sozialkontakte befriedigen, während **sekundäre Verstärker** erlernt werden müssen.

Als primäre Verstärker können Computerspiele die Befriedigung sozialer und sexueller Bedürfnisse versprechen, was regelmäßig über audiovisuelle Darstellungen erfolgt. Computerspiele sind in dieser Hinsicht für ihre Ansprache heteronormativer Geschlechterstereotypen berüchtigt, die sich insbesondere in sexuell objektifizierten Frauen- und hypermaskulinen Männerfiguren artikuliert. Dies hat seit einigen Jahren innerhalb und außerhalb der Spieleindustrie zu intensiven Diskussionen über Körper- und Geschlechterrepräsentationen geführt, die an dieser Stelle nicht weiter entfaltet werden können.[129]

---

[129] A. Sarkeesian: Tropes vs. Women In Video Games. https://feministfrequency. com/tag/tropes-vs-women-in-video-games/

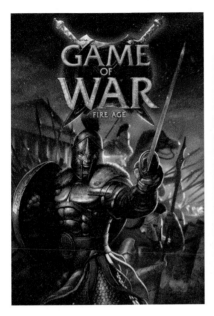 

Ein dominant schreiender Mann und Kate Upton, die 2015 in einer 80 Mio. US-Dollar teuren Werbekampagne dazu einlud, mit ihr zu spielen: *Game of War* zielt sehr erfolgreich auf Geschlechterstereotypen und erwirtschaftete zu Bestzeiten durch In-Game-Käufe täglich einen Gewinn von über 1 Mio. US-Dollar.[130]

Die sich aus erfolgreichem Spiel ergebenden Belohnungen oder Bestrafungen müssen als sekundäre Verstärker erst antrainiert werden. Was dabei für einen Spieler verstärkend wirkt, hängt von den jeweiligen Spielpräferenzen (s. 2.5) und dem Kontext der jeweiligen Spielsituation ab: Wer Immersion durch individuelle Gestaltung seiner Spielfigur sucht (Fantasy-orientierte Spieler), kann durch neue Figuren, Accessoires, Skins oder zusätzliche Animationen belohnt werden. Ein Spieler,

---

130 Johnston 2015: The Ugly Truth About The Wildly Popular 'Game Of War' Featuring Kate Upton – Business Insider.

der überwiegend am Spielfortschritt interessiert ist (Power-Spieler), interessiert sich mehr für Belohnungen, die eine Verbesserung oder Erweiterung der Spielmöglichkeiten bietet. Ebenso entscheidend ist die Situation, in der sich der Spieler befindet: Wer eine volle Lebensleiste hat, kann mit Gesundheitspunkten nicht belohnt werden, ein Kämpfer braucht keinen Zauberstab und wer bereits ein schnelles Schiff besitzt, kann auf ein langsameres verzichten.

Materielle Verstärker sind Besitztümer, die nicht sofort konsumiert werden. Zwar gibt es in Computerspielen keine Materialität im Wortsinn, dennoch werden auch virtuelle Gegenstände als Besitzmehrung wahrgenommen, sie wirken wie eine materielle Verstärkung. Spiele mit Mikrotransaktionen versuchen, Spieler mit materiellen Verstärkern schon früh an den In-Game-Shop zu gewöhnen, damit der Einkauf von Spielressourcen zu einem selbstverständlichen Teil der Spielstrategie wird und in Stress-Situationen als valide Handlungsoption in Betracht gezogen werden kann.

Handlungsverstärker ermöglichen das Ausführen einer bestimmten Handlung im Computerspiel, also eine Spielaktion. Diese kann kurzfristig gewährt werden – z. B. 30 Sekunden lang zu fliegen oder für 3 Minuten unverwundbar zu sein – oder eine dauerhafte Erweiterung des Handlungsrepertoires darstellen. Das Tutorial-Level zu Spielbeginn oder spezielle Trainings-Level sind daher in Spielen mit komplexer Mechanik notwendig, um die Spieler an die Anforderungen des Spiels zu gewöhnen.

Soziale Verstärker sind – als angenehm empfundene – soziale Interaktionen oder Interaktionsangebote, wobei das schnelle Denken in Spielen nicht zwischen materiell und virtuell bzw. zwischen sozial und parasozial unterscheidet. Daher können virtuelle Figuren soziale Verstärkerfunktionen übernehmen, z. B. wenn der Mentor-Avatar im Tutorial-Level erwünschte Spielerhandlungen mit Lob quittiert oder Figuren sexuelle Verfügbarkeit suggerieren. Reale soziale Verstärker sind Einladungen oder Empfehlungen von Freunden, wobei diese Einladungen von manchen Spielen gegen Vorteile getauscht werden.

Die Verstärker können in Form von **Token** gewährt werden. Diese symbolischen Repräsentationen von Besitztümern oder Handlungen entfalten ihre Wirkung als Belohnung, sobald dem Spieler ihre Bedeutung bekannt ist. Innerhalb einer Spielökonomie werden Token als In-Game-Währungen ausgegeben. Dies lässt sich gut bei Beginn eines neuen Spiels beobachten, dessen Belohnungstokens anfangs noch kaum als solche wirken und erst im Verlauf des Spiels ihre steuernde Wirkung entfalten. Daher ziehen Spiele zu Beginn mit primären Verstärkern, die im Verlauf zunehmend durch sekundäre Verstärker ersetzt werden können.

Eine weitere Differenzierung ist das zeitliche Auftreten des Verstärkers im **Verstärkerplan**. Bei der **kontinuierlichen Verstärkung** wird jedes Auftreten des erwünschten Verhaltens belohnt, was einerseits ein schnelles Lernen (im Sinne von Verhaltensänderung) begünstigt, andererseits aber auch ebenso schnell abgebaut wird, sobald die Belohnung ausbleibt.

Bei der **intermittierenden Verstärkung** wird das Verhalten nicht regelmäßig und für den Spieler nicht unbedingt vorhersehbar belohnt. Bei der **Quotenverstärkung** wird beispielsweise jedes dritte Mal belohnt, wenn das Verhalten gezeigt wird, wobei die Quote zusätzlich einer Progression unterliegen kann. Typisches Beispiel sind Levelaufstiege in Rollenspielen, die zunehmend mehr Aufwand erfordern, wobei der Spieler anhand einer Punkteleiste genau absehen kann, wann die nächste große Belohnung ansteht. Bei einer **zufälligen Verstärkung** kann ein Verhalten belohnt werden oder auch nicht. Ein weit verbreitetes Beispiel sind Gegenstände, die Gegner fallen lassen, wenn sie besiegt werden (drop), wobei die durchschnittliche Wahrscheinlichkeit dafür (drop rate) nicht bekannt ist, oder Lootboxen mit zufälligem Inhalt.

Bei der **Intervallverstärkung** wird das Verhalten nach einem bestimmten oder zufälligen zeitlichen Intervall verstärkt, das sich ebenfalls ändern kann. Intervallverstärkung ist die Grundlage der Pay-to-skip-Mechanik, wonach ein Spieler eine bestimmte Zeit warten muss, ehe er ein

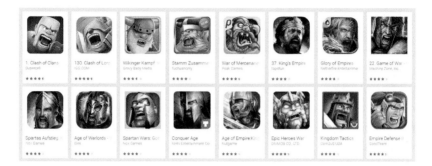

Schreiende Männer mit Kopfbedeckung werben als primäre Verstärker im App Store für Kriegsspiele. *Quelle: https://i.imgur.com/s42hclh.jpg*

für sich als lohnenswert empfundenes Spiel fortsetzen kann und diese Intervalle alternativ durch Zahlen eines bestimmten Betrags in einer Spielwährung abkürzen kann.

Die Größe der Quote oder die Dauer der Intervalle bestimmt die **Frequenz** des Verstärkerplans. **Hochfrequente** Verstärkung hat eine geringe Quote und kurze Intervalle, **niederfrequente** Verstärkung entsprechend eine hohe Quote und lange Intervalle.

Das Schema, das sich vor allem in vielen Free-to-Play-Spielen findet, lässt sich auf Grundlage dieser Konzepte wie folgt beschreiben:[131]

Mittels primärer Verstärker in der Werbung wird der Spieler zum Installieren und Ausprobieren des Spiels motiviert. Darin werden dem Spieler das erwünschte Verhalten des Core Loops gezeigt und seine Handlungen positiv verstärkt. Diese Verstärkung ist anfangs kontinuierlich bzw. hochfrequent, damit sowohl das erwünschte Verhalten als auch die Spielfortschritte als Belohnung erlernt werden. Da es sich dabei um sekundäre Verstärker handelt, muss der Spieler bei seinen Spielpräferenzen abgeholt werden, wobei auf mehreren Ebenen gleichzeitig verstärkt werden kann. Mögliche Verstärker sind z. B. Lob, Zugewinn an Ressour-

---

[131] Hopson 2001: Behavioral Game Design.

cen oder virtuellem Besitz, Aufsteigen im Level, Gewinnen der ersten Kämpfe gegen Onlinegegner, Fortgang der Geschichte, Freischalten von Handlungsoptionen, Bilder attraktiver Figuren etc. Sobald der Spieler durch anhaltendes und wiederkehrendes Spielen Anzeichen von Gewöhnung zeigt, wird auf einen intermittierenden Verstärkerplan gewechselt. Ein Spieler, der diesen Übergang mitmacht, gilt als **hooked**[132], er hat den Köder geschluckt und ist bereit, die sekundären Verstärkerangebote des Spiels als Belohnung anzunehmen und gezielt aufzusuchen. Nun können komplexere Spielmechaniken freigeschaltet werden, bei denen verschiedene der erlernten Spielschritte in der richtigen Reihenfolge ausgeführt werden müssen.

Wenn als Belohnung materielle und nicht nur soziale Verstärker oder kurzfristige Handlungsverstärker gegeben werden, erwirbt der Spieler virtuellen Besitz und entwickelt eine individuelle Spielfigur. Damit greift zusätzlich zum Belohnungen suchenden Spielverhalten der Endowment-Effekt (s. 2.8.4), wonach Dingen, deren Erwerb mit Aufwand verbunden war, ein höherer Wert beigemessen wird als ihr ökonomischer Tauschwert.

Wer sich eine Zeit lang einem Spiel mit intermittierendem Verstärkerplan ausgesetzt hat, kann sich noch lange Zeit an die positive Wirkung der angebotenen Belohnungen erinnern, die für Außenstehende kognitiv und vor allem affektiv völlig bedeutungslos sind.

Spiele, die primär auf behavioristisch verstärktes Verhalten setzen, ohne dabei ludische Herausforderungen zu bieten, werden abwertend als **Skinner-Box-Games** bezeichnet. Die daraus entstehende S-R-O-Dynamik ist allerdings nicht alleine dem Spiel anzulasten. Vielmehr wird ein solcher Kreislauf von vielen Spielern aktiv aufgesucht, nicht zuletzt, weil er als lustvoller erlebt wird als die deutlich niederfrequenteren und schwächeren Belohnungszyklen in der Welt außerhalb des Spiels: „The terrible truth is that a whole lot of us begged for a Skinner Box we could crawl into, because the real world's system of rewards

---

[132] Eyal 2017: Hooked.

is so much more slow and cruel than we expected it to be. In that, gaming is no different from other forms of mental escape, from sports fandom to moonshine."[133]

Dass Spiele nicht zuletzt wegen ihrer hochfrequenten Belohnungssysteme eine besondere Anziehungskraft entfalten, ist nicht neu, ebenso wenig, dass dadurch Spielverhalten gefördert wird, das zumindest kritisch begleitet werden sollte. Außerordentlich problematisch wird diese Form der Spielerfahrung jedoch in Kombination mit neuen Monetarisierungsformen.

Denn nicht jeder Spieler durchschaut diesen Kreislauf und begibt sich in ein behavioristisches Wahrnehmungs- und Verhaltenstraining mit intermittierendem Verstärkerplan, ohne darauf vorbereitet zu sein. Einige Spieler sind anschließend bereit, für fortgesetzte Belohnung, an die sie sich gewöhnt haben, Geld auszugeben, teilweise sogar mehr Geld, als sie zur Verfügung haben.

Zwei Personengruppen sind von dieser Dynamik besonders betroffen:

1. Menschen mit Störungen im Belohnungssystem, die durch die S-R-O-Kreisläufe in besonderem Maße angesprochen werden und in eine pathologische Verhaltenssucht abgleiten, die sie rational nicht mehr kontrollieren können.

2. Kinder und Jugendliche, denen die physiologischen Voraussetzungen dafür fehlen, die impulsive Suche nach Belohnungen bewusst zu dämpfen. Dies ist nicht gleichzusetzen mit einer nicht mehr zu stoppenden Verhaltenssucht, aber die Sogwirkung von Computerspielen wirkt auf Kinder und Jugendliche stärker als auf Erwachsene.

Aspekte der neurobiologischen und psychischen Dynamik von Verhaltenssüchten werden im nächsten Abschnitt vorgestellt und in Zusammenhang mit problematischen Monetarisierungsmodellen diskutiert.

---

133 David Wong 2010: 5 Creepy Ways Video Games Are Trying To Get You Addicted.

2.10 Spielsucht

Ein weiteres Merkmal, das zwar von keiner Marketingabteilung offiziell zur Definition einer Zielgruppe angegeben wird, das aber als zentral für die gesamte Diskussion um den Regulationsbedarf von Computerspielen im Allgemeinen und Monetarisierungsmodellen im Speziellen angesehen werden kann, ist das Vorliegen einer Spielsucht.

In diesem Abschnitt wird zunächst die Glücksspielsucht vorgestellt, ehe auf die besonderen Merkmale einer Computerspielsucht und die Parallelen zu problematischen Monetarisierungsformen eingegangen wird.

2.10.1 Glücksspielsucht

Glücksspiele werden in Deutschland durch den **Glücksspielstaatsvertrag** (GlüStV) reguliert, mit der ordnungsrechtlichen Aufgabe, Menschen vor der daraus entstehenden Suchtgefahr zu beschützen. Die beiden im GlüStV an erster Stelle genannten Begriffe sind die **Glücksspielsucht und Wettsucht** (§ 1.1 GlüStV) und die damit verbundene Folge- und Begleitkriminalität, ohne dass diese Begriffe im Gesetzestext genauer spezifiziert werden. Dennoch werden zahlreiche Annahmen über die Wirkung von Glücksspielen getroffen:

§ 1 Ziele des Staatsvertrages

Ziele des Staatsvertrages sind

1. das Entstehen von Glücksspielsucht und Wettsucht zu verhindern und die Voraussetzungen für eine wirksame Suchtbekämpfung zu schaffen,

2. das Glücksspielangebot zu begrenzen und den natürlichen Spieltrieb der Bevölkerung in geordnete und überwachte Bahnen zu lenken, insbesondere ein Ausweichen auf nicht erlaubte Glücksspiele zu verhindern,

3. den Jugend- und den Spielerschutz zu gewährleisten,

4. sicherzustellen, dass Glücksspiele ordnungsgemäß durchgeführt, die Spieler vor betrügerischen Machenschaften geschützt und die mit Glücksspielen verbundene Folge- und Begleitkriminalität abgewehrt werden.

Nach § 5 wird gefordert, auf die vom „Glücksspiel ausgehende Suchtgefahr" hinzuweisen, nach § 6 wird der Auftrag erteilt, „der Entstehung von Glücksspielsucht vorzubeugen", und nach § 7 wird gefordert, über die Suchtrisiken aufzuklären, indem die Wahrscheinlichkeiten von Gewinn und Verlust offengelegt werden. § 8 verlangt ein System, spielsuchtgefährdete oder suchtkranke Spieler zu sperren und nach § 25.6.3 werden „Besondere Suchtanreize durch schnelle Wiederholung und die Möglichkeit interaktiver Teilnahme mit zeitnaher Gewinnbekanntgabe" ausgeschlossen. Der Anhang definiert „Richtlinien zur Vermeidung und Bekämpfung von Glücksspielsucht." Die §§ 10 und 11 regeln die Abwägung zwischen dem in § 1 als „natürlich" angenommenen Spieltrieb und der Suchtgefahr, einerseits durch ein ausreichendes Glücksspielangebot, andererseits durch einen Fachbeirat aus Experten zur Bekämpfung der Glücksspielsucht. Die „wissenschaftliche Forschung zur Vermeidung und Abwehr von Suchtgefahren durch Glücksspiele" muss zudem sichergestellt werden.

Es ist daher unumgänglich, zunächst den Begriff der Glücksspielsucht näher zu beleuchten, um anschließend das Gefährdungspotenzial von bestimmten Monetarisierungsmodellen angemessen einschätzen und beschreiben zu können.

2.10.2 Psychologie des Glücksspiels

Die Entscheidung für oder gegen die Teilnahme an einem Glücksspielangebot unterscheidet sich je nach den Zielen, die ein Mensch mit einer bestimmten Persönlichkeitsstruktur verfolgt. Da Zufallsereignisse rational besonders schlecht zu verarbeiten sind (s. 2.8.4), wird diese Entscheidung überwiegend heuristisch getroffen.

Wer auf einen lebensverändernden Gewinn bei minimalem Verlustrisiko hofft, wird Lotto spielen. Durch die Verfügbarkeits-Heuristik sind Bilder von glücklichen Gewinnern, mit denen geworben wird, im Bewusstsein präsenter als die ungleich größere Zahl an Verlierern. Aufgrund des Überoptimismus schätzt das schnelle Denken die Chance auf einen Gewinn also deutlich größer ein als den leicht verschmerzbaren Verlust eines Einsatzes.

Ganz anders ist es bei Glücksspielautomaten: Hier geht es bei routinierten (und süchtigen) Spielern nicht um den Gewinn von Geld, sondern um die Beharrlichkeit und die Entbehrung, um das fortgesetzte Bemühen um Glück.[134] Spielerfolg, von diesen Spielern einhellig als ein beeinflussbares Ereignis aufgefasst, wird zur persönlichen Herausforderung: „Das Spielen an Geldspielgeräten ist in diesem Verständnis eine Art reales Abenteuer der Selbstbewährung."[135] Diese gefahrvolle, weil langfristig ruinöse Tätigkeit wird von routinierten Spielern nicht als Spielen *um* Geld, sondern als Spielen *mit* Geld gesehen – Geld ist der Einsatz, der notwendig ist, um den Spielbetrieb aufrecht zu halten. Insofern werden auch größere Gewinne nicht etwa ausbezahlt, sondern dazu genutzt, die Spielzeit zu verlängern.

Dieser Zustand wird auch als **The Zone** bezeichnet, „in which conventional spatial, bodily, monetary, and temporal parameters are suspended. The zone depends on a set of interlinked phenomenal elements, each of which correlates with the digital properties of gambling machines [...]: being alone, not being interrupted, speed, choice, tempo."[136]

Die Zone entspricht dem mentalen Zustand, den Mihály Csíkszentmihályi als **Flow** bezeichnet: „First, the experience usually occurs when we confront tasks we have a chance of completing. Second, we must be able to concentrate on what we are doing. Third and fourth, the concentration is usually possible because the task undertaken has clear goals and provides immediate feedback. Fifth, one acts with a deep but effortless involvement that removes from awareness the worries and frustrations of everyday life. Sixth, enjoyable experiences allow people to exercise a sense of control over their actions. Seventh, concern for the self

---

134 Reichertz et al. 2010: Jackpot, S. 217.
135 Reichertz et al. 2010: Jackpot, S. 219.
136 Schull 2005: Digital Gambling: The Coincidence Of Desire And Design, S. 73.

disappears, yet paradoxically the sense of self emerges stronger after the flow experience is over. Finally, the sense of the duration of time is altered; hours pass by in minutes, and minutes can stretch out to seem like hours. The combination of all these elements causes a sense of deep enjoyment that is so rewarding people feel that expending a great deal of energy is worthwhile simply to be able to feel it."[137]

Csíkszentmihályis Flow basierte auf einer sorgfältigen Balance aus Anforderung und Kompetenz, der Zustand des Flows wird im Aufgehen in einer Tätigkeit durch kompetentes Handeln verdient. Der kompetenzorientierte, **funktionale Flow** stärkt das Individuum, "the sense of self emerges stronger after the flow experience is over."[138]

Im Gegensatz dazu gibt es in der Ökonomie des Glücksspiels die Möglichkeit, Flow zu kaufen. Für routinierte wie für süchtige Glücksspieler ist genau dieser Zustand das eigentliche Ziel ihres Spiels. Ihre Suche bzw. ihre Sucht gilt weniger dem Spiel oder monetärem Gewinn als vielmehr dem „Sense of deep enjoyment", wie er von Schüll durch Zitate von Glücksspielsüchtigen beschrieben wird: „'You have no concept of value anymore. If you put in a twenty dollar bill, it's no longer a twenty dollar bill – it has no value in that sense. It's like a token, it excludes money value completely.' In the economy of the zone, money loses its charge as a material means of acquisition and exchange and is converted into the currency of play, a supraeconomic means of suspension from conventional circuits of exchange: 'You're not playing for money; you're playing for credit. Credit so you can sit there longer, which is the goal. It's not about winning; it's about continuing to play.'"[139]

---

[137] Mihály Csíkszentmihályi 1990: Flow: The Psychology Of Optimal Experience, S. 49.

[138] Mihály Csíkszentmihályi 1990: Flow: The Psychology Of Optimal Experience, S. 49.

[139] Schull 2005: Digital Gambling: The Coincidence Of Desire And Design, S. 75.

Glücksspieler tauschen Geld gegen Zeit im Flow. Aus diesem unverdienten, **dysfunktionalen Flow** gehen sie jedoch nicht gestärkt, sondern geschwächt hervor. Im Extremfall verlieren sie die Kontrolle über ihre Handlungen und ihre Finanzen, die damit einhergehenden Schulden und Schuldgefühle zerstören das emotionale, familiäre, soziale und berufliche Leben.[140]

2.10.3 Entwicklung einer Verhaltenssucht[141]

Verhalten wird als belohnend empfunden, wenn es mit positiven Gefühlen oder mit der Beseitigung unangenehmer Gefühle verbunden ist (**Liking**). Ein Spieler kann in einem Aufbauspiel beim Wachstum einer Stadt seine Selbstwirksamkeit erleben und dabei negative Gefühle oder Erinnerungen ausblenden, in denen er sich mit weniger Handlungskompetenz erlebt hat. Je nach Spielermotivation (s. 2.5) können verschiedene Spielereignisse belohnend wirken, z. B. Action, Fortschritte, das Erschließen neuer Spielabschnitte, positive Erlebnisse mit anderen Menschen oder das Gefühl, gegen andere Spieler zu gewinnen.

Nach wiederholter Belohnung des Verhaltens wird ein ursprünglich neutraler Reiz mit diesen positiven Gefühlen gekoppelt, der Spieler assoziiert nun bestimmte Auslöser mit positiven Gefühlen, noch bevor die Handlung durchgeführt wird. Dies entspricht der klassischen Konditionierung (s. 2.9). Die Erinnerung der Belohnung hat motivationale Effekte, es entsteht der Impuls, das belohnende Verhalten erneut und wiederholt auszuführen (**Wanting**). Dieser Impuls, Belohnung zu suchen bzw. aktiv herbeizuführen, stammt aus dem subkortikalen Triatom mit der **Nucleus-Accumbens**-Struktur, die unter anderem den Ausstoß von **Dopamin** reguliert, einem Neurotransmitter, der mit dem Gefühl von Belohnung verbunden ist. Das Wanting kann von vorgelagerten frontalen

140 Meyer und Bachmann 2012: Spielsucht, S. 47 f.
141 Dieser Abschnitt beruht auf den Interviews mit Christian Montag und Klaus Wölfling, ohne eine wörtliche Transkription zu sein.

Schichten kontrolliert und gegen andere Impulse bzw. Ziele abgeglichen werden. Das dabei entstehende Gefühl von Unlust, weil ein erwartetes positives Gefühl nicht erzeugt oder sogar vermieden wird, kann ebenfalls durch diese Schicht gepuffert werden.

Dieser **präfrontale Kortex**, der für Impulskontrolle und Pufferung der subkortikalen Wünsche zuständig ist, reift im Laufe der körperlichen Entwicklung als Letztes und ist erst ab Mitte des dritten Lebensjahrzehnts mit ca. 25 Jahren vollständig funktional. Kinder und Jugendliche haben demnach entwicklungsbedingt eine geringere Möglichkeit, ihre Impulse zu kontrollieren bzw. Frustrationen zu puffern und müssen daher in besonderem Maße sowohl vor Impulsauslösern und -verstärkern als auch vor den Konsequenzen von impulsiven Handlungen geschützt werden. Dies drückt sich u. a. in Rechtskonstruktionen wie z. B. verringerter Geschäftsfähigkeit und Strafmündigkeit, elterlichem Sorgerecht und Erziehungsberechtigung aus. Rechtlich besteht mit Vollendung des 18. Lebensjahrs die volle Verantwortung für die eigenen Handlungen, hirnphysiologisch kann diese Verantwortung in vollem Umfang erst viele Jahre später wahrgenommen werden.

Auf der anderen Seite führt ein Ausbleiben der Belohnungen zu einem Gefühl des Mangels, das von Nervosität und Stress bis zu körperlichen Symptomen wie Schweißausbrüchen und Zittern reicht (**Craving**).

Spieler, bei denen eine Störung des Belohnungssystems vorliegt, z. B. durch ein biochemisches Ungleichgewicht ihres Dopaminhaushalts, können durch Belohnungen übermäßig stark stimuliert werden, was zu einer psychotropen, rauschähnlichen Wirkung führt.

Interview mit Klaus Wölfling und Christian Montag

 Wieso führt Belohnung bei manchen Menschen zur Sucht, während andere damit gut umgehen können?

Klaus Wölfling: „Wenn diese Frage klar beantwortbar wäre, könnte man Sucht effektiv vorbeugen. Wir wissen es nicht genau. Was man aber sieht, ist, dass Mechanismen, wie der geldwerte Vorteil in Kombination mit einem Spieleinsatz bei manchen Personen zu gehäuftem Verhalten führt. Warum ist das so bei manchen und manche können davon lassen? Das hat ganz unterschiedliche Gründe. Einer davon ist die genetische Prädisposition – bei manchen Menschen ist die **Belohnungssensibilität** höher, sie suchen eher Belohnungen als andere, weil sie sich damit stimulieren. Belohnung kann man suchen im Sport, im Flirten, in Beziehungen, im sozialen Kontakt, im akademischen Leben, im Shopping-Center oder im Spiel. Die Kritik aus der Suchtforschung ist, dass wir wissen, dass der Cortex spät nachreift. Wir haben ein Stammhirn, wo die Belohnungssensibilität ausgeprägt ist. Wenn der Cortex nicht 18 oder 20 Jahre Reifezeit hatte, reagiert man als Jugendlicher schneller auf solche Reize, weil bestimmte Hemmmechanismen, die im präfrontalen Cortex sitzen, noch nicht aktiviert oder noch nicht als Netzwerk funktionabel sind. Man sagt, das Gehirn ist noch nicht gereift. Und in dem Moment ist es schwierig, wenn solche Belohnungsangebote auf für Jugendliche zugeschnittene Spielangebote treffen, weil es hier schon auf einer biologischen Ebene nicht so leicht ist, sich zu hemmen. Deswegen hat man auch einen hohen Jugendschutz bei Dingen mit Suchtpotenzial eingeführt."

Christian Montag: „Zwar gibt es keine Suchtpersönlichkeit, denn dieser Begriff würde suggerieren, dass ein Mensch mit einer bestimmten Persönlichkeitsstruktur in jedem Fall süchtig wird. Dies ist nicht der Fall. Allerdings ist es etwas wahrscheinlicher, dass Menschen mit bestimmten Wesenszügen beispielsweise eher dazu neigen, zum Alkohol oder anderen Drogen zu greifen. Es gibt nicht den einen Faktor, der anfällig für Suchttendenzen macht. Wenn wir aber über ein Konstrukt wie Willensstärke sprechen, welches in der Suchtforschung eine große Rolle spielt, dann ist dieses Konstrukt auch mit klassischen Persönlichkeitseigenschaften korreliert. Höhere Selbstregulationsfähigkeiten haben beispielsweise etwas mit höherer Gewissenhaftigkeit zu tun, einer der großen fünf Persönlichkeitsfaktoren. Und höhere Gewissenhaftigkeit, genauso wie höhere Willensstärke gehen eher mit geringeren Suchtproblemen einher. Wir wissen, dass interindividuelle Differenzen in Selbstregulationsfähigkeiten eine starke erbliche Komponente haben, aber dass die Umwelt ebenfalls eine große Rolle spielt. Über viele Studien hinweg gesehen, liegt das Verhältnis bei dem Einfluss von Erbe vs. Umwelt bei ungefähr 50 : 50 auf interindividuelle Differenzen in Persönlichkeitseigenschaften. Dies bedeutet allerdings nicht, dass Erbe und Umwelt getrennte Entitäten wären. Diese beiden Komponenten beeinflussen sich gegenseitig dynamisch."

Trifft das Belohnungsgefühl auf einen Menschen mit hoher Belohnungssensibilität und mit einer – beispielsweise altersbedingten, vererbten oder durch die Umwelt geprägten – schwach entwickelten Impulskontrolle, wird das belohnende Verhalten immer wieder gesucht und ausgeführt. Es kann dabei unter bestimmten Konstellationen, z. B. bei verstärkter Vulnerabilität durch negative Erlebnisse, zunehmend die Funktion übernehmen, positive Gefühle auszulösen und negative Gefühle zu überdecken. Damit ist nicht mehr das ursprüngliche Handlungsziel der Auslöser des Verhaltens, vielmehr wird die psychotrope Wirkung zum Selbstzweck und zum eigentlichen Grund für die Handlung. Im weiteren Verlauf der Suchtentwicklung wird das Suchtverhalten zur einzigen Form, um das Dopaminzentrum zu aktivieren, alternative Belohnungsformen werden zunehmend verdrängt: „Im Laufe der Entwicklung einer Verhaltenssucht wird das dysfunktional eingesetzte Verhalten oftmals zur noch einzig vorhandenen Verarbeitungsstrategie, um psychische Belastungen/Stressoren (z. B. Ängste, Einsamkeit) oder andere schwierige Entwicklungsprozesse zu bewältigen [...]. Es dient beispielsweise zur Stimmungsveränderung, Selbstverwirklichung, zum Aufbau einer Selbstidentität und zur Spannungsreduktion [...], es geht dem Süchtigen nicht um die der Verhaltensweise typischen Konsequenzen, sondern um ‚die Befriedigung, die mit den sogenannten Akten verknüpft ist'."[142]

2.10.4 Computerspielsucht

Eine spezielle Form der Verhaltenssucht ist die Computerspielsucht. Sicherlich kann ein Spiel für sich alleine genommen nicht als suchtauslösend gesehen werden, allerdings können bestimmte Spiele für Menschen mit Suchttendenzen einen Risikofaktor darstellen.

Interview mit Klaus Wölfling und Christian Montag

Was ist die Motivation, ein Computerspiel zu spielen?
Christian Montag: „Zum einen gibt es klassische Spielmotive. Manche Spieler suchen eher das Gemeinschaftserlebnis, andere wollen ihre Fähigkeiten verbessern, andere zielen auf den Wettkampf ab und wiederum andere Spieler wollen durch das Gaming ihren Alltag vergessen. Zum anderen hängt die Motivation Computerspielen nachzugehen auch mit der eigenen Persönlichkeitsstruktur zusammen. Das heißt, Menschen neigen mit bestimmten Ausprägungen ihrer Persönlichkeit eher dazu, Computerspielen als Hobby nachzugehen. Mir ist wichtig, darauf hinzuweisen, dass man Computerspiele an sich nicht vorschnell pathologisieren sollte. Richtig ist, dass ein Großteil der Gamer kein Suchtproblem hat und einfach einer schönen Freizeitaktivität nachgeht. Beschäftigen wir uns trotzdem kurz mit dem neuen Störungsbild der Gaming Disorder, wo besonders die Flucht aus dem Alltag ein zentrales Motiv darstellt: Im Bereich der Computerspielsucht (Gaming Disorder) lässt

---

142 Thalemann 2009: Verhaltenssucht, S. 12.

sich häufig auch eine Selbstwertproblematik beobachten. Bei Computerspielabhängigen lässt sich beobachten, dass sie häufig in ihre Gaming-Onlinewelten flüchten, weil sie etwas kompensieren müssen, was sie im Alltag nicht bekommen – dass ihre Peer-Group nicht vernünftig funktioniert, dass sie keinen Erfolg in der Schule oder anderswo haben und sich dann folgender Mechanismus breit macht: Sie merken unterschwellig, dass sie im Computerspiel ganz gut sind, sie haben dort ein positives Erlebnis, deswegen verfolgen sie es weiter und das führt zu der Spirale, immer mehr zu spielen, denn in dieser Domäne steigt der Selbstwert. Und dann ergibt sich irgendwann diese verquere Vorstellung, die natürlich im Sinne einer selbsterfüllenden Prophezeiung dann ein Stück weit Realität werden kann: ‚In der Onlinewelt bin ich eine große Nummer, aber im echten Leben bin ich ein Loser.' Die Kluft zwischen beiden Welten wird immer größer, weil ich in der Onlinewelt positive Verstärkung bekomme, aber dafür wird es im echten Leben immer schwieriger positive Rückmeldungen zu erfahren. Deswegen arbeitet man in der Therapie unter anderem daran, alte Hobbies zu re-aktivieren, woraus man auch Selbstwert ziehen kann, wobei aber natürlich je nachdem auch an sozialen Kompetenzen und an dem eigenen Sozialgefüge gearbeitet werden muss."

Laut Klaus Wölfling liegt das kritische Alter „zwischen 17 und 35 Jahren. Im Jugendalter sehen wir die Ausmaße nicht so sehr, aber es werden die Grundsteine gelegt. Ab 17 Jahren treten die starken Einschränkungen im psychosozialen Funktionsniveau auf, wo gehandelt werden muss."

Diese Anzeichen von Abhängigkeiten sind für verschiedene Verhaltenssüchte sehr ähnlich, sie unterscheiden sich lediglich in Bezug auf das Objekt der Sucht. Das Diagnostic and Statistical Manual of Mental Disorders (DSM) definiert ein Klassifikationssystem für psychische Störungen, in der 5. Auflage von 2013 wurde Computerspielsucht unter dem Stichwort „Internet Gaming Disorder" als Forschungsdiagnose aufgenommen.[143] Dazu wurden neun Kriterien vorgeschlagen, von den fünf über ein Jahr zutreffen müssen. Diese lauten in einer als Fragebogen adaptierten und aus dem englischen übersetzten Form:[144]

1. Kannst du dich intensiv mit Computerspielen beschäftigen, dich darin gedanklich verlieren (denke an deine letzten Spielaktivitäten oder stelle dir vor, das nächste Spiel zu spielen)?
2. Fühlst du dich reizbar, ängstlich oder traurig, wenn dir die Computerspiele weggenommen werden?
3. Hast du das Gefühl, dass du dich zunehmend mehr mit dem Computerspielen beschäftigen musst, um zufrieden zu sein?
4. Hast du mehrfach vergeblich versucht, dein Computerspielverhalten zu kontrollieren?
5. Hast du als Folge deines Spielverhaltens das Interesse an anderen Hobbys und Unterhaltungsmöglichkeiten, mit Ausnahme der Computerspiele, verloren?
6. Spielst du weiterhin exzessiv Computerspiele, obwohl du deine psychosozialen Probleme kennst?
7. Hast du Familienmitglieder, Therapeuten oder andere über den Umfang deines Computerspielverhaltens belogen?
8. Nutzt du Computerspiele als Ausweg, um einer negativen Stimmung zu entkommen oder dich daraus zu befreien (z. B. Gefühl von Hilflosigkeit, Schuld, Angst)?
9. Hast du wegen deines Computerspielverhaltens eine bedeutsame Beziehung, einen Job oder eine Karrieremöglichkeit bzw. einen Schulplatz gefährdet oder verloren?

Diese und ähnliche Fragebögen haben sich als gute Indikatoren für das Vorliegen einer Computerspielsucht erwiesen. Als Konsequenz aus der

---

143 American Psychiatric Association 2013: Diagnostic And Statistical Manual Of Mental Disorders, S. 795 ff.
144 Braun 2018: Süchtig nach Computerspielen? Diagnosekriterien nach DSM-5.

internationalen Forschung, die anhand der DSM-V-Kriterien durchgeführt wurde, hat die WHO im Jahr 2018 Computerspielabhängigkeit als „6C51 Gaming disorder" in die „internationale Klassifizierung der Krankheiten" ICD-11 aufgenommen.[145]

Diese Anzeichen von Abhängigkeit finden sich zunehmend bei manchen Spielern von Free-To-Play-Spielen. Ihren Spielmechaniken wird dabei nicht etwa unterstellt, Sucht auszulösen, sondern einen besonderen Reiz auf Menschen auszuüben, die bereits abhängig oder zumindest suchtgefährdet sind. Die Suchtforschung spricht daher auch von „glücksspielnahen Internetapplikationen": „So verbringen abhängig (6,15 h/Tag) und riskant (5,22 h/Tag) Computerspielende im Vergleich signifikant mehr Zeit im Internet zu nicht problematisch Nutzenden (3,2 h/Tag). Auch geben abhängig (5,15 €/Monat) und riskant (2,64 €/Monat) spielende Gamer in kostenlosen Onlinespielen deutlich mehr Geld aus, als nicht problematisch Nutzende (1,59 €/Monat). Dabei haben sie vielfältige Möglichkeiten, ihren Einkauf abzurechnen. Für junge Menschen sind besonders Google Play, iTunes und Steam Prepaidkarten attraktiv, da sie in vielen Supermärkten, Kiosks und Postfilialen zu taschengeldfreundlichen Beträgen ab 15 € erstanden werden können. Mit dem auf den Karten mitgelieferten Code kann auch ein junger Mensch nahezu barrierefrei echtes Geld in eine virtuelle Geldbörse laden und damit in Spiele-Apps einkaufen."[146]

Der Begriff „glücksspielnah" ist in diesem Zusammenhang insofern irreführend, als dass die Silbe „Glück-" in „Glücksspiel" auf die Kernmechanik verweist, bei der die Entscheidung über den Gewinn ganz oder überwiegend vom Zufall abhängt (s. 1.5), das Attribut „glücksspielnah" jedoch auf die Wirkung auf den Spieler. Daher können Free-To-Play-Spiele selbst dann als „glücksspielnahe Internetapplikationen" bezeichnet werden, wenn die In-Game-Käufe nicht-probabilistisch sind.

---

145 https://icd.who.int/browse11/l-m/en
146 Schaack, Christian/Dreier, Michael und Wölfling, Klaus: Glücksspielelemente in Computerspielen.

Interview mit Klaus Wölfling

 Sehen Sie Zusammenhänge zwischen Suchterkrankungen und Monetarisierungsmodellen?

„Klinisch sieht man mehr Fälle und wir haben Patienten, die reines Glücksspiel in Computerspielen durchführen. Online-Poker haben wir schon lange, das ist nicht neu. Das ist ein Glücksspiel, das es auch terrestisch gab – wegen Poker oder Sportwetten kommt ein hoher Anteil an Patienten glücksspielsüchtig zu uns. Die Abgrenzung davon sind Computerspiele mit Glücksspielcharakter oder glücksspielnahen Internetapplikationen. Ein Beispiel ist *Counter-Strike Skin Betting*, das Wetten auf bestimmte Texturen (s. 3.6.5). Oder Personen, die bei Free-to-Play-Spielen aufgrund von Selbstwertdefiziten in bestimmten Spielen immer mehr Geld setzen, um einen Fortschritt zu erlangen – also Pay-to-Win (s. 3.6.3)."

 Haben die verschiedenen Suchtformen, Internetglücksspiel und soziale Netzwerke ähnliche Mechanismen?

„Das sind dieselben Neurotransmitter. Man nimmt an, dass Dopamin den höchsten Anteil hat, weil es belohnungsmarkierend wirkt. Es zeigt an, hier erfolgt eine Belohnung und verändert damit die Motivationslage eines Menschen auf einer vorbewussten Ebene, weil bestimmte Reize ausreichen, z. B. Erinnerungen an Bilder oder ein Icon auf dem Desktop oder der Einstieg in ein Spiel, das visuell oder akustisch sein kann, wie beim Spielautomaten. Dann wird ein automatisiertes Muster abgefahren: ‚Ich muss jetzt spielen'. Wenn ich das nicht kann oder tue, bekomme ich körperliche Entzugserscheinungen wie Schwitzen oder Zittern, was auf die Sensibilisierung des Belohnungssystems zurückgeführt wird. Auf Dinge, auf die man vorher nicht reagiert hat – ein Icon auf dem Desktop interessiert Sie nicht, wenn Sie nicht süchtig sind – wird man körperlich konditioniert (s. 2.9) und daraus entwickelt sich der Wunsch, spielen zu müssen."

Sind solche Trigger auch bei Computerspielen zu beobachten?
„In Spielen ist das nicht ganz so ausgefeilt wie im Glücksspiel, aber das wird kommen, wenn es nicht reguliert wird. Momentan ist es noch nicht reguliert, aber es bewegt sich gerade auf eine Regulierung zu. Die Industrie macht das so lange, wie sich etwas verkauft. Der kritische Punkt ist, dass es nicht in die breite Masse, sondern auf bestimmte Personen geht, ob Jugendliche oder Erwachsene, aber es geht auf einen kleinen Bereich, der sich nicht kontrollieren kann. Die Industrie adressiert die Wale (s. 2.7), die ein ganz kleiner Teil sind, die aber den höchsten Umsatz machen. Die Korrelation zwischen Wal und Sucht ist hoch. Es wird häufig in der Diskussion verdreht, dass man sagt, alles hätte eine hohe Suchtgefahr. Das ist aber gar nicht unser Ansatz. Wir sagen, dass die Personen, die in diesem Bereich schon viel investieren, durch bestimmte Mechaniken dazu angeregt werden, noch mehr zu investieren."

Spiele mit intermittierenden Verstärkerplänen (s. 2.9) sind also besonders für Suchtpersönlichkeiten ein Risikofaktor, ohne dass damit behauptet würde, sie wirken auf alle Menschen suchtauslösend. Dies bedeutet im Umkehrschluss aber nicht, dass sie auf Nicht-Suchtpersönlichkeiten keine Wirkung hätten. Diese Wirkung äußert sich aber nicht als Suchtverhalten – wenn also fünf oder mehr Suchtsymptome gleichzeitig über einen Zeitraum von mindestens einem Jahr zutreffen – sondern in einer kürzer anhaltenden Begeisterung, die als „Sogwirkung" bezeichnet werden kann.

2.10.5 Sogwirkung

Die beiden Extremformen, um ein Spiel zu spielen bzw. Handlungen in einem Spiel auszuführen, sind auf der einen Seite die rational-kontrollierte Spielenutzung, bei der die Rationalität des präfrontalen Kortex – das langsame Denken (s. 2.8) – die Kontrolle über das Spielverhalten und die eingesetzten Ressourcen behält. Auf der anderen Seite steht die exzessiv-abhängige Spielsucht, bei der den Impulsen des Belohnungs-

zentrums aus dem subkortikalen Triatom kein verhaltens-
steuernder Widerstand mehr
entgegengesetzt werden kann.
Dazwischen liegt der Sog,
den Spiele auf Menschen ausüben können. Dieser Sog wird
als psychischer Impuls wahrgenommen, das Spiel zu spielen,
ohne sich dabei den Möglichkeiten einer Kontrolle zu entziehen. Vielmehr wird die rationale Pufferung für die Dauer des
Spiels freiwillig abgeschwächt,
damit das Spiel seine Faszina-
tion ausüben kann.

Raid: Shadow Legends
Spiele dieses Spiel für 1 Minute und sieh wieso jeder süchtig
danach ist

Suchtfaktor als Werbeargument für
Raid: Shadow Legends – gemeint ist
Sogwirkung. *Quelle: Werbeanzeige von
Plarium (Screenshot).*

Ein **Sog** ist das als lustvoll erlebte Entdecken einer neuen Spielwelt und das Sich-Einlassen auf die dort herrschenden Regeln. In der
Werbung und in der Presse wird dieser Sog mit dem Wort „Suchtfaktor"
umschrieben, ohne dass es um die psychopathologische Sucht im oben
ausgeführten Sinne geht. Ein Spiel mit hohem Suchtfaktor verspricht ein
langes und intensives Spielerlebnis als durchweg positive Erfahrung.
Ähnliche Phänomene sind vom Lesen eines fesselnden Romans oder
dem Schauen einer Lieblingsserie im Fernsehen bekannt. In der Medi-
enforschung entspricht es dem Begriff der **Involvierung**.[147]

Typisches Merkmal eines Sogs ist aber seine Vergänglichkeit. Selbst
das faszinierendste Spiel verliert irgendwann seine Anziehungskraft und
die Spieler wenden sich anderen Titeln zu. Bei Einzelspielerspielen ist
dies typischerweise das Ende der Kampagne oder wenn alle einen Spie-
lertyp ansprechenden Herausforderungen bewältigt wurden.

---

[147] Neitzel 2012: Involvierungsstrategien des Computerspiels.

Dennoch ist es möglich, dass aus einem Sog eine Sucht wird, wenn Spieler nicht mehr um den Gewinn spielen, sondern um das oben erwähnte Gefühl der Selbstbewährung und der Spieleinsatz nur noch als Möglichkeit der Verlängerung des Spiels gesehen wird. Der Sog kann sich zu einer Sucht entwickeln, aus dem Betroffene nicht mehr selbstständig herausfinden.

2.10.6 Monetarisierung und Sucht

In vielen Diskussionsbeiträgen im Zusammenhang mit Monetarisierungsformen von Computerspielen wird die Analogie zum Glücksspiel gezogen, entweder, um auf Ähnlichkeiten hinzuweisen oder um die Unterschiede zu verdeutlichen.

Die Glücksspielforscher Ingo Fiedler et al. prognostizieren eine Konvergenz von Computerspiel und Glücksspiel.[148] Während dieser Trend sicherlich in einer Richtung unstrittig ist – Glücksspielautomaten sind durchgängig digital, werden zunehmend auch online angeboten und sind daher kaum mehr von Arcade-Automaten unterscheidbar – ist die andere Richtung weiterhin Gegenstand zahlreicher Debatten.

Laut Thorsten Hamdorf zieht der game-Verband eine klare Grenze zu Glücksspielanbietern: „Wir haben explizit keine Anbieter von Glücksspielen in der Mitgliedschaft, das schließt unsere Satzung aus. Wir ziehen eine klare Grenze zwischen Gaming und Glücksspielen."

Aber gerade weil diese Grenze zwischen Sucht fördernden Glücksspielen und Skill basierten Unterhaltungsprodukten zumindest teilweise verschwimmt, ist eine genauere Analyse individueller Spiele, ihrer Spieler und Verwertungsformen notwendig. Nachdem im ersten Kapitel Merkmale von Computerspielen und in diesem Kapitel Differenzierungsformen von Spielern diskutiert wurden, werden im nächsten Kapitel die Moneta-

---

[148] Fiedler et al. 2018: Die Konvergenz von Gaming und Gambling.

risierungsmodelle genauer vorgestellt. Dabei zeigen sich insbesondere bei Spielen mit transaktionsbasierten Monetarisierungsmodellen (s. 3.6) problematische Tendenzen, die evtl. Regulierungsbedarf, zumindest aber Aufklärung erfordern.

Kapitel 3
Monetarisierungsmodelle

Finanzierungsmodelle beschreiben, wie ein Unternehmen Einkommen generiert, Gewinne erzielt und mehr Kapital einnimmt als ausgibt. Bei Ein- und Ausgaben muss es sich nicht notwendigerweise um Geld handeln, sondern kann sich auf andere Kapitalarten beziehen. Entwickler von Open-Source-Spielen sind auch mit sozialem Kapital, einer wachsenden Community und Reputation zufrieden.

In diesem Kapitel werden jedoch Finanzierungsmodelle von Publishern und Indie-Entwicklern diskutiert, die direkt oder indirekt den Gelderwerb mit einem Spiel zum Ziel haben und dementsprechend als **Monetarisierungsmodelle** bezeichnet werden. Finanzierungsmodelle für die Spieleentwicklung vor der Veröffentlichung wie Crowd-Funding oder Kulturförderung werden dabei ebenso wenig berücksichtigt wie Einnahmemöglichkeiten für Zweitverwerter wie YouTube-Werbung für Let's-Player oder Sponsoring-Verträge für E-Sportler.

Bei direktem Gelderwerb zahlen die Spieler Geld an den Publisher bzw. einen Zwischenhändler und wählen dafür eine Bezahlform wie Barzahlung, PayPal oder Kreditkarte. Bei indirektem Gelderwerb zahlen Spieler mit einer nicht-monetären Währung, die von anderen Akteuren monetär vergütet wird. Bei einem Advergame (s. 3.3.3) zahlen die Benutzer mit Aufmerksamkeit, die auf eine Werbeanzeige gelenkt wird oder mit Daten, die für weitere Werbung genutzt werden kann. Die monetäre Zielwährung wird erwirtschaftet, indem der Werbetreibende dem Publisher Geld dafür bezahlt, dass die Werbung geschaltet wird. Der Werbetreibende wiederum verspricht sich davon neue Kunden, die für sein Produkt Geld auszugeben bereit sind.

Die Wahl eines Monetarisierungsmodells ist eine ökonomische Entscheidung, die vom Publisher in Hinblick auf die Zielgruppe des Spiels getroffen wird. Primäres Ziel ist es, die Herstellungs- und Bereitstellungskosten zu decken und darüber hinaus mögliche Gewinne zu erwirtschaften. Die Bewertung eines Monetarisierungsmodells kann daher unter verschiedenen Gesichtspunkten erfolgen:

Aus Sicht des Publishers ist dasjenige Modell zu wählen, das die Wertschöpfung der Spieleentwicklung möglichst hoch kapitalisiert.

Spieler als Kunden bevorzugen es, möglichst wenig bis gar kein Geld auszugeben. Das heißt nicht, dass sie den Wert eines Spiels nicht monetär einschätzen können, aber wenn sie die Wahl zwischen zwei Preisen für ein Spiel haben, wählen sie den niedrigeren.

Dieses Spannungsfeld von Angebot und Nachfrage bzw. von erwünschter Zahlung und dem Geld, das Kunden auszugeben bereit sind, ist der übliche Mechanismus, um einen marktgängigen Preis zu ermitteln.

Darüber hinaus gibt es seit einigen Jahren Angebote, die mit verschiedenen Methoden gezielt Eigenarten der menschlichen Urteilskraft ausnutzen, um Spieler zu weiteren Zahlungen zu motivieren (s. 2.8). Auch dies ist nicht grundsätzlich neu, Bedürfnissteigerung gehört zu den klassischen Mitteln der Werbung. Dennoch ist es in Spielen möglich, Spieler dazu zu bringen, die Grenzen ihrer rationalen Kaufentscheidungen zu verlassen, z. B. durch Handlungsdruck oder das Einbeziehen probabilistischer Elemente (s. 1.3). Hier muss die Bewertung zumindest aus einer wirtschaftsethischen – wenn minderjährige Kunden angesprochen sind, evtl. auch aus einer jugendschutzrechtlichen – Perspektive erfolgen.

In diesem Kapitel werden zunächst die Bezahlverfahren vorgestellt (s. 3.1), die in den verschiedenen Monetarisierungsformen zum Einsatz kommen. Hier erfolgt eine Bewertung mit Blick darauf, wie sich der Zugang für Kinder und Jugendliche gestaltet.

Die daran anschließenden Abschnitte diskutieren die Monetarisierungsmodelle anhand der Systematik der Wirtschaftsinformatiker Laudon und Traver in 6 Gruppen:[149]

1. Subscription (Abonnement)   3.2
2. Advertising (Werbung)   3.3
3. Affiliate (Partnernetzwerke)   3.4
4. Sales (Verkauf)   3.5
5. Transaction Fee (Transaktionsgebühren)   3.6
6. Freemium   3.7

Diese Einteilung ist differenzierter als die vorliegenden Marktdaten, die in Deutschland im Wesentlichen von der Gesellschaft für Konsumforschung (GfK) im Auftrag des game-Verbands erhoben, ausgewertet und veröffentlicht werden. Demnach unterteilt sich der Games-Markt in Abonnements, Gebühren für Online-Dienste, Mikrotransaktionen und Käufe.[150] Insbesondere werden in dieser Aufstellung die Einnahmen durch Werbung und Affiliate-Programme nicht erfasst.

Von verschiedenen Interviewpartnern wurden vor allem zwei Monetarisierungsmodelle als kritisch bewertet: Einerseits die Verwendung von Mikrotransaktionen, durch welche die Ausgaben eines Spielers für ein einzelnes Spiel ungeahnte und vor allem ungeplante Höhen erreichen können. Noch kritischer wurden randomisierte Modelle gesehen, die unter bestimmten Umständen als Glücksspiele behandelt werden sollten, in jedem Fall aber als glücksspielähnlich zu bewerten sind. Da in dieser Expertise vor allem die Risikostrukturen diskutiert werden, wird bei diesen Modellen der Schwerpunkt liegen, angesichts derer die Herausforderungen anderer Modelle deutlich beherrschbarer erscheinen. Beide Modelle werden im Abschnitt 3.6 besprochen.

---

[149] Laudon und Traver 2019: E-commerce, S. 58 ff.
[150] https://www.game.de/marktdaten/deutscher-games-markt-waechst-weiter/

3.1 Bezahlverfahren

Bezahlverfahren beziehen sich in diesem Abschnitt ausschließlich auf monetäres Kapital. Die Bezahlung mit Zeit, Aufmerksamkeit oder Daten (s. 2.2) wird zusammen mit den einzelnen Monetarisierungsformen diskutiert.

Das angebotene Bezahlverfahren beeinflusst insbesondere die Zielgruppe, die durch ein Monetarisierungsmodell angesprochen wird. Ein Minderjähriger ist ab 7 Jahren eingeschränkt geschäftsfähig, nach dem § 110 BGB (**Taschengeldparagraf**) darf er dabei die Mittel einsetzen, „die ihm zu diesem Zweck oder zu freier Verfügung von dem Vertreter oder mit dessen Zustimmung von einem Dritten überlassen worden sind."

Je nach Höhe des Taschengeldes können damit Prepaid-Karten für spezielle Spiele, Plattformen oder Guthabenkarten für den bargeldlosen Zahlungsverkehr wie Paysafecards erworben werden. Viele bargeldlose Bezahlverfahren erfordern zwar die erst mit der Volljährigkeit erlangte volle Geschäftsfähigkeit, vielfach gibt es aber Varianten für Jugendliche.

Bargeld ist das älteste Verfahren und steht insbesondere Kindern und Jugendlichen über Taschengeld und Sonderzahlungen für Zeugnisse, Geburtstage, Konfirmationen etc. zur Verfügung. Obwohl Bargeld in Deutschland als Zahlungsmittel noch außergewöhnlich weit verbreitet ist, eignet es sich im direkten Kauf nur für Retail-Spiele. Spiele-Downloads und In-Game-Käufe können nur online getätigt werden, was eine direkte Bezahlung mit Bargeld ausschließt.

Dieses Problem haben auch die Publisher bemerkt und bieten spezielle **Prepaid-, Debit-** oder **Guthabenkarten** an, die in ausgewählten Geschäften gegen Bargeld erworben werden können. Diese Karten werden mit Echtgeld gekauft, um mithilfe des (auf den Karten) aufgedruckten Codes ein Onlinekonto in Höhe des Kaufbetrags aufzuladen. Jeder Code ist genau einmal gültig, jede Karte ist damit ein Unikat. Prepaid-Karten werden in plattformbezogene, spielbezogene und universelle Karten unterschieden.

Plattformbezogene Karten erhöhen das Guthaben auf der Plattform des ausgebenden Publisher, z. B. Steam Cards, iTunes Cards, Xbox Points, PSN Cards, Nintendo eShop Card, Blizzard, Bigpoint, EA, Google etc. Spielbezogene Karten können nur für ein spezielles Spiel genutzt werden, z. B. *World of Warcraft*, *League of Legends*, *Destiny* oder *Runescape*. Die universellen Guthabenkarten von Paysafe können in verschiedenen Geschäften und Tankstellen gegen Bargeld gekauft, dann aber online in Shops verschiedener Hersteller eingelöst werden. Paysafe-Karten sind beim Kauf mit Bargeld vollständig anonym, da im Gegensatz zu Kontoüberweisungen keine personenbezogenen Daten übertragen werden müssen. Auch fallen für Kunden keine Gebühren beim Kauf oder Einlösen der Karten an.

Wie alle Bargeldgeschäfte unterliegt auch der Kauf von Prepaid-Karten dem o. g. Taschengeldparagrafen, wonach ein von Minderjährigen ohne Zustimmung des gesetzlichen Vertreters geschlossener Vertrag als wirksam gilt, wenn der Minderjährige die vertragsmäßige Leistung mit Mitteln bewirkt, die ihm zu diesem Zweck oder zu freier Verfügung von dem Vertreter oder mit dessen Zustimmung von einem Dritten überlassen worden sind. Da das Gesetz keine Betragsgrenze vorsieht, können Händler entscheiden, ob sie ein Rechtsgeschäft abschließen wollen. Paysafe-Karten werden bis maximal 100 Euro angeboten und es kann davon ausgegangen werden, dass Kartenbeträge bis 50 Euro für Kinder problemlos erwerbbar sind.

Die anonyme und augenblickliche Konversion von Echtgeld in Onlineguthaben durch Debit- oder Paysafe-Karten eröffnet Kindern und Jugendlichen die Möglichkeit zur ökonomischen Teilnahme an zahlungspflichtigen Onlineangeboten, darunter solchen, die nicht altersgemäß sind und auch nicht der deutschen Kontrolle oder Gerichtsbarkeit unterliegen.

Beim **Mobile Payment**, der mobilfunkbasierten Bezahlung, erfolgt der Geldtransfer über die Telefonrechnung der Mobilfunkanbieter wie Deutsche Telekom, E-Plus, mobilcom-debitel, o2 oder Vodafone. Üblicherweise werden damit **Mikrotransaktionen** bezahlt, d. h. Kleinstbeträge im Bereich von 1 Cent bis 5 Euro. Auch regelmäßige Zahlungen können über Mobile Payment eingerichtet werden. Zu den ersten Anbietern, die sich mit fragwürdigen Geschäftsmodellen an jugendliche Mobilfunknutzer richteten, gehörten Anfang der Nuller-Jahre Abonnements für Klingeltöne von Jamba. Inzwischen gibt es zahlreiche Mobile Games, die Kaufbeträge von Zusatzangeboten bis Abonnements über die Mobilfunkrechnung abbuchen. Ungewollte Zahlungen lassen sich seit 2012 mit einer Drittanbietersperre beim Mobilfunkprovider verhindern.

Ebenfalls mit dem Smartphone, aber nicht über die Telefonrechnung, funktionieren **mobile Bezahldienste** wie Google Pay oder Apple Pay. In Geschäften wird das Smartphone in die Nähe einer Kasse gehalten und über NFC (Near Field Communication) der Kontakt hergestellt, aber auch Einkäufe im Onlinehandel sind damit möglich. Als Zahlungsquelle kann eine registrierte Debit-, Kredit- oder Kundenkarte genutzt werden, bei Google Pay alternativ auch ein PayPal-Konto. Das Mindestalter liegt bei 13 Jahren.

Die übrigen elektronischen Zahlungsmittel setzen den Zugriff auf ein Konto voraus, über das der Bezahlvorgang abgewickelt wird. Ein **Schülerkonto** bzw. **Taschengeldkonto** kann mit Einwilligung der Eltern bereits ab dem 7. Lebensjahr eingerichtet und für verschiedene Transaktionsformen freigeschaltet werden.

Eine **Überweisung** ist eine einmalige Zahlung auf ein anderes Konto, wobei der Zahlungseingang noch immer mehrere Tage dauern kann. Ein **Dauerauftrag** ist die regelmäßige Überweisung eines festen Betrags. Bei einem **Bankeinzug** wird eine andere Stelle autorisiert, einen vereinbarten Betrag vom Konto abzubuchen. Eine **Kreditkarte** steht Jugendlichen lediglich als Prepaidkarte zur Verfügung, die über das Konto aufgeladen wird und für Kartenzahlung on- und offline oder für Bargeldabhebung verwendet werden kann. Eine Überziehung ist nicht möglich, was über die Höhe des Guthabens hinaus vor Betrug schützt. Vollwertige Kreditkarten mit Vorauszahlungsmöglichkeit (Kredit) benötigen nicht nur ein Konto, sondern zusätzlich den Nachweis von Kreditwürdigkeit, der wiederum die Volljährigkeit voraussetzt.

Das international verbreitetste **elektronische Zahlungsmittel** bietet die Firma PayPal, die zur Nutzung allerdings ebenfalls die Volljährigkeit verlangt: „Sie können sich bei PayPal in Deutschland für die Eröffnung eines PayPal-Kontos nur anmelden, wenn Sie volljährig sind und einen Wohnsitz oder Geschäftssitz in Deutschland haben und nicht im Namen oder für Rechnung eines Dritten handeln."[151]

Die in Deutschland üblichen Alternativen paydirekt, giropay und Sofort-Überweisung sind auch mit einem Schülerkonto nutzbar, sofern es für elektronisches Bezahlen von den Eltern freigeschaltet wurde. Der Dienst Barzahlen ist ohne Altersbeschränkung nutzbar. Dazu sendet das Onlineportal des Spiels einen Zahlschein, der in einer Partnerfiliale gegen Bargeld eingelöst werden kann. Anschließend wird das bezahlte Spiel, Item oder Extra freigegeben.[152]

Eine besondere Form der Bezahlung ist die Vergütung mit virtuellen Gütern, üblicherweise **Skins**, denen ein realer Gegenwert zugeordnet werden kann. Derzeit ist dies zuverlässig nur mit Steam-Items möglich. Auf dem Steam Marketplace kann ein Objekt verkauft werden, wobei es auf ein anderes Steam-Konto transferiert und dem Spieler ein vereinbarter Wert als Steam-Guthaben gutgeschrieben wird. Dieses Guthaben kann zum Kauf weiterer Items oder von Spielen auf Steam verwendet werden. Trotz dieser Beschränkung auf eine Plattform ist dies bereits als geldwerter Vorteil zu beurteilen.[153] Aber Skins haben die Wertbildung des Steam Marketplace längt verlassen und sind in bestimmten Teilen des Internets zu einer eigenen Währung geworden. Beim **Skin Trading** wird das Objekt außerhalb des Steam Marketplace gehandelt und bei erfolgtem Kauf innerhalb des Marketplace verschenkt. Diese unkontrollierte Form des Real Money Trading widerspricht zwar den Allgemeinen Geschäftsbedingungen von Steam, wird aber vor allem beim **Skin Gambling** (s. 3.6.5) genutzt.

---

[151]   https://www.paypal.com/de/webapps/mpp/ua/useragreement-full
[152]   https://www.barzahlen.de/de/privatkunden/so-funktionierts/online-gaming
[153]   Bayerisches Oberlandesgericht, Urteil vom 12.12.2002.

Blockchain-Technologien (BCT) sind dezentrale Buchhaltungssysteme, in denen Transaktionen fortlaufend und fälschungssicher miteinander verkettet sind. Die bekannteste BCT ist Bitcoin, die als Kryptowährung einen Gegenwert in anderen Währungen hat. Da Kryptowährungen weiterhin hochspekulativ sind, werden sie bei der Monetarisierung von Computerspielen bislang kaum verwendet. Die von Brian Fargo im Dezember 2018 angekündigte Vertriebsplattform Robot Cache, auf der neben PayPal und Kreditkarten auch die eigene Kryptowährung Iron als Zahlungsmittel akzeptiert werden soll, ist seit Mai 2020 in der Testphase. Lediglich kleinere Zwischenhändler für PC-, PS4- und Xbox-One-Spiele wie MMOGA, G2A oder GAMIVO akzeptieren verschiedene Kryptowährungen. Problematisch ist in diesem Zusammenhang der Anbieter Skinbay, bei dem Steam-Gegenstände mit anonymer Kryptowährung gehandelt werden können, wodurch sich ein Wechselkurs von virtuellen Gegenständen zur Echtgeldökonomie etabliert und Skin-Trading begünstigt wird (s. 3.6.5).

3.2 Subscription

Subscriptions- oder Abonnement-Modelle basieren auf der regelmäßigen Zahlung eines festen Betrags, um eine Dienstleistung, z. B. ein Onlinespiel, nutzen zu können.

Wenn die Höhe des Betrags oder aber der zeitliche Abstand variabel sind, handelt es sich nicht um eine Subskription, sondern um ein Spiel auf Transaktionsbasis (s. 3.6).

Während viele Softwareanbieter wie Adobe oder Microsoft für ihre Produkte auf ein Abonnement-Modell wechseln, sind Spiele mit Subskriptionen rückläufig. Dafür bieten immer mehr Plattformbetreiber ein Flatrate-Modell an, bei dem, ähnlich wie beim Film- und Serienstreaming, ein

Spiele-Katalog gegen Zahlung einer monatlich festen Gebühr zur Verfügung steht. Insgesamt bleiben Ausgaben für Subskriptionen damit seit
Jahren relativ konstant.[154]

3.2.1 Abonnement

Die ersten kommerziellen Onlinespiele wurden ab Anfang der 90er-Jah-
re über das AOL-Netzwerk angeboten. *Neverwinter Nights* (1991) war
das erste grafische Massively Multiplayer Online Roleplaying Game
(MMORPG), das insgesamt 115.000 Spieler zählte. Waren für das Spiel
ursprünglich Verbindungsgebühren, also Transaction Fees, an AOL zu
bezahlen, wurde es mit den Einführungen der Flatrate Teil des AOL-
Abos. Da es zu erfolgreich war und aus einem Zusatzangebot ein zentraler Dienst wurde, der zu viele Ressourcen zu binden drohte, stellt AOL
das Spiel 1997 ein.

    Ultima Online trat ab 1997, *Everquest* ab 1999 die Nachfolge mit
Abo-Modellen an, ehe Blizzard mit *World of Warcraft* ab 2004 den Markt
nahezu vollständig übernahm. Zu Bestzeiten im Jahr 2010 konnte Blizzard monatlich mehr als 180 Mio. US-Dollar von 12 Mio. zahlenden Spielern verbuchen.[155] Seitdem verringern sich die Zahlen jedoch kontinuierlich und aus den letzten offiziellen Angaben von 2015 wird geschätzt,
dass die Abonnements bis 2023 auf 4,5 Mio. zurückgehen werden.[156]

    Abonnementgebühren können für verschiedene Infrastruktur-Ebe-
nen anfallen: (1) Internetzugang, (2) Onlineplattformen oder (3) Spiele.

---

[154] https://www.game.de/marktdaten/entwicklung-des-deutschen-games-
marktes-seit-1995/

[155] Leack 2017: *World of Warcraft* Leads Industry With Nearly $ 10 Billion
In Revenue.

[156] https://www.statista.com/statistics/276601/number-of-world-of-warcraft-
subscribers-by-quarter/

1. Da der Internetzugang des Telekommunikationsanbieters keine aus-
    schließlich spielbezogene Maßnahme ist, werden die Monetarisie-
    rungsformen von Providern hier nicht weiter betrachtet, ebenso wenig
    wie Telefonverträge oder, noch fundamentaler, die Stromversorgung.
2. Der Zugang zu Onlineplattformen wie PlayStation Plus, Xbox Live
    oder Nintendo Switch Online kostet zwischen 5 und 8 Euro pro Mo-
    nat, die entweder monatlich, vierteljährlich oder jährlich bezahlt wer-
    den können. Durch Prepaidkarten, die sogar an den Kassenregalen
    von Supermärkten angeboten werden, ist ein solches Abonnement
    auch für Jugendliche ohne eigenes Konto problemlos finanzierbar.
    Diese Prepaidkarten bezahlen lediglich den Zugang zur Onlineplatt-
    form und können nicht im Onlineshop derselben Anbieter eingelöst
    werden. Den Marktdaten des game-Verbands zufolge wurde der Zu-
    gang zu Onlineplattformen im Jahr 2019 in Deutschland von 5,1 Mio.
    Spielern abonniert, mit einem Umsatz von 418 Mio. Euro.[157]
3. Bei spielbezogenen Abonnements zahlen Spieler dem Publisher
    Geld, der im Gegenzug im vorgesehenen Zeitraum den Zugang zum
    Spiel zur Verfügung stellt. Von diesen planbaren Einnahmen kön-
    nen Publisher Server- und Wartungskosten bezahlen sowie neuen
    Content entwickeln. Manche Onlinespiele bieten gleichzeitig eine
    Free-to-Play-Variante und Subskriptions-Möglichkeiten mit zusätzli-
    chen Spielinhalten an.

Bei einem **hybriden Abonnement** erhalten die Spieler den Zugang zum
Spiel über eine In-Game-Währung, die sowohl gegen Echtgeld gekauft
als auch im Spiel erwirtschaftet werden kann. In *World of Warcraft* können 30 Tage Spielzeit – was hier heißt: Zugangsmöglichkeit zum Spiel –
auch über eine WoW-Marke bezahlt werden, die über Spielgold im Auktionshaus oder über Echtgeld (derzeit 20 Euro) im Shop gekauft werden

---

157 https://www.game.de/marktdaten/umsaetze-mit-gebuehren-fuer-online-dien-
     ste-wachsen-kontinuierlich/

kann. Damit können die Ressourcen Spielgold, Spielzeit und Echtgeld ineinander getauscht und als Wechselkurs dargestellt werden.

Die Anzahl an Spielen, die den Abschluss eines Abonnements voraussetzen, ist seit vielen Jahren rückläufig. Vereinzelt bieten Multiplayer-Spiele für PC, insbesondere Rollenspiele, weiterhin Abonnements an. Konsolenspieler zahlen üblicherweise nur den Beitrag für die Onlinedienste der Konsolenhersteller (s. o.), nicht aber für einzelne Spiele. Der mobile Markt hingegen ist nahezu ausschließlich durch Free-to-Play-Modelle geprägt (s. 3.7). Auch Browserspiele für PCs sind mit dem Übergang auf mobile Plattformen auf Free-to-Play umgestiegen.

Allerdings kann in manchen Free-to-Play-Spielen auch der Kauf von Premium-Ressourcen über eine regelmäßige Zahlung abonniert werden. Die Publisher versprechen dabei umfangreiche Sonderkonditionen wie in *King of Thieves* oder Zugang zu besseren Spielbedingungen wie in *World of Tanks*: „Wenn ihr euer Konto zu Premium-Spielzeit aufstuft, erhaltet ihr 50 % mehr Erfahrung und Kreditpunkte für jedes Gefecht, an dem ihr teilnehmt."[158]

3.2.2 Bundle Abo

Eine spezielle Form des Abonnements ist das Humble Monthly Bundle.[159] Für 12 US-Dollar pro Monat bietet die Humble Bundle Inc. ein Subskriptions-Modell mit deterministischen und probabilistischen Komponenten:

---

[158] https://worldoftanks.eu/de/content/guide/general/purchase-premium/
[159] https://www.humblebundle.com/monthly

- Am ersten Freitag des Monats wird eine feste Anzahl unbekannter Spiele ausgewählt und den Abonnenten zugänglich gemacht. Bisweilen gibt es die Auswahl, ein neueres oder besonders beliebtes, höherwertiges Spiel oder mehrere geringerwertige zu erhalten.
- Abonnenten erhalten 10 % Discount auf Spiele aus dem Humble Store.
- Abonnenten erhalten unregelmäßig spezielle Angebote.
- 5 % der Einnahmen werden einem gemeinnützigen Zweck gespendet.
- Das Abonnement ist jederzeit kündbar, wobei die bis dahin erworbenen Spiele behalten werden können.

Im Grunde ist das Humble Monthly Bundle ein Abonnement auf eine monatliche Lootbox für Spiele (s. 3.6). Ein besonders prominenter Titel dient dabei als Köder, mit dem eine Subskription gerechtfertigt erscheint. Bisher übersteigt der Kaufpreis der Spiele die eingesetzten 12 US-Dollar bei Weitem. Dennoch dürfte ein Großteil der erhaltenen Spiele von vielen Abonnenten niemals gespielt werden.

3.2.3 Miete

Electronic Arts bietet seit 2014 mit EA Access eine Flatrate für Xbox One, mit Origin Access für PCs an. Sony hat mit Playstation Now für Playstation-Spieler, Microsoft mit dem Xbox GamePass für die Xbox One einen ähnlichen Dienst im Angebot. Abonnenten erhalten dabei unbeschränkten Zugang zu den enthaltenen Titeln, wobei im Gegensatz zum Humble Monthly Bundle der Zugang nach Beendigung der Mitgliedschaft erlischt. Dies ist daher eher als Miete und nicht als Kauf aufzufassen.

Auch für mobile Spiele gibt es derartige Angebote. Die in den USA ansässige Firma GameMine entwickelt, lizenziert und kauft mobile Spiele, die sie ihren Kunden in mehr als 135 Ländern über ein Mobile Game-Abonnement zur Verfügung stellen. Die Spiele können für Android-Geräte heruntergeladen oder über das Web gestreamt werden. Abonnenten haben uneingeschränkten Zugriff auf die Spiele ohne Werbung oder In-App-Käufe.

Abonnements für Mobile Games können über Mobile Payment bezahlt werden. Die Gefahr besteht darin, dass ein solches Abonnement unbeabsichtigt abgeschlossen wird. Einer repräsentativen Umfrage von forsa im Juni 2017 zufolge haben 12 % der minderjährigen Spiele-App-Nutzer zwischen 14 und 17 Jahren bereits einmal ungewollt ein kostenpflichtiges Abonnement abgeschlossen (Stichwort: Abofalle).[160]

3.2.4 Streaming, Cloud-Gaming

Wie im Abschnitt 1.2 begründet, werden Streaming-Angebote derzeit zwar mit großen Erwartungen beobachtet, aufgrund der Schwächen im Breitbandausbau sind sie in Deutschland derzeit aber nur punktuell verfügbar. Die im Abschnitt 3.2.3 vorgestellten Miet-Modelle bieten zusätzlich an, die Spiele über eine Breitband-Internet-Verbindung zu streamen. Auch der Ende September 2018 gestartete Dienst *Shadow* versucht, Cloud-Gaming in Deutschland zu etablieren, indem jedem Abonnenten ein leistungsstarker virtueller Gaming-PC zur Verfügung gestellt wird: „Derzeit soll es möglich sein, ab einer Verbindungsgeschwindigkeit von 15 Mbit/s auf dem Endgerät die Grafik wahlweise mit 60 Hz in 1080p, sowie mit höheren Verbindungsgeschwindigkeiten mit 60 Hz in 4K-Auflösung darzustellen. Unterwegs soll eine 4G/LTE-Verbindung mit den genannten 15 Mbit/s ausreichen. Bei weniger – etwa auf dem Land mit einem Smartphone – soll die Anzeige nicht ruckeln, sondern niedriger auflösen."[161]

---

[160] Jordan 2017: Spiele-App-Nutzer: Mehrheit hat Sorge um persönliche Daten und Probleme bei der Nutzung.
[161] Steinlechner 2018: Cloud-Rechner: Shadow startet PC-Streaming in Deutschland.

Interview mit Prof. Dr. Lutz Anderie

Wie sind Streaming-Modelle zu bewerten?

„Streaming-Modelle sind mittlerweile ein fester Bestandteil bei der Vermarktung von Computerspielen. Sie führen zunächst zu einer Wertschöpfungsvernichtung, das ist immer der Fall, wenn Entertainment Content auf Streaming-Modelle umgestellt wird. Dieser Marktmechanismus ist insbesondere aus der Musikindustrie bekannt. Vergleichbar ist das auch mit dem Home Entertainment Markt bei der Vermarktung von Movies und Serien. Überträgt man diese Erfahrungen auf die Games-Branche, dann sind Computerspiele zur Markteinführung hochpreisig zwischen 50 bis 70 Euro erhältlich, im Streaming-Portal werden Sie dann im Abonnement mit einer Vielzahl von Titeln für ca. 10 Euro pro Monat vermarktet. Playstation Now kann hier exemplarisch genannt werden. Die User-Akzeptanz für Abonnements unter Gamern ist höher für Gaming-Plattformen (z. B. PlayStation Now) als für einzelne Games (z. B. World of Warcraft). Pricing-Modelle in der Games-Branche und die damit einhergehende Wertschöpfung sind komplex, an der Frankfurt University of Applied Sciences forschen wir hierzu und veröffentlichen die Ergebnisse seit August 2020. Die Streaming-Modelle, die synonym auch als Cloud-Gaming bezeichnet werden, verzahnen sich mit diesen Abo-Modellen. Definitorisch gilt es hier zu differenzieren zwischen Preis- und Vermarktungsmodellen sowie technischen Beschreibungen. Am einfachsten verständlich wird der Themenkomplex, wenn man die Vermarktung von Netflix betrachtet. Deshalb gibt es auch die Terminologie Netflixication der Games-Branche. Netflix ist ein Disruptor für Hollywood. Es gibt sieben Major Studios und nur Disney hat genug Content, um eine eigene Plattform zu betreiben (Disney+). Die anderen brauchen einen platform holder, in dem Fall Netflix, und der zwingt sie, ein Abo-System zu akzeptieren. Genau wie Steve Jobs es seinerzeit mit dem iTunes-Store vorgemacht hat, der die fünf Majors dazu gebracht hat, einen Song für 99 Cent anzubieten und später dann das Abo-Modell forcierte.

Früher haben CD-Kompilationen 25 bis 30 Euro gekostet. Heute gibt es ein Abo-Modell für 10 bis 12 Euro mit allen Songs. Das ist eine brutale Vernichtung der Wertschöpfungskette. Das passiert gerade auch in Hollywood und wird auch für Games der Fall sein. Die mangelnde Bandbreite der Datenübertragung schützt unsere Branche derzeit noch – Latenzen (Zeitverzögerungen) beeinträchtigen das Spielerlebnis (UX). Dadurch können Marktpotenziale nicht vollständig abgeschöpft werden.

Viele Spieleentwickler können sich diesen Mechanismen nicht entziehen, doch es wird Marktbereinigungsprozesse geben, so wie das auch in Hollywood bei den Indies passiert. Bei den Games wird es genauso sein. Die Ubisofts und Electronic Arts werden immer überleben, weil sie beispielsweise Deals mit Steam oder Google Stadia machen können. Das Revival der Abo-Modelle ist in vollem Gange und wird weiter an Bedeutung gewinnen. Es war lange totgesagt, aber ‚Subscription-Based-Content-Vermarktung' wird an Bedeutung gewinnen."

Interview mit Thorsten Hamdorf

 Wie entwickelt sich der Markt für Abonnements?

„Die klassischen Abos für einzelne Spiele wie *World of Warcraft* oder ähnliches, wie man sie von früher kennt, sind rückläufig und wurden zunehmend von Free-to-Play-Spielen abgelöst. Dafür nehmen in den vergangenen Jahren die Abonnements von Onlinediensten zu, bspw. für die PlayStation oder Xbox, wo ich einen Zugang zu einem Dienst bekomme, um online zu spielen und Mehrwerte erhalte. Bei PlayStation Plus als Beispiel erhalte ich ein umfangreiches Paket an Service-Leistungen, wie die Möglichkeit, online zu spielen, aber auch Online-Speicher für Spielstände oder monatlich kostenlose Spiele. Dabei kann man unterschiedliche Zeiträume abonnieren.

Als zweites entstehen, vergleichbar mit Streaming-Angeboten wie Netflix & Co., Angebote, bei denen ich direkt Zugriff auf eine Spielbibliothek bekomme. Beispiele hierfür sind unter anderem PlayStation Now oder EA Access Premiere von Electronic Arts. Hier muss ich also kein Spiel mehr einzeln kaufen, sondern bezahle für den Zugang zu einem Katalog. Diese Form von Subskriptionen wächst.

Dabei hat man häufig, aber nicht immer die Auswahl, ob das Spiel heruntergeladen und installiert oder gestreamt werden soll. Das ist die neueste Technologie. Sie hängt aber stark davon ab, wie die Infrastruktur vor Ort ist und welche Bandbreite zur Verfügung steht. Es wäre schön, wenn es in Deutschland mit dem Bandbreitenausbau schneller voranginge, dann könnten solche Geschäftsmodelle in Deutschland auch schneller wachsen.

Angebote wie das Humble Monthly Bundle würde ich auch zu einer Form der Subskription zählen. Wenn ich automatisiert jeden Monat Geld abbuchen lasse für den Zugriff auf Spiele, würde ich das als Abonnement werten.

Wir veröffentlichen zweimal jährlich die Zahlen, die wir von der GfK ermitteln lassen. Darin ist auch das Abo-Modell enthalten. Es ist stabil auf einem geringeren Niveau als früher."

3.3 Werbung

Computerspiele mit werbebasierten Monetarisierungsmodellen versprechen, gegen Bezahlung die Aufmerksamkeit ihrer Spieler auf Produkte der Werbekunden zu lenken mit dem Ziel, dort monetären Umsatz zu erzeugen. Zwar ist in der Werbepsychologie und im Marketing nicht bekannt, welchen Effekt welche Werbung auf welchen Nutzer genau haben wird[162], aber nachweislich sind Produkte, für die es hinreichend viel Konkurrenz gibt, ohne Werbung am Markt deutlich weniger erfolgreich als

---

[162] Felser 2015: Werbe- und Konsumentenpsychologie, S. 9 ff.

solche, für die geworben wird.[163] Insofern kann der Effekt von Werbung nur statistisch beschrieben, nicht aber kausal erklärt werden.

Im Sinne einer allgemeinen Ökonomie, die nicht nur monetäre Ressourcen verfolgt (s. 1.3), handelt es sich bei Werbung um eine probabilistische Konversion der Ressource Aufmerksamkeit der Spieler in monetäres Kapital beim Werbepartner. Diese versuchte Konversion muss vom Werbenden bezahlt werden. Ihr Erfolg bemisst sich an der Konversionsrate, d. h. an der Anzahl erfolgter Neukäufe, gemessen in **eCPM** (effective cost per mille), womit bei Onlinewerbung der Umsatz pro 1.000 gezeigter Werbeeinheiten gemeint ist und sich wie folgt berechnet: eCPM = (Einnahmen/Werbeanzeigen) × 1.000. Die eCPM hängt im Wesentlichen davon ab, ob Spieler die angebotene Werbung bzw. das angebotene Werbeformat akzeptieren. Je weniger sie sich also belästigt fühlen, desto größer ist die Wahrscheinlichkeit, dass sie auf die gezeigte Werbung reagieren.

Werbung ist eine Monetarisierungsform für Computerspiele. Konkrete Zahlen zu Spielwerbung, Werbung in Spielen oder Spielen als Werbemittel liegen nur punktuell vor und werden nicht systematisch erfasst. Laut Thorsten Hamdorf vom game-Verband liegen die Zahlen zwischen 10 und 25 Prozent der Gesamtumsätze, wobei es auch Ausnahmen gibt: „Einzelne Anbieter, die vom Geschäftsmodell nahezu vollständig auf Werbung ausgerichtet sind, kommen auf 90 bis 95 Prozent. Solche Spiele werden meist kostenlos angeboten, dadurch kann eine große Reichweite erzielt werden, die für Werbung verkauft wird."

3.3.1 Advertising

Werbung in Spielen funktioniert ähnlich wie im Fernsehen oder bei YouTube: Vor, während und nach dem Spiel unterbrechen Werbungen den Verlauf, der anschließend weitergeführt werden kann. Insbesondere bei Mobile Games ist Werbefinanzierung ein beliebtes Monetarisierungs-

---

[163] https://www.ip.de/fakten_und_trends/werbewirkung/grundlagenstudien.cfm

modell, weil inzwischen die meisten Spiele im Google Play Store bzw. im App Store kostenlos angeboten werden und sich damit entweder über In-Game-Käufe und/oder über Werbung finanzieren müssen. Der Markt für mobile Spiele ist derart übersättigt, dass vor allem die Größe des Werbebudgets entscheidet, ob ein Spiel von genügend Spielern erst einmal wahrgenommen und anschließend gespielt wird, damit es seine Entwicklungskosten erwirtschaften kann. Es ist daher wenig überraschend, dass ein Großteil der Werbung in Spielen auf andere Spiele verweist.

Folgende **Darstellungsformen** werden unterschieden: [164] [165] [166]

- **Banner:** Ein einfaches Bild, meist kombiniert mit Text.
- **Animated:** Einfache Animationen binden die Aufmerksamkeit des Spielers. Animierte Banner werden von Spielern allerdings als deutlich störender empfunden als statische.
- **Video:** Ein Video wird innerhalb eines Fensters der Spielanwendung eingeblendet, das sich ggf. erst nach Ende des Videos schließen lässt. Damit kann sichergestellt werden, dass das Video zumindest vollständig abgespielt wurde.
- **Interaktiv:** s. 3.3.3
- **Merchandise:** s. 3.3.4

Der **Raumbedarf** der Einblendung kann unterschiedlich ausfallen:

- **Interstitial:** Dabei wird der gesamte Bildschirm von der Werbung verdeckt und kann erst nach einer vorgegebenen Zeit geschlossen werden. Von Spielern aufgrund der Unterbrechung des Spielflusses als besonders aufdringlich wahrgenommen, werden sie entweder als Around-Game-Ads (s. u.) oder als Belohnung (s. u.) eingesetzt.

---

164 https://splitmetrics.com/blog/ultimate-guide-to-app-advertising/
165 https://gameanalytics.com/blog/popular-mobile-game-ad-formats.html
166 https://www.mobileads.com/blog/best-mobile-ad-formats-sizes-display-ad-campaigns/

- **Expandable:** Ein Banner, der bei Bedarf zu einer Interstitial-Werbung erweitert werden kann. Bisweilen wird eine andere Anwendung aufgerufen, z. B. ein Webbrowser, um die Werbung anzeigen zu können.
- **Native in-App:** s. 3.3.2 In-Game-Advertising

Auch der **Zeitpunkt der Einblendung** kann verschieden gewählt werden:
- **Around-Game-Ads** rahmen das Spiel ein und werden in Pausen, vor oder nach Spielabschnitten geschaltet.
- **Intrusive Ads** unterbrechen den Spielverlauf ähnlich wie Werbeblöcke im Fernsehen und werden daher als besonders lästig empfunden.
- **Spiele als Belohnung** werden von Spielern als bewusste Unterbrechung ausgewählt, um ludische Vorteile zu erlangen, z. B. Loot oder Einheiten einer In-Game-Währung. Wird eine interaktive Werbung, d. h. ein Minispiel, als Darstellungsform gewählt, lässt sich die Höhe der Belohnung zusätzlich am Erfolg innerhalb des Minispiels bemessen.

Der Inhalt der Werbung kann unabhängig vom Raumbedarf oder dem Zeitpunkt der Einblendung entweder **statisch** während der Entwicklung des Spiels eingebunden oder **dynamisch** zur Laufzeit nachgeladen werden und sich dabei an den Kontexten des Spiels wie Tageszeit oder Ort orientieren. Dies setzt zwar eine Internetverbindung voraus, die von den meisten Spielen aber ohnehin gefordert ist, um die Spielerdaten mit den Servern abzugleichen. Die überwiegende Mehrheit der Spielewerbung ist inzwischen dynamisch, wobei eine Vielzahl von Anbietern verspricht, die Werbung zielgruppengerecht zu verteilen.

Erreicht wird dies durch **User-Tracking**, bei dem z. B. mithilfe des Login-Namens, der verwendeten E-Mail-Adresse oder Browser-Cookies ein Nutzer identifiziert und seine Spielvorlieben, sein Kaufverhalten oder aufgerufene Seiten bei E-Commerce-Anbietern gespeichert werden (s. 2.2). Sobald der Spieler eine Werbung eingeblendet bekommen soll, die von einem solchen Netzwerk geliefert wird, versucht dessen Algorithmus, die Konsuminteressen aus den Daten abzuleiten und die passende Werbung zu zeigen.

Zahlreiche dieser **Ad-Networks** stehen im Wettbewerb zueinander, darunter AdColony, AdMob, AppLovin, Chartboost, Facebook, Fyber, HyprMX, InMobi, Maio, MoPub, MediaBrix, Tapjoy, UnityAds oder Vungle.

Werbung wird von den meisten Spielern als lästig empfunden. Der Grad der Belästigung hängt davon ab, wie viel Aufmerksamkeit die Werbung wie lange bindet, ob der Spielablauf unterbrochen wird und ob sich die Beschäftigung mit der Werbung auszahlt.

Einer Umfrage von Unity Ads zufolge[167] sind belohnte Werbevideos die mit Abstand beliebteste und erfolgreichste Weise, Spiele mit Werbung zu monetarisieren.

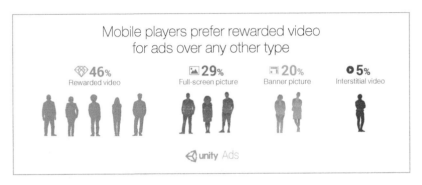

Die Akzeptanz für ein Werbeformat erhöht wesentlich die Konversionsrate bzw. die ecPM. *Quelle: Armstrong 2016.*

Eine Alternative sind belohnende Game Ads, die in den Abschnitten 3.3.4 und 3.4 besprochen werden.

3.3.2 In-Game-Advertising (IGA)

In-Game-Advertising unterscheidet sich von normalen Werbebannern dadurch, dass die Werbung als Teil der Spielwelt angezeigt wird. Im Rennspiel *Pole Position* (Taico 1984) wurde Werbung bereits als Realismus fördernder Teil der Streckenkulisse gesehen und teilweise ohne Genehmigung der Markeninhaber eingefügt.

Um 2006 galt der IGA-Markt als vielversprechende Entwicklung, um ein junges Publikum zu erreichen. Strategische Partnerschaften wurden geschlossen und verschiedene Formen des **In-Game-Product-Placements** ausprobiert, beispielsweise Nivea-Rasierschaum in *Splinter Cell: Double Agent* (2006). Berühmt wurde 2008 die politische Wahlwerbung für Barack Obama in Sportspielen wie *NHL*, *NBA* oder *NASCAR*, die sich gezielt an Computerspieler in Swing States richtete.[168]

Dennoch hat sich IGA nicht in der Breite etablieren können und konnte lediglich in Renn- und Sportspielen, wo Werbung in Form von Stadiondekoration oder von Product-Placement als atmosphärisch stimmige Ergänzung erwartet wird, einen stabilen Markt finden.

3.3.3 Advergame

Ein **Advergame, Advertisement Game, Ad-Game** oder **Werbespiel** ist eine Marketing-Maßnahme, eine Investition in ein Werbemittel, von der ein Werbeeffekt erwartet wird. Ein Ad-Game wird üblicherweise kostenlos abgegeben bzw. online zur Verfügung gestellt. Im Gegenzug bezahlt der Spieler mit Konzentration, d. h. über einen bestimmten Zeitraum gerichtete Aufmerksamkeit auf die Werbebotschaft. Weitere Bezahlwährung sind Daten, die vom Publisher in weitere Aufmerksamkeit oder in Geld konvertiert werden können, um gezielt weitere Werbung anzubieten oder sie für Geld zu verkaufen.

---

[168] Gorman 2008: Obama Buys First Video Game Campaign Ads.

Advergames dienen sowohl der Kundenakquise als auch der Kundenbindung. Im Zweifelsfall verwischen die Unterschiede zwischen einem Lizenzspiel und einem Advergame. Die Comicfigur des Batman (DC Comics) wird von Traveller's Tale 2008 für die Konsolenspielreihe *LEGO Batman Das Videospiel* lizenziert, mit den Fortsetzungen *Lego Batman 2: DC Super Heroes* (2012) und *Lego Batman 3: Beyond Gotham* (2014). Die Spiele haben sicherlich auch einen Werbeeffekt für die Marken Batman® und LEGO®. Die Spielreihe wurde 2017 im Film *The Lego Batman Movie* remediatisiert, der nun zusätzlich die Konsolenspiele bekannter macht. Zeitgleich mit diesem Film erscheinen sowohl passende Lego-Sets als auch die kostenlose App *LEGO Batman Movie Spiel*. Letzteres ist ein Advergame in der hier vorgestellten Bedeutung: ein kostenloses Spiel mit dem primären Zweck, eine andere Marke bekannter zu machen.

Problematisch sind Advergames, wenn mit dem verbundenen Unterhaltungswert (**Advertainment**) eine Zielgruppe angesprochen wird, für die das beworbene Produkt nicht geeignet ist. Advergames für Tabak, Alkohol oder Glücksspiele können damit theoretisch das in Deutschland für diese Produkte formulierte Werbeverbot bzw. die freiwilligen Selbstkontrollen umgehen (§§ 19 bis 21 Tabakerzeugnisgesetz, § 11 (5) Jugendschutzgesetz, § 7 Abs. 10 Rundfunk-Staatsvertrag, § 6 (5) Jugendmedienschutz-Staatsvertrag).

Moorhuhn war ein 1999 im Auftrag von Phenomedia für die Whiskeymarke Johnnie Walker entwickeltes PC-Shoot'em'up, bei dem innerhalb von 90 Sekunden so viele Moorhühner wie möglich zu erlegen waren. Ursprünglich war es gar nicht für eine öffentliche Distribution vorgesehen, sondern sollte als Marketing-Gag von einem Promotion-Team in Kneipen vorgeführt werden. Die intendierte Assoziationskette war Whiskey – Schottland – Highlands – Jagd – Moorhühner.[169] Illegale Kopien tauchten auf und wurden auf privaten Homepages verbreitet, das

---

[169] Stirn 2000: Geschichte eines Spiels: Moorhuhns Mutter plant Nachwuchs.

Spiel wurde ab 2000 zu einem der beliebtesten Spiele in Deutschland. Kritik aus Sicht des Jugendschutzes kam aber nicht wegen der Alkoholwerbung, die sich im Spiel auf das Logo im Startbildschirm beschränkte, sondern vom Deutschen Tierschutzbund, der befürchtete, dass Kinder und Jugendliche den Respekt vor Tieren verlieren würden.[170]

Aus der jüngeren Vergangenheit sind keine problematischen Fälle im Zusammenhang mit Advergames bekannt, keiner der Interviewpartner äußerte diesbezüglich Bedenken. Auch sind die Produktionskosten von individuell entwickelten Advergames zu hoch, um für viele Produkte eine attraktive Werbemaßnahme zu sein.

Eine Alternative sind **Branded Minigames**, fertige Spiele, die mit individuellen Markenkennzeichen versehen werden können. Bekannte und beliebte Spielmechaniken werden zu einem Spiel gestaltet, das anschließend gegen Gebühr mit dem Logo und dem Slogan des Kunden versehen und ausgeliefert wird. Diese Minispiele sind entweder auf einer Website spielbar oder können als Game Ad (s. 3.3.4) in anderen Apps aufgerufen werden.

3.3.4 Game Ad

Eine besondere Form von Branded Minigames sind **Game Ads** oder **Playable Ads**, spielbare Werbungen für ein Spiel. Sie bestehen aus einer Werbe-Einblendung, einem Minispiel sowie einer Zielseite, die durch Anklicken aufgerufen werden kann. Das Minispiel kann so gestaltet sein, dass ein einfacher Erfolg erreicht werden muss, um die Werbe-Unterbrechung zu beenden. Bei der aktiven Auseinandersetzung mit dem Spiel fallen Daten an, die entsprechend ausgewertet werden können.[171]

Game Ads sind als interaktive Werbungen damit einerseits Monetarisierungsmodell für das durch sie unterbrochene Spiel, andererseits

---

[170] Spiegel 2000: Tierschutzbund: Rettet die Moorhühner.
[171] https://www.gamewheel.com/game-ads-next-big-thing-after-video-ads/

aber auch eigene Spiele, die vom werbenden Publisher in Auftrag gegeben werden. Je nach Ereignis kann das Einblenden der Game Ads unterschiedlich vergütet werden, ein einfaches Spielen der Game Ad ist dann weniger wertvoll als die Installation des beworbenen Spiels. Die Vergütung für das Spielen eines anderen Spiels wird im Abschnitt 3.4 diskutiert.

3.3.5 Merchandise

Die ökonomische Bedeutung von Fanartikeln für besonders erfolgreiche Computerspiele hat in den letzten Jahren deutlich zugenommen. Dies zeigt sich sowohl am Produktsortiment als auch an der zur Verfügung stehenden Verkaufsfläche im Einzelhandel. Angeboten werden u. a. T-Shirts, Poster, Figuren, Brettspiele, Spielzeuge, Schlüsselanhänger, Kaffeetassen u. v. m. Merchandise-Artikel für Computerspiele mögen in manchen Fällen minderwertige Waren sein, das unterscheidet sie aber nicht von vielen anderen Konsumprodukten.

Als Monetarisierung für Publisher kommen beim Merchandising zwei Modelle in Frage:
1. Große Publisher vertreiben die Artikel selbstständig, entweder in eigenen Läden, im Onlinehandel oder über Geschäftskunden wie Saturn/Media Markt, die in Zeiten abnehmender Retail-Verkäufe ihre Verkaufsflächen zunehmend für Merchandise-Artikel zur Verfügung stellen. GameStop stellt weltweit seine Filialen darauf um, 50 % der Fläche für Merchandise und Sammlerobjekte vorzuhalten und plante für 2018, mehr als 1 Mrd. US-Dollar alleine mit Sammelobjekten umzusetzen.[172]

---

https://icv2.com/articles/news/view/39016/gamestop-converted-200-stores-be-50-collectibles

2. Dritthersteller können eine Lizenz an einer Franchise erwerben und damit eigene Fanartikel herstellen und vertreiben. Wie im Lizenzgeschäft üblich, variieren die Kosten für eine Lizenz je nach Angebot und Nachfrage. Insgesamt ist das Lizenzgeschäft für einige Spiele zwar einträglich, aber nicht mehr als eine Zusatzeinnahme, die bei der Produktion nicht in der Kalkulation berücksichtigt wird. Lediglich Rovio hat mit *Angry Birds* eine Marke, die sich mit weltweit über 400 Lizenznehmern[173] überwiegend aus dem Lizenzgeschäft finanziert. Genaue Zahlen oder Angaben über die Marktbedeutung von Merchandise für die gesamte Industrie liegen aber keine vor.

Eine besondere Stellung nehmen **Hybridspielzeuge** ein, die für ein Spiel entweder unbedingt oder optional erforderlich sind. In Deutschland hat vor allem Ravensburger einige innovative Hybridspiele im Angebot, von denen allerdings nur wenige rentabel sind.

Durch den großen Erfolg von Activisions *Skylanders* ab 2011 haben verschiedene Hersteller unter dem Label **Toys to life** versucht, eine eigene Spielzeugreihe an bekannte oder neue Spiele zu koppeln, darunter Disney mit *Infinity* (2013), Nintendo mit *Amiibo* (2014), *Lego Dimensions* (2015) und Ubisoft mit *Starlink: Battle for Atlas* (2018).

Trotz anfänglicher Erfolge und großer medialer Aufmerksamkeit konnten sich die digitalen Spielzeuge nicht durchsetzen. Die Onlineversion von *Infinity* wurde im Juli 2016 nach nur drei Jahren abgeschaltet, *Lego Dimensions* wird seit 2017 nicht mehr weiterentwickelt, *Amiibos* werden nur noch als Sammelobjekte verkauft.

Aus Sicht des Jugendschutzes sind Monetarisierungen über Merchandise weitgehend unbedenklich. Lediglich Horrorspiele können mitunter von Angeboten begleitet werden, die in dieser Hinsicht beachtenswert sind, wie die Büste eines verstümmelten Frauenkörpers, die in einigen Ländern der *Zombie Bait Edition* des Spiels *Dead Island Riptide*

---

[173] https://investors.rovio.com/en/our-business/brand-licensing

beilag[174], nicht jedoch in Deutschland. Nach internationaler Empörung hat sich Publisher Deep Silver für die Entscheidung entschuldigt und versichert: „We are committed to making sure this will never happen again."[175] Da der Handel mit physischen Waren jedoch außerordentlich gut reguliert und kontrolliert ist, kann weder von einer systematischen Grenzüberschreitung noch von einer bedenklichen Tendenz gesprochen werden.

Interview mit Stephan Steininger

 Ist Merchandise ein nennenswerter Umsatzfaktor für Spielefirmen?
„Die Größenordnungen sind schwierig zu fassen, da das Marktsegment intransparent und nur für einzelne Firmen interessant ist. Merchandising hat sich jedoch zu einem großen Faktor entwickelt, zieht man die Anzahl der Anbieter in Betracht, die in den letzten Jahren extrem gestiegen ist, aber auch die Flächen im Handel – selbst bei Media Markt/Saturn gibt es Merchandising im stationären Handel zu kaufen. Einige Firmen produzieren Merchandisingprodukte in Eigenregie und vertreiben diese teilweise im Direktgeschäft über eigene Onlineshops, bei großen Marken findet man hingegen häufig ein klassisches Lizenzgeschäft. Zahlen gibt es jedoch so gut wie keine. Selbst anhand der Quartals- und Jahresbilanzen der US-Firmen, die sehr transparent sind, lässt sich das Volumen kaum genau beziffern, da der Umsatz mit Merchandisingprodukten und Lizenzeinnahmen in anderen Bereichen subsummiert ist. Daraus lässt sich schließen, dass das Geschäft nicht so signifikant ist, dass es als umsatzbestimmend gilt. Die einzige Firma, die wirklich mehr Geld mit Lizenzen einnimmt als mit dem Spiel, ist Rovio mit *Angry Birds*. Zeitweise generierte die Vermarktung der Marke mehrere 100 Mio. Umsatz pro Jahr. Bei

---

174 Schneider 2013: Dead Island: Riptide – Zerfressener Bikini-Torso doch in »Zombie Bait Edition« enthalten.
175 Walker 2013: Deep Silver Issue Apology Over Dead Island Torso Debacle.

anderen Firmen ist das Umsatzpotenzial abhängig vom jeweiligen Spiel, denn viele Inhalte sind für schlicht nicht geeignet, um daraus Merchandising-Artikel zu kreieren."

Interview mit Thorsten Hamdorf
„Merchandising hat enorm an Fahrt aufgenommen und hat sich stark diversifiziert. Es gibt Streuartikel und qualitativ hochwertige Premium-Merchandiser. Die Fläche für Merchandising in den Elektromärkten ist kontinuierlich gewachsen, während die Fläche für die Spiele selbst häufig gesunken ist, weil immer mehr online gekauft wird. Es spielen immer mehr Leute, es gibt immer mehr Spiele und die Verweildauer bzw. die Zeit, die ein Spieler mit einem Produkt verbringt, ist gestiegen. Die Leute spielen heute viel länger ein und dasselbe Spiel als früher. Damit steigen auch die Identifikation und die Begeisterung für die Spielwelt und die Leute drücken dies durch den Kauf von Merchandise aus. Zusätzlich zum Spiele-Merchandise ist auch das Spieler-Merchandise entstanden: In den vergangenen Jahren konnten wir einen Aufstieg der E-Sportler, Influencer, Creator oder Streamer verfolgen, d. h. Leute wie Gronkh oder die Rocket Beans sind selber zu Persönlichkeiten geworden, die wiederum ihr eigenes Merchandise in Form von Kleidung etc. verkaufen. Dasselbe gilt für unser Event, die gamescom, die jedes Jahr eine eigene Merchandise-Kollektion mit T-Shirts, Bechern, Schlüsselanhängern usw. anbietet, die sehr gut funktioniert.

Meine Vermutung ist, dass es Anbieter gibt, die sich Gedanken darüber machen, ihr Spiel so zu gestalten, dass sich auch gutes und hochwertiges Merchandising erstellen lässt, so wie es beim Film der Fall ist. Wenn heutzutage Blockbuster-Filme entworfen werden, wird auch das entsprechende Merchandising geplant. Bei einer neuen IP (Intellectual Property, JK), die erfolgreich geworden ist, wird das nicht immer von Anfang an mitgeplant. Da schaut man im Erfolgsfall eher hinterher, was man daraus machen kann."

3.3.6 Diskussion

Grundsätzlich ist Werbung im Spiel ähnlich zu bewerten wie in anderen Medien, insbesondere wie Werbung im Internet. Aus Perspektive des Jugendschutzes sind beachtenswert: (a) die Produkte, also was beworben wird, (b) die Inhalte der Werbung, also wie beworben wird, und (c) die Zielgruppe, also um wen geworben wird. Rechtswidrig wäre es, Werbung (a) für ein USK-18-Horrorspiel (b) als Trailer mit Schockeffekten (c) in einem Kinderspiel einzublenden. Unnötig wäre es, Werbung (a) für ein französisches Spiel (b) mit Spielerkommentaren aus Frankreich (c) einem deutschen Publikum zu präsentieren. Sinnvoll ist es, Werbung (a) für ein Aufbauspiel (b) als Game Ad (c) in einem Strategiespiel anzubieten.

Problematisch ist bei dynamischer Werbung eine lückenhafte Kontrolle über die beworbenen Inhalte und die Form der Darstellung. Damit ist es durchaus möglich, in Spielen für Kinder und Jugendliche unangemessene Werbung[176] oder sogar Malware[177] zu finden. Unangemessen ist eine Werbung, wenn sie Inhalte zeigt oder für Produkte wirbt, die dem Alter der Betrachter entsprechend nicht gezeigt oder beworben werden dürften. Dies können Angebote aus der Erwachsenenunterhaltung bzw. sexualisierende Darstellungen sein oder – in Spielen häufiger zu finden – Werbung für gewalthaltige Computerspiele mit verstörenden Visualisierungen, Narrativen oder Spielmechaniken.

Sowohl der Google Play Store als auch Apples App Store haben zwar Richtlinien aufgestellt, um unangemessene Werbung zu unterbinden[178], dennoch treten immer wieder Fälle von Übertretungen auf[179]. Jedoch ist bislang keine systematische oder anhaltende Kampagne

---

[176] Pia 2017: Sexually Suggestive Ads Appearing On Children's Apps.

[177] https://www.checkpnt.com/2018/01/29/inappropriate-ads-found-in-some-game-apps-for-kids/

[178] https://play.google.com/intl/de_ALL/about/monetization-ads/ads/disruptive/

[179] Lagace 2018: Mobile Gaming Has An Advertising Problem That Needs To Be Addressed.

dokumentiert, die auf inhaltlichen Grenzüberschreitungen gegenüber Minderjährigen basiert.

Durch die inzwischen über 20-jährige Erfahrung mit Onlinewerbung im Internet ist dieser Bereich insgesamt gut reguliert und keiner der Interviewpartner konnte problematische Beobachtungen im Zusammenhang mit jugendschutzrechtlichen Fragen benennen. Was nicht an Jugendliche vermarktet werden darf, wird auch nicht in oder mit dem Medium des Spiels beworben.

Mit Sorge wird von der Suchtforschung allerdings der Umstand gesehen, dass Spiele mit einer glücksspielähnlichen Struktur an Jugendliche vermarktet werden dürfen, was auch in erheblichem Umfang geschieht. Damit wird eine junge Zielgruppe an eine fragwürdige Unterhaltungsform gewöhnt, die sich spätestens im Erwachsenenalter durch die legale Teilnahme an echten Glücksspielen fortsetzen, im schlimmsten Fall aber auch zu einer Beteiligung an illegalen Glücksspielen verleiten kann (s. 3.6.5). Der zwiespältige Umgang der Gesellschaft mit Glücksspielen – einerseits zum Schutz vor Spielsucht verboten, andererseits zum Zweck der Unterhaltung und der Steuereinnahmen in begrenztem Maße zulässig – zeigt sich auch bei glücksspielähnlichen Angeboten. Seit Ende 2019 werden glücksspielähnliche Angebote im Rahmen des IARC-Systems regelmäßig als USK-16 eingestuft und sind damit nicht mehr ohne Weiteres für Kinder zugänglich, zumindest wenn deren Eltern bei der Einrichtung der Spielgeräte auf die Alterseinstufung achten: „Eine Einstufung mit USK 16 ist insbesondere dann wahrscheinlich, wenn verstärkt typische casino- und glücksspielartige Assoziationen hervorgerufen werden, die darüber hinaus zentrale Spielmechanik sind und im Rahmen einer Gesamtbetrachtung (z. B. in Verknüpfung mit In-App Transaktionen) eine entwicklungsbeeinträchtigende Wirkung entfalten können (wie z. B. die App Coin Master)."[180]

---

[180] https://usk.de/simuliertes-gluecksspiel-und-jugendschutz/

Interview mit Lorenzo von Petersdorff

 Welche Rolle spielt Werbung bei der Altersfreigabe von Spielen?
„In einigen Bereichen ist die Rolle von Werbung klar definiert, in anderen ist sie bis heute noch nicht abschließend geklärt. Zum eindeutigeren Teilbereich gehört die Thematik der direkten **Kaufappelle** gegenüber Kindern und Jugendlichen. Diese sind gegenüber Kindern stets unzulässig, da davon ausgegangen wird, dass diese bei Kindern immer dazu führen, dass sie in ihrer Unerfahrenheit und Leichtgläubigkeit ausgenutzt werden. Gegenüber Jugendlichen besteht dieser Automatismus nicht, vielmehr muss hier im Einzelfall abgewogen werden, ob ein Ausnutzen der Unerfahrenheit und Leichtgläubigkeit tatsächlich vorliegt. Unabhängig davon bleiben die Kaufappelle jedoch entweder zulässig oder unzulässig. Einer Altersbewertung sind Kaufappelle nicht zugänglich. Entsprechend spielt dieser Teilbereich bei der Abwägung, welche Altersfreigabe zu erteilen ist, also keine Rolle.

Problematischer ist jedoch die Frage, ab wann tatsächlich eine direkte (!) Kaufaufforderung vorliegt. Dies kann sich sowohl aus dem **Wording** selbst ergeben (z. B.: „Hey Jungs und Mädels!") oder aber aus dem Angebotstyp (z. B. ,Kinder-App'). Die USK.online hat hierzu eine Reihe an Kriterien entwickelt und in einem Leitfaden konkretisiert, um Mitgliedern eine ,*Best Practice*' zu ermöglichen. Auch wurde dieser mit der KJM entsprechend abgestimmt. Bei Verstößen ist es der USK.online auch möglich, Sanktionen gegenüber ihren Mitgliedern zu erteilen. Dies stellt in der Praxis jedoch den absoluten Ausnahmefall dar, da die Unternehmen sich üblicherweise an die Vorgaben der USK.online halten.

Ein weitaus komplexeres Feld bietet der Bereich rund um § 6 Abs. 4 JMStV.[181] Darin geht es um **Werbung, welche die Interessen von Kin-**

---

[181] § 6 (4) Jugendmedienschutz-Staatsvertrag (JMStV): „Werbung, die sich auch an Kinder oder Jugendliche richtet oder bei der Kinder oder Jugendliche als Darsteller eingesetzt werden, darf nicht den Interessen von Kindern oder Jugendlichen schaden oder deren Unerfahrenheit ausnutzen."

dern und Jugendlichen schädigt oder deren Unerfahrenheit ausnutzt. Bis heute gibt es auch hier keinerlei einschlägige Rechtsprechung, die mehr Klarheit darüber schafft, wie konkret mit dieser Regelung umzugehen bzw. wie diese auszulegen ist. Grundlegend ist insbesondere die Frage, ob diese Regelung einer Altersbewertung zugänglich ist, oder ob auch hier allein die Optionen ‚zulässige Werbung' oder ‚unzulässige Werbung' (und damit ‚ab 18') verfügbar sind. Als Einrichtung der Freiwilligen Selbstkontrolle haben wir auch hier in kurzer Zeit eine praktikable Lösung finden müssen. Aus Sicht der USK.online muss diese Regelung einer Altersbewertung zugänglich gemacht werden. Nur so kommt man zu einem verhältnismäßigen Ergebnis bezüglich der widerstreitenden Rechte. So könnte eine Verknüpfung aus Werbung und Handlungsdruck beispielsweise als beeinträchtigender eingestuft werden, als wenn diese Verknüpfung nicht besteht. Macht man den § 6 Abs. 4 JMStV einer Altersbewertung hingegen nicht zugänglich, so würde das gesamte Free-to-Play-Modell konterkariert und damit das Grundrecht auf Berufsfreiheit unverhältnismäßig eingeschränkt werden. Diesen Lösungsansatz haben wir schon vor sehr langer Zeit präsentiert, doch bis heute war die Aufsicht nicht in der Lage, sich abschließend zu dieser Frage zu äußern oder gar der USK.online gegenüber Stellung zu beziehen. Daher kann die Frage, inwieweit Werbung bei der Altersfreigabe eine Rolle spielt, an dieser Stelle noch nicht abschließend beantwortet werden.

Ist die Werbung selbst als entwicklungsbeeinträchtigend einzustufen und macht sich das Angebot diese Werbung zu eigen, so hat dies selbstverständlich eine Auswirkung auf die Alterseinstufung des Angebots.“

3.4 Affiliate-Netzwerke

In Affiliate-Netzwerken wird Geld eingenommen, wenn ein Kunde über die Website eines Werbepartners (**Affiliate**) zu einem Händler geleitet wird und dort Umsätze generiert. Dafür zahlt der Händler dem Affiliate eine Provision.

Die meisten Affiliate-Netzwerke im Zusammenhang mit Computerspielen sind Monetarisierungsmodelle für Blogger, YouTuber und Influencer, die auf computerspielbezogene E-Shops verweisen können[182], seien es Spieleanbieter, Strategy Guides oder Hardware.[183] Für die Betreiber sind Affiliate-Netzwerke eine Form des dezentralen Marketings, um die Bekanntheit des Shops zu erhöhen und neue Kunden zu gewinnen.

Für die Affiliates ist es eine Möglichkeit, das eigene soziale Kapital in Form von Facebook-Fans, Instagram-Followern, YouTube-Abonnenten o. Ä. über Kanalisierung von Aufmerksamkeit in monetäres Kapitel zu konvertieren, wenn Produktinformationen nachweislich zu einer Kaufentscheidung führen. Der Nachweis erfolgt üblicherweise durch spezielle Links auf Shop- oder Produktseiten, in denen die Herkunft des Klicks codiert ist. Der Shopbetreiber kann damit feststellen, dass der Kunde von einem Affiliate zu ihm gefunden hat und zahlt bei Geschäftsabschluss eine vereinbarte Provision. Vereinbart werden Gewinnbeteiligung in absoluten (z. B. 2,40 Euro pro Neukunde) oder relativen (z. B. 1,5 % des Kaufpreises) Werten.

Eine vergleichbare Monetarisierung in einem Spiel läge vor, wenn darin die Möglichkeit bestünde, Einkäufe auf anderen Seiten zu tätigen: Wenn in einem Rennspiel zu einem Auto- und Zubehörteile-Shop, in einem Fashion Game zu einem Mode-Shop oder in einem Sportspiel zu einem Geschäft für Sportartikel geleitet wird, das einen Affiliate-Vertrag mit dem Publisher hat.

---

182   Botes 2018: 48 Gaming Affiliate Programs That Will Make You Money!!!
183   https://www.affiliateprograms.com/video-game-affiliate-programs/

Sicherlich bietet nicht jedes Computerspiel genügend Potenzial für die Teilnahme an einem Affiliate-Programm, jedoch sind Affiliate-Modelle bislang kaum oder gar nicht erschlossen. Ein Spiel wie der *PC Building Simulator* (2018), das mit zahlreichen Herstellern von Computer-Komponenten Lizenzvereinbarungen getroffen hat, könnte problemlos aus einem erfolgreich zusammengestellten In-Game-Computer eine Einkaufsliste generieren oder zu den Onlineshops der Partner einen Affiliate-Link setzen.

Angesichts des wachsenden Markts für Merchandise-Artikel (s. 3.3.5) und der Bereitschaft von Spielern, teilweise erhebliche Summen für In-Game-Items auszugeben (s. 3.6), ist die Vermutung nicht abwegig, dass eine Kaufmöglichkeit im Spiel bzw. eine Verlinkung zu einem Verkaufspartner, der diese Produktgruppen anbietet, profitabel sein könnte.

Eine spielbezogene Form der Affiliate-Vernetzung über Rewarded Ads bietet die Firma IronSource Mobile. In ihrem Netzwerk schließen sich verschiedene Anbieter von Onlinespielen zusammen, um wechselseitig auf ihre Spiele zu verweisen. Hierzu definiert ein Publisher zunächst eine Aufgabe innerhalb seines Spiels, die erfüllt werden muss, um als erfolgreiche Vermittlung zu gelten, z. B. „Spieler registriert sich", „Spieler erreicht Level 5" oder „Spieler baut mindestens zwei Häuser". Ebenso wird ein Betrag in US-Dollar angegeben, den dieses Ereignis wert ist, sowie ein Umrechnungsfaktor, wie viele Einheiten der In-Game-Währung einem Dollar entsprechen.

Alle zur Verfügung stehenden Aufgaben werden in einer Offerwall zusammen mit der Belohnung ausgeschrieben und können aus anderen Spielen heraus gebucht werden, d. h. ein Spieler meldet in seinem Ausgangsspiel (z. B. *Coin Dozer*) an, dass er in einem anderen Spiel (z. B. *Harvest Land*) die ausgeschriebene Aufgabe erledigen wird. Das Aufrufen der Offerwall sowie die Wahl der Aufgabe sind dabei freiwillig vom Spieler initiiert. Es ist also eine besondere Form der Rewarded Interactive Ad, bei der ein Spieler für das Teilen seiner Aufmerksamkeit eine unmittelbare Belohnung erhält. „It acts like a mini-store in an app, listing multiple 'offers' that users can complete in exchange for receiving an in-app reward. For example, users can receive extra in-app coins if they choose to watch a video, play a mini-game, complete a survey, install an app, get to level 5 on a game, and more on the offerwall."[184]

Die Belohnung kann zusätzlich in Bezug auf verschiedene Zielgruppen segmentiert werden: "For example, you'd like to grant Women Who Work (female users aged 18 – 70) with double the usual reward."[185]

Sobald in einem Spiel irgendein Spieler die gestellte Aufgabe erfüllt, werden seine Daten an IronSource gemeldet. Hier wird geprüft, ob der Spieler für diese Aufgabe in einem anderen Spiel angemeldet ist. Ist dies der Fall, kann der vereinbarte Betrag in Dollar auf das Konto des Publishers und der entsprechend umgerechnete Betrag in In-Game-Währung auf das Konto des Spielers gebucht werden.

Im Gegensatz zur eingeblendeten Werbung wird der Spieler bei der Offerwall also erst dann ausbezahlt, wenn er einen Wert beim Affiliate-Partner geschaffen hat, der zumeist darin besteht, dass sein Spiel begonnen oder über das Tutorial hinaus gespielt wurde. Dabei kann davon ausgegangen werden, dass ein bestimmter Prozentsatz von vermittelten Spielern in dem neuen Spiel anfängt, Geld auszugeben, wodurch sich die Teilnahme am Affiliate-Programm finanziell auszahlt.

---

184 https://www.ironsrc.com/offerwall/
185 https://developers.ironsrc.com/ironsource-mobile/ios/segments-set-up/#step-3

Iron Source-Offerwall im Spiel *Coin Dozer:* Für das Erfüllen einer Aufgabe in einer anderen App wird die angegebene Menge an In-Game-Währung ausgegeben. Zum Zeitpunkt des Screenshots sogar in dreifacher Menge.
Quelle: Screenshot aus Coin Dozer *(Game Circus LLC)*

Obwohl die Zahlen nicht unabhängig kontrolliert werden können, zeigen Fallbeispiele, dass sich die Teilnahme in einem solchen Rewarded Ad Affiliate Network sowohl auf Spielerzahlen als auch auf die Bereitschaft dieser Spieler auswirkt, Geld auszugeben.[186] Kongregate berichtet von 4,5-mal mehr zahlenden Nutzern und 19 % mehr Einnahmen für das Spiel *Little Alchemist*; Droidhen verzeichnet eine 170-prozentige Einnahmensteigerung für das Spiel *DH Texas Poker.* Es ist also davon auszugehen,

---

186 https://www.ironsrc.com/case-studies/

dass Rewarded Ads – seien es Videos, Game Ads oder Aktivitäten bei Affiliate-Spielen – in Zukunft weiter zunehmen und die bevorzugte Form der Werbefinanzierung vor allem von mobilen Spielen sein werden. Wie bei den anderen Werbeformaten (s. 3.3), muss auch bei Affiliate-Netzwerken darauf geachtet werden, welche Spiele für welche Zielgruppe angeboten werden. Wenn die Aufmerksamkeit und Handlungsbereitschaft von Spielern durch In-Game-Währung derart effizient kanalisiert werden kann, ist es auch möglich, Kinder und Jugendliche zur Teilnahme an Spielangeboten zu motivieren, die sie ohne die Aussicht auf eine Belohnung nicht aufgesucht hätten. Zu nennen sind insbesondere der Einstieg ins Glücksspiel über glücksspielähnliche Spiele ohne Altersbeschränkung oder Spiele mit besonders aggressiv oder manipulativ angebotenen In-Game-Käufen.

3.5 Verkauf – Computerspiele als Produkt

Der Verkauf von Spielen auf Datenträgern war bis in die 90er-Jahre die einzige Form, Computerspiele für Konsole, PC und Handheld zu monetarisieren. Spiele werden dabei als Konsumgüter gesehen, die grundsätzlich nach den Regeln der klassischen Ökonomie gehandelt werden. Beim **Retail**-Handel werden Spiele produziert, auf Datenträgern vervielfältigt, in bedruckten Hüllen verpackt, transportiert, gelagert und in Geschäften verkauft.

Durch die Einführung digitaler Netze ab 1969 konnten Computerprogramme und Daten erstmals ohne materiellen Zwischenspeicher übertragen werden. Daraus entwickelte sich eine digitale Infrastruktur, die ab 1974 als Internet zunächst Universitäten, private und militärische Forschungseinrichtungen verband. Aber erst die Öffnung des Internets für kommerzielle Dienste ab 1995 ermöglichte es u. a. auch den Publishern von Computerspielen, ihre Produkte zum **Download** anzubieten und ohne materielle Datenträger und Verpackungen zu vermarkten.

Der digitale Vertrieb hat innerhalb weniger Jahre den Retail-Handel an Marktbedeutung und Umsatz überholt und als Distributionsform von Computerspielen im **After-Sales-Markt** nahezu vollständig abgelöst. Denn auch Spiele, die im Retail-Handel gekauft werden, benötigen Updates, bieten Erweiterungen und zusätzlichen Content zum Download. Die berüchtigten, aber weit verbreiteten Day-1-Patches[187] sind Download-Angebote, um die gröbsten Fehler am ersten Tag der Veröffentlichung zu beheben oder dafür zu sorgen, dass ein Spiel, das von einem Datenträger installiert wurde, überhaupt spielbar ist.

Retail-Produkte oder **Box Games** sind damit lediglich eine Form des Zugangs zum Download-Angebot, das den eigentlichen und aktualisierten Content zur Verfügung stellt. Dadurch, dass auch Retail-Spiele durch nachträgliche Downloads angepasst und aktualisiert werden können, sind Retail (s. 3.5.1) und Download (s. 3.5.2) in Bezug auf ihre Monetarisierungsmöglichkeiten ähnlich zu bewerten und haben vielfältige Mischformen hervorgebracht, die den Lebenszyklus eines Spiels begleiten. Gerade bei größeren Produktionen ist es üblich, das gesamte Spiel nicht als ein einzelnes, monolithisches Werk zu verkaufen, sondern das Kernspiel und verschiedene Erweiterungen voneinander zu trennen. Diese Erweiterungen können als Kaufanreiz vor, während und nach der Veröffentlichung verwendet werden.

Im **Early Access** (s. 3.5.3) kann ein Spiel bereits in einem sehr frühen Entwicklungsstadium gekauft werden. Durch regelmäßige Updates ist dieses Modell ausschließlich online verfügbar.

Kurz vor der Veröffentlichung können Kunden durch **Pre-Order** (s. 3.5.4) ein Vorkaufsrecht auf ein Spiel erwerben. Im Gegensatz zum Early Access erhalten sie aber keine frühe Version, sondern ein Release-Exemplar.

---

[187] Ismail 2016: Why 'Day-One Patches' Are So Common.

Beim Release werden verschiedene **Editionen** (s. 3.5.5) angeboten, die neben dem Kernspiel bereits verschiedene Zusätze oder teilweise exklusive Merchandise-Artikel (s. 3.3.4) enthalten.

Nach dem Verkauf sind Erweiterungen und Ergänzungen als **downloadable Content** (s. 3.5.6) zusätzliche Inhalte für Spieler, die den Wiederspielwert und damit die Lebensdauer eines Spiels erhöhen. Durch getrennte Vermarktung sind sie auch eine zusätzliche Einnahmequelle für Publisher.

Spiele, die in mehreren **Episoden** (s. 3.5.7) vermarktet werden, sind eine Möglichkeit für Publisher, ein Spiel durch Verkauf in mehreren Teilen einen in der Summe höheren Preis zu erzielen, als dies bei einem einzelnen Spiel möglich wäre.

Der hohe Marktdruck durch Neuveröffentlichungen sorgt dafür, dass die Verkaufszahlen eines Spiels nach drei bis sechs Monaten deutlich nachlassen. Preisnachlässe und **Sonderverkäufe** (s. 3.5.8) sind eine Möglichkeit, die Absatzzahlen noch einmal zu erhöhen.

Gegen Ende der Verwertungskette sind **Bundles** (s. 3.5.9) und **Covermounts** (s. 3.5.10) eine Möglichkeit, das Spiel noch einmal einem breiteren Publikum vorzustellen.

Für Kunden ermöglicht der Verkauf von Retail-Spielen als **Gebrauchtprodukt** (s. 3.5.11), die Gesamtausgaben für das Spiel durch eine Einnahme zu reduzieren.

3.5.1 Retail

Mit Bill Gates offenem Brief an die Hobbyisten des Homebrew Computer Clubs im Jahr 1976[188] begann die Softwareentwicklung als eigenständiger Zweig der Computerindustrie. Wurde bis dahin Software als Dienstleistung zum Kauf bzw. zur Miete der Hardware behandelt und ansons-

---

188 http://www.digibarn.com/collections/newsletters/homebrew/V2_01/gatesletter.html

ten kostenlos weitergegeben, positionierten Bill Gates und Paul Allen ihre junge Firma Microsoft als reinen Programmierbetrieb, der durch unautorisierte Kopien wirtschaftlich geschädigt wurde.

Der Spielekonsolenmarkt spiegelt diese Entwicklung wider. In der durch die Magnavox Odyssey im Jahr 1972 begründeten 1. Konsolengeneration waren Spiele als fester Bestandteil auf den Platinen verbaut, Spieler hatten lediglich die Auswahl, zwischen zwei bis acht verschiedenen Angeboten umzuschalten – meist Sportspiele wie Tennis, Fußball, Hockey, Squash etc. Software war untrennbar mit der Hardware verbunden und konnte nur gemeinsam mit ihr verkauft werden.

Ab 1976 boten die Computerspielkonsolen der 2. Generation – u. a. Fairchild Channel F, Intellivision, Odyssey 2 und Atari VCS 2600 – die Möglichkeit, Spiele als Cartridge an die Konsole anzuschließen und eröffneten damit eine wesentlich größere Bandbreite möglicher Spiele. 1979 trennten sich die Entwickler David Crane, Larry Kaplan, Alan Miller und Bob Whitehead von ihrem Arbeitgeber Atari und gründeten mit der Firma Activision die erste auf Konsolenspiele spezialisierte Firma, die keine eigene Konsole im Angebot hatte. Mit *Dragster* etablierte Activision 1980 die Entwicklung von Computerspielen als eigenständige Branche innerhalb der noch jungen Softwareindustrie.

Diese Spiele wurden als Einzelprodukte hergestellt, vermarktet und verkauft. Zum Herstellungsprozess gehörte nach der Softwareentwicklung die Produktion von Datenträgern, die bedruckt, verpackt und an Groß- und Einzelhändler verschickt wurden.

Die als Retail verkaufbaren Spiele hängen wesentlich von der Datenträgertechnologie ab: Während Hersteller von Konsolenspielen bis zur PlayStation (1995) ihre Software auf exklusiven und zu anderen Konsolen inkompatiblen Steckmodulen auslieferten, mussten Spiele für Homecomputer und PCs für standardisierte Lesegeräte produziert werden.

Die frühen 80er-Jahre waren von Kassetten und später von Disketten geprägt, die mit Speicherkapazitäten von 720 KB bis 1,4 MB die Computer rasch an ihre Grenzen führten. Umfangreichere Spiele wurden auf mehreren Disketten ausgeliefert, die während des Spiels ausgewechselt werden mussten. *Time Zone* (Sierra 1982) kam auf 6 Disketten, *Monkey Island 2* (Lucas Arts 1991) für den Amiga kam auf 11 Disketten, *Beneath a Steel Sky* (Revolution 1994) auf 15 Disketten, ehe CD-Roms zum Distributionsmedium der 90er-Jahre wurden. Doch auch die 655 MB der CD-ROMs wurden bald gefüllt, *Phantasmagoria* (Sierra 1995) benötigte 7 CDs, *Baldur's Gate* (Black Isle Studios 1998) 8 CDs. Das Spiel *Riven* (Cyan 1997) wurde auf 5 DVDs ausgeliefert, um den wachsenden Multimedia-Anteil zu bewältigen.

Aus Sicht des Jugendschutzes sind Retail-Spiele gut regulierbar und durch die USK auch gut reguliert. Zwar ist es zulässig, „Spiele ohne USK-Kennzeichen regulär im Handel zu vertreiben, allerdings muss Folgendes beachtet werden: Wenn es sich eindeutig um Spielprogramme handelt (also keine Lehr- und Info-Programme), so sind diese unabhängig von der möglichen Alterseinstufung anderer Länder wie z. B. PEGI, ESRB, BBFC, CERO u. a., im deutschen Handel als ungeprüft zu bewerten und somit generell nur an volljährige Personen abzugeben. Hierbei ist es zudem unerheblich, ob ein vermeintlich inhaltsgleiches Produkt mit einer USK-Freigabe versehen wurde. Für Veröffentlichungen ohne USK-Kennzeichen besteht zudem die Gefahr einer Indizierung durch die Bundesprüfstelle für jugendgefährdende Medien (BPjM)."[189]

Natürlich ist auch eine USK-18-Einstufung für Jugendliche umgehbar, indem z. B. ein volljähriger Verwandter zum Einkaufen geschickt wird oder die Eltern das gewünschte Spiel zum Geburtstag verschenken. Die Altersangabe ist neben der rechtlichen Schranke für Händler vor allem ein pädagogischer Hinweis für Eltern. Wenn diese aber ihrer Aufgabe nicht nachkommen, sich angemessen um die Medienerziehung ihrer Kinder zu kümmern, kann dies auch nicht von einer staatlichen Regulierung oder einer freiwilligen Selbstkontrolle erwartet werden.

---

[189] https://usk.de/fuer-unternehmen/haufige-fragen-unternehmen/

3.5.2 Download

Das Retail-Geschäftsmodell ist bis heute für Konsolen verbreitet, während Spielekäufe für PCs schon seit einigen Jahren überwiegend online erfolgen: „2017 wurden vier von zehn Games (42 %) in Deutschland für PC, Spielekonsole und Handheld als Download gekauft. Im Vergleich zu 2016 (39 %) ist der Download-Anteil um 3 Prozentpunkte leicht gestiegen. Der Umsatz-Anteil der Download-Titel ist hingegen etwas geringer gewachsen: 2017 betrug er 29 % und damit zwei Prozentpunkte mehr als noch 2016 (27 %). Dabei bestehen zwischen den Plattformen große Unterschiede: PC-Spieler nutzen besonders häufig Download-Plattformen wie Origin, Steam oder Uplay. Gut 4 von 10 PC-Spielen wurden 2017 als Download gekauft. Das sind nochmals 10 % mehr als noch 2016. Dagegen wird nur knapp jedes vierte Spiel (23 %) für PlayStation, Switch

Vier von zehn Computer- und Videospielen werden als Download gekauft

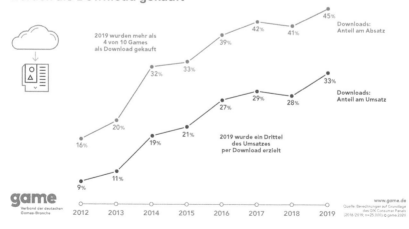

Quelle: https://www.game.de/marktdaten/vier-von-zehn-computer-und-
videospielen-werden-als-download-gekauft/

und Xbox als Download gekauft."[190] Diese Zahlen sind bis 2019 leicht gestiegen, inzwischen wird in Deutschland ein Drittel des Umsatzes per Download erzielt.[191]

Jedes Spielgerät hat seine eigenen **Download-Plattformen**:

- **Konsolen** werden entweder über das PlayStation Network, die Xbox Live oder den Nintendo eShop beliefert.
- **Smartphone**-Spiele finden sich im Google Play Store oder im App Store von Apple. Zwar gibt es alternative Plattformen, die ebenfalls Apps zum Download anbieten, kein Publisher würde aber diese zentralen Plattformen unberücksichtigt lassen.
- **PCs** haben die größte Auswahl an digitalen Vertriebsplattformen mit jeweils unterschiedlichem Profil: Steam hat sich um Spiele von Valve entwickelt und hat laut der unabhängigen Seite SteamSpy im September 2020 gut 40.000 Spiele im Angebot.[192] GOG hat sich ursprünglich auf alte Spiele spezialisiert und vertreibt nun Spiele ohne Digital Rights Management. Der Humble Store ist aus der Indie-Szene entwachsen und hat sowohl Downloads als auch Steam-Keys im Angebot. Origin organisiert den Zugang zu Spielen von Electronic Arts, UPlay zu denen von Ubisoft. Die Ende 2018 eröffneten Onlineplattformen Epic Store (seit 07.12.18) und Robot Cache (seit 11.12.18) locken mit geringeren Gebühren für Entwickler – 12 % bei Epic und 5 % bei Robot Cache im Gegensatz zu 30 % bei Steam und GOG – oder Möglichkeiten zum Handel mit gebrauchten Spielen.

190 Puppe 2018: Vier von zehn Games werden als Download gekauft.
191 https://www.game.de/marktdaten/vier-von-zehn-computer-und-videospielen-werden-als-download-gekauft/
192 https://steamspy.com/year/

- Die beiden Hauptanbieter für **VR**-Hardware, Oculus (Facebook) und Vive (HTC und Valve) haben mit Oculus und Viveport eigene Download-Portale, viele Spiele lassen sich jedoch auch über Steam beziehen. Die PlayStationVR wird über das PSN beliefert, Smartphone-basierte VR-Anwendungen über den Google Play Store und den App Store.
- Die Onlineplattformen für **Arcade**-Spiele – NESiCAxLive (Taito), e-Amusement (Konami) und ALL.Net (Sega) – sind nahezu ausschließlich in Japan und nur für die Betreiber von Arcade-Automaten relevant.

Die mit Abstand erfolgreichste Download-Plattform für PC-Spiele ist Steam, auf der laut Mike Rose täglich bis zu 40 Spiele veröffentlicht werden.[193] Insgesamt betrug der Umsatz von Steam allein durch Verkäufe – d.h. ohne DLCs oder In-Game-Käufe – im Jahr 2017 geschätzte 4,3 Mrd. US-Dollar.[194] Nicht zuletzt durch die Etablierung des Epic Stores als ernstzunehmende Konkurrenz sowie den Rückzug zahlreicher prominenter Spiele von Steam ist 2019 der Absatz um bis zu 70%, der Umsatz um geschätzte 47% zurückgegangen.[195]

Das besondere an Download-Plattformen ist, dass sie nicht Spiele, sondern Zugangsrechte verkaufen. Dabei erwirbt eine Person das Recht, auf beliebigen Computern ein Spiel zu installieren und zu spielen, sofern sie sich gegenüber der Plattform identifiziert. Dieses Recht kann jedoch verwirkt werden, wenn sie sich nicht an die Nutzungsvereinbarungen hält oder Änderungen dieser Vereinbarungen zustimmt. Möglich ist dies durch Einsatz von Digital Rights Management (DRM), bei dem ein Spiel von einer kryptografischen Hülle umgeben ist, welche die Aus-

---

[193] Rose 2018: Let's Be Realistic: A Deep Dive Into How Games Are Selling On Steam.
[194] https://www.statista.com/statistics/547025/steam-game-sales-revenue/
[195] Rose 2019: How Well Are PC Games Selling In 2019?

führung des Programmcodes nach Prüfung der Zugangsrechte kontrolliert. Lediglich bei GOG und teilweise im Humble Store können Spiele ohne DRM erworben werden.

3.5.3 Early Access

Beim **Early Access** wird die frühe Version eines Spiels zum Verkauf angeboten. Im Gegensatz zum Crowdsourcing handelt es sich dabei aber bereits um ein grundsätzlich funktionierendes Spiel, sodass nicht in ein reines Versprechen investiert wird. Early Access gibt es ausschließlich für PC-Spiele, auch wenn das Modell für andere Dispositive möglich wäre.

Early Access ermöglicht kleineren Studios und Indie-Entwicklern, bereits früh Kontakt zu ihrer Zielgruppe aufzunehmen, die sich nicht nur für das Spiel interessieren, sondern nachweislich bereit sind, Geld auszugeben. Da das Spiel sich noch in einer sehr frühen Phase der Entwicklung befindet, versprechen die Anbieter, dass Käufer grundsätzlichen Einfluss auf den weiteren Entwicklungsprozess nehmen können, indem sie nicht nur auf Fehler hinweisen, sondern auch zusätzliche Features oder Spielmechaniken vorschlagen können.

Mit Steam als dominanter Plattform für PC-Download-Spiele ist Steam Early Access die verbreitetste Form des Zugangs zu EA-Spielen. Laut den Richtlinien[196] sollte Early Access von Entwicklern nicht als Crowdfunding-Maßnahme eingeplant werden, d.h. die weitere Entwicklung darf nicht von einer Mindestzahl an Verkäufen abhängen. Aus Sicht der Käufer ist Early Access keine Vorbestellung (Pre-Order), da sich wesentliche Merkmale des Spiels im Laufe der Entwicklung ändern können.

Early Access kann eine gewinnbringende Erfahrung sowohl für Entwickler als auch für Käufer sein, an einem Spiel mitzuwirken, das sich entlang der Wünsche der Spieler entwickelt. Das Risiko für Käufer be-

---

196 https://partner.steamgames.com/doc/store/earlyaccess

steht darin, in ein Spiel zu investieren, das anschließend nicht oder nur unzureichend weiterentwickelt wird. Die Käufer erhalten dabei lediglich die rudimentäre Version des versprochenen Spiels.

Für Transparenz sammelt Steam Beschwerden gegen Entwickler, die Early Access missbräuchlich nutzen, ohne die Entwicklung – wie versprochen – fortzusetzen oder abzuschließen. Die überwiegende Zahl der Meldungen bemängeln, dass (1) keine Weiterentwicklung stattfindet, (2) die Spielökonomie ohne Ankündigung auf In-Game-Käufe umgestellt wurde oder (3) keine angemessene Kommunikation mit den Entwicklern möglich ist:[197]

- Ark: "Launched into EAG on 6/2/2015 and released paid DLC (Scorched Earth – Expansion Pack@$19.99 USD on 9/1/2016) prior to Full Release."
- Rust: "Has the dubious distinction of being the first Paid EAG on Steam that added an OFFICIAL Paid Communtiy Mod. Name of the mod is 'Rubled.' +Microeconomy."
- Twisted Christmas: "Paid EAG added microtransactions, including TF2 style Key Crate RNG, 7.5 months after launch without effective prior announcement. +Forum censoring."
- Bigfoot: "Seemingly abandoned EAG. Launched into EAG on 1/30/2017 under name 'Finding Bigfoot.' Changed name due to trademark infringement. Last updated on 2/27/2017. Last dev forum post 7/3/2017."
- Garbage Day: "Seemingly abandoned EAG. Launched into EAG on 1/18/2016; no updates since. Last dev post on forum 1/21/2016 and last news feed update on 2/3/2016."

---

[197] https://store.steampowered.com/curator/12086839-Early-Access-Guidelines/

Deutlich sichtbarer als die problematischen Fälle sind aber die Erfolge. Steam listet jedes Jahr die Early-Access-Absolventen, die erfolgreich den Early Access verlassen haben und nun regulär zum Download zur Verfügung stehen.[198]

Da die Bezahlaufforderung beim Early Access ohne Handlungsdruck erfolgt und die Risiken der Finanzierung eines frühen Titels bekannt sind bzw. mit wenig Aufwand recherchiert werden können, handelt es sich um kein manipulatives Geschäftsmodell. Da aber weder eine Prüfung durch die USK noch eine Selbsteinschätzung vorliegt, können auf diese Weise auch altersunangemessene Spiele erworben werden.

3.5.4 Pre-Order

Beim **Pre-Order** oder **Pre-Purchase** kann ein Spiel bisweilen Monate vor der Veröffentlichung durch Leisten einer Anzahlung vorbestellt werden. In Zeiten geringer Auflagen von Datenträgern oder geringer Bestell- bzw. Liefermengen wurde dieses Modell eingeführt, um ein Retail-Exemplar bei einem Händler vorbestellen zu können und es am Veröffentlichungstag auch sicher ausgehändigt zu bekommen. Üblich ist eine leere Datenträgerhülle mit Cover und einem Gutschein über den bereits geleisteten Betrag, der beim Kauf des fertigen Spiels angerechnet wird.

Neben dem wirtschaftlichen Nutzen, Anspruch auf ein knappes und begehrtes Gut zu haben, steigert ein Pre-Order-Exemplar die Vorfreude beim Käufer, weil bereits ein Objekt ins eigene Regal gestellt werden kann. Für Publisher sind Pre-Orders eine Form der Marktbefragung, mit der die Nachfrage nach dem fertigen Spiel evaluiert werden kann. Wer ein Pre-Order-Exemplar kauft, wird es aufgrund der Sunken Cost Fallacy (s. 2.7) nahezu sicher zum veröffentlichten Spiel aufwerten, unabhängig von der Qualität am Tag der Auslieferung.

---

[198] https://steam250.com/tag/early_access

Eben hier artikuliert sich auch die Kritik an diesem Monetarisierungsmodell: Je mehr Pre-Order verkauft werden, desto nachlässiger
kann ein Publisher mit dem Produkt sein, das ja sicher verkauft wird.[199]
Häufig werden Pre-Order als zusätzlicher Anreiz mit speziellen Boni
angereichert und als Pre-Order-Edition veröffentlich (3.5.5). Diese Zusatzinhalte führen dazu, dass zunehmend Vorkäufe der Download-Versi-
on erfolgen, was sich nicht mehr aus der Knappheit des Release-Vorrats
erklären lässt, sondern ausschließlich über den Wunsch, das Risiko eines Fehlkaufs gegen exklusive Inhalte einzutauschen.

3.5.5 Editionen

Wenn ein Spiel zusammen mit materiellen oder digitalen Gütern angeboten wird, spricht man von einer **Edition**. 1999 erschien mit *Sonic Adventure: Limited Edition* die erste Spezialausgabe eines Spiels, die exklusiv
für Kunden von Hollywood Video eine Sega Dreamcast zusammen mit
einem Spiel ausleihen konnten, das noch nicht im Handel erhältlich war.
Im Jahr 2001 erschien mit *Sonic Adventure 2 – 10th Birthday Edition* eine weitere Spezialausgabe, dieses Mal mit Soundtrack-CD, einer Sonic
Münze und einem Büchlein – alles in einer besonderen Hülle verpackt.
Seitdem gibt es für größere Spiele eine zunehmende Fülle an Editionen[200], die Publishern Gelegenheiten geben, ein Spiel durch Zugabe von
Zusatz-Content oder Merchandise-Artikeln zu verschiedenen Preisen
anzubieten oder ein Spiel nach wenigen Jahren erneut zu vermarkten.
   Das Spiel *Watch Dogs* (Ubisoft 2014) wurde in neun Editionen verkauft, auf die neben dem Spiel 21 zusätzliche Items so geschickt verteilt
wurden, dass ein Sammler insgesamt vier Editionen kaufen muss, um
alle Gegenstände zu erwerben.[201]

---

[199] Plunkett 2015: Stop Preordering Video Games.
[200] https://en.wikipedia.org/wiki/List_of_video_game_collector_and_limited_
editions
[201] Serrels 2014: The Graph That Proves Video Games Have Crossed The Line.

Ökonomisch sind derartige Hochpreisangebote eine Form der Zielgruppendistinktion. Fans haben damit die Möglichkeit, ihre besondere Hingabe zu dem Spiel durch den Erwerb zusätzlicher Gegenstände auszudrücken, deren Wert durch den Grad der Exklusivität steigt. So kann auch eine einfache, bedruckte Baseball-Mütze unter dem Namen *Aiden Pearce's iconic cap* zum Sammelobjekt werden, wenn sie ausschließlich in der *Vigilante Edition* enthalten ist, die in Amerika nicht verkauft wird.

Eine besondere Form der Wiedervermarktung eines Spiels ist die **Game-of-the-Year-Edition (GOTY)**, die neben dem Basisspiel auch alle bislang erschienenen DLCs oder anderen Zusatz-Content enthält. Der Titel verspricht, dass das Spiel eine oder mehrere Auszeichnungen als Spiel des Jahres gewonnen hat, ohne dass diese Preise tatsächlich vergeben worden sein müssen. Dennoch bekommen vorwiegend solche Spiele eine GOTY-Edition, wenn sie sich bislang gut verkauft haben und insgesamt positiv besprochen wurden. Bei Käufern gelten GOTY-Editionen als hochwertiges Qualitätskriterium, was sich in Verkaufszahlen widerspiegeln kann, die höher sein können als die Release-Verkäufe.[202]

Neben Editionen gibt es weitere Möglichkeiten, ein Spiel mehrfach zu vermarkten:

Bei einem **Remaster** wird das Kernspiel behalten und lediglich die audiovisuellen Assets überarbeitet. Viele der Spiele für die PS4 von 2013 bis 2015 waren Remasterings bereits veröffentlichter Spiele für die PS3. Für Publisher war es eine verhältnismäßig günstige Gelegenheit, ein Spiel für die neue Konsolengeneration anzubieten. Für Neukunden, die keinen Zugang zu der älteren Plattform hatten, war es eine Möglichkeit, einen Klassiker oder zumindest ein bekanntermaßen erfolgreiches Spiel kennenzulernen.

Bei einem **Remake** wird ein Spiel von Grund auf neu geschrieben, meistens um es an eine neue Plattform anzupassen. Üblicherweise werden dabei die audiovisuellen Assets überholt und die technischen Mög-

---

202 https://www.giantbomb.com/game-of-the-year-edition/3015-3825/

lichkeiten der moderneren Plattform angesprochen. Im Gegensatz zu einer vollständigen Neuentwicklung sind die Produktionskosten geringer, weil auf ein bereits bestehendes, ausbalanciertes, getestetes und am Markt bewährtes Spielsystem zurückgegriffen werden kann. Bei einem bekannten Spiel gibt es darüber hinaus Fans, die dezentral Werbung machen.

3.5.6 Downloadable Content (DLC)

Downloadable Content (DLC) bezeichnet alle Spielinhalte, die nach Veröffentlichung online zur Verfügung gestellt werden, sowohl größere Erweiterungen als auch kleinere Zusatzinhalte wie Items, Skins oder Figuren. Im Gegensatz zu In-Game-Käufen in Free-to-Play-Spielen (s. 3.6) verbessern sie nicht kurzfristig Spielwerte und Ressourcenanzeiger, sondern müssen neue Daten von einem Server laden.

In Zeiten, in denen der After-Sales-Service (s. 1.1) bei Retail-Spielen sich maximal auf Bugfixes beschränkte, beschrieb die Entwicklerfirma Condor im Pitch-Dokument von *Diablo*[203] zum ersten Mal das Konzept der **Expansion Packs**, die auf eigenen Disketten neue Gegenstände, Monster, Fallen, und Level-Grafiken enthalten sollten. Tatsächlich gab es für das japanische Rollenspiel *Xanadu* (1985) mit *Scenario II* bereits ein Expansion Pack, weil für die Installation das Originalspiel erforderlich war. Vermarktet wurde es aber als Fortsetzung und nicht als Erweiterung des Hauptspiels, das charakteristische Merkmal von Expansion Packs.

Als Vorbild dienten die Booster-Packs für das Kartenspiel *Magic: The Gathering* der Firma Wizards of the Coast, die 1993 das Prinzip der Panini-Sammelalben als Monetarisierungsmodell für Kartenspiele etablierte. Der Kaufpreis für die *Diablo Expansion Packs* wurde entsprechend mit 4,95 US-Dollar geplant, in der Hoffnung, dass die Disketten,

---

[203] Condor 1994: Diablo Pitch.

die in der Nähe von Kassen als Impulsware platziert werden sollten, zu Spontankäufen animieren würden. Zwar wurde im veröffentlichen Spiel auf die geplanten Expansion Packs verzichtet, die Idee, ein veröffentlichtes Spiel mit kleinen Erweiterungen zusätzlich zu monetarisieren, wurde aber in anderen Spielen umgesetzt, sobald mit der Möglichkeit zum Download eine effizientere Form der Distribution zur Verfügung stand. Simulationen wie *The Sims* (ab 2000) oder *Crusader Kings II* (2012) erweitern ihre Spielwelt noch Jahre nach ihrer Veröffentlichung. Expansions können als Retailversion verkauft oder, inzwischen nahezu ausschließlich, als DLC angeboten werden.

Ein **Season Pass** verspricht als Investition den Zugang zu allen DLCs zu einem günstigeren Preis als der Kauf der einzelnen Erweiterungen. Bei episodischen Spielen bezieht sich der Kauf eines Season Passes auf alle geplanten Episoden, die innerhalb einer Staffel erscheinen sollen (s. 3.5.7). Ökonomisch handelt es sich um eine Vorauszahlung vom Spieler an den Publisher, die mit besonderen Kaufanreizen wie exklusiven Items begleitet sein kann.

Sportspiele wie *FIFA* oder *NBA* und Rennspiele wie *Gran Turismo* oder *Forza* werden noch über Jahre durch Expansion Packs erweitert. Auch für digitale Sammelkartenspiele wie *Hearthstone* oder *Gwent: The Witcher Card Game* werden regelmäßig neue Karten in Form von DLCs angeboten.

3.5.7 Episoden

Narrativ aufeinander abgestimmte Erweiterungen werden als **Episoden** vermarktet. Dabei wird ein Spiel in verschiedene dramaturgische Abschnitte unterteilt, die zusammen einen Handlungsbogen ergeben. Das unterscheidet sie von Fortsetzungen oder zweiten (und dritten etc.) Teilen einer Spielereihe, die als eigenständige Spiele vermarktet werden.

Ähnlich wie Fernsehserien arbeiten die Autoren mit Figurenentwicklung, unerwarteten Handlungsverläufen (Twist) und Cliffhangern am Ende einer Episode. Umfangreiche episodische Spiele werden dabei nicht nur in Folgen, sondern zusätzlich auch in Staffeln (**Season**) eingeteilt, die jeweils einen eigenen Handlungsbogen abschließen, dabei aber entweder in einem besonders dramatischen Cliffhanger enden oder zumindest den Kernkonflikt der folgenden Staffel aufzeigen.

Für Entwickler kann es finanziell interessanter sein, ein Spiel in fünf Episoden à 15 Euro zu verkaufen anstatt als Einzelwerk für 60 Euro. Auch kann der Erfolg der ersten Folge Finanzierungsgrundlage für weitere Folgen sein bzw. bei Misserfolg die Serie vorzeitig beendet werden.

Für Spieler ist der primäre Kaufanreiz die narrative Neugierde auf den Fortgang der Geschichte. Zwar zahlen sie in der Summe mehr, können aber bei Nichtgefallen auch früher aussteigen. Der Kauf eines Season Pass (s. o.) ermöglicht Zugang zu allen Episoden einer Staffel.

Die bekanntesten Episodenspiele sind die Reihen von dem 2018 geschlossenen Entwickler Telltale Games wie *The Walking Dead* (ab 2012), *The Wolf Among Us* (ab 2013) oder *Game of Thrones* (ab 2014).

3.5.8 Sales/Sonderangebote

In Anlehnung an Modegeschäfte, die im Sommer und Winter ihre Verkaufsräume und Lager freimachen müssen, um neue Kollektionen kaufen zu können, bieten Spieleplattformen regelmäßig Aktionstage und -wochen mit Sonderangeboten auf ausgewählte Spiele, wobei die Auswahl mehrere tausend Titel umfassen kann.

Bei diesen als **Sales** bezeichneten Aktionen können einzelne Spiele mit geringen Nachlässen zwischen 5 bis 10 % zum Release am Anfang oder mit erheblichen Nachlässen bis zu 90 % am Ende der Verwertungskette angeboten werden und damit diejenigen Kunden erreichen, die nicht bereit waren, den vollen Preis zum Release-Zeitpunkt zu bezahlen.

Aufgrund des geringen Preises und der begrenzten Dauer können Sales erhebliche Kaufanreize auslösen[204], die u.a. auf Impulsen des schnellen Denkens basieren (s. 2.8).

Sonderangebote unterwandern im wahrsten Sinne des Wortes die Preisschwelle der inneren Buchhaltung für Spiele bzw. für besonders begehrte Spieletitel. Da zusammen mit dem Nachlass in Prozent und dem aktuellen Preis auch der normalerweise geforderte Preis als Referenz angezeigt wird, verstärkt der Ankereffekt den Kaufanreiz zusätzlich. Durch den Eckartikeleffekt reicht es, einige wenige Artikel mit großen Preisnachlässen zu platzieren, um den Eindruck zu vermitteln, die gesamte Sales-Aktion sei ein besonderes Schnäppchen. Und sobald der erste Kauf getätigt wird, sorgt das Konsistenzstreben dafür, dass auch andere Spiele, deren Preis sich unterhalb der inneren Schwelle befindet, als Kauf in Betracht gezogen werden. Wenn dieses eine, warum dann nicht auch das andere? Wenn das andere Spiel zusätzlich bereits auf der Wunschliste steht und nun im Angebot ist, gibt es keinen Grund mehr, es jetzt nicht zu kaufen, ohne inkonsistent zu erscheinen. Und so sind die Blogs voller Steam Sales Memes von Menschen, die zu viel Geld für Sonderangebote ausgegeben haben.[205]

Sales tragen erheblich zur Wertminderung eines Spiels bei. Wenn ein Titel im Release noch für 60 bis 70 Euro verkauft wurde, kann er schon wenige Monate später für 20 bis 30 Euro reduziert angeboten werden. Bei mehreren Sales pro Jahr und verschiedenen Plattformen lohnt es sich anschließend kaum noch, den ursprünglichen Preis zu bezahlen.

Dennoch kann sich die Teilnahme an einem Sale finanziell auszahlen, sicherlich für die Sales-Plattform, die im Falle von Steam oder GOG 30% des Verkaufspreises einbehält. Aber auch Publisher können vom Sale profitieren, wenn die prozentuale Verkaufssteigerung die Wertmin-

---

204 Madigan 2013: The Psychology Behind Steam's Summer Sale.
205 https://knowyourmeme.com/memes/events/steam-sales

derung übersteigt. Verkauft sich ein um 50 % reduziertes Spiel mehr als doppelt so oft, verdient der Publisher insgesamt mehr als beim vollen Preis. Die Reduktion folgt dabei der Logik der Preis-Absatz-Funktion, bei der nicht alleine der Preis, sondern das Produkt aus Preis und Absatzmenge optimiert wird.

Wie alle zeitlich begrenzten Sonderangebote setzen Sales-Aktionen die Kunden unter teilweise erheblichen Handlungsdruck, wenn sie sich innerhalb kurzer Zeit für oder gegen einen Einkauf entscheiden müssen.

Im Vergleich zu Sonderangeboten im analogen Handel entsteht bei digitalen Sales keine platzintensive Anhäufung von Gütern, es werden lediglich Zugangsrechte erworben, für die vor der Installation noch nicht einmal Festplattenspeicher erforderlich ist. Dennoch können Sales zu Impulskäufen und damit höheren Ausgaben verleiten als für Spiele vorgesehen sind. Hinzu kommt, dass zahlreiche dieser Spiele im Backlog liegen[206] und im Zweifel nie gespielt werden.

In vielen Fällen ist daher das durch den Erwerb ausgeschüttete Belohnungsgefühl, einen angesichts des Neupreises vermeintlichen Gewinn gemacht zu haben, das eigentlich erworbene Gut.

Wie aber in Abschnitt 2.10 gezeigt, können Belohnungsgefühle bei suchtgefährdeten Menschen suchtauslösend wirken. Da Sales aber immer zeitlich begrenzt sind, ist die Suchtgefahr geringer als bei anderen Monetarisierungsmodellen mit konstanter Möglichkeit der Verstärkung. Dennoch kann sich jedes menschliche Verhalten zur Sucht steigern und Kaufsucht ist eine bekannte Störung der Impulskontrolle.[207] Wie bei der Glücksspielsucht besteht die Abhängigkeit nicht in Bezug auf die erworbenen Güter, sondern im Kauf-Erlebnis. Zu unterscheiden ist sie aber vom kompensatorischen Kaufverhalten, bei dem das Belohnungsgefühl des Erwerbs als Ausgleich oder Entspannung wahrgenommen wird, ohne dass daraus ein zwanghaftes Verhalten wird.

---

[206] Mcwhertor 2018: How To Deal With Your Steam Backlog.
[207] Raab und Neuner 2009: Kaufsucht als nichtstoffgebundene Abhängigkeit entwickelter Konsumgesellschaften, S. 95 ff.

Sicherlich ist das Problem der gestörten Impulskontrolle beim Kauf von Spielen in Sales deutlich geringer als bei Mikrotransaktionen. Dennoch gibt es im Internet zahlreiche Berichte von Betroffenen, die von unkontrollierbarem Kaufverhalten während der Steam Sales oder bei Bundles schreiben.[208]

3.5.9 Bundles

In **Bundles** werden mehrere Spiele zusammengefasst und gemeinsam verkauft. 2010 bot Jeff Ross das erste *Humble Indie Bundle* zu einem von den Käufern wählbaren Preis an (Pay what you want). Der große Erfolg dieser Bundles führte zu einer Diversifizierung des Marktes, inzwischen gibt es neben *Humble Bundle* noch sieben weitere Anbieter.[209]

Bundle-Verkäufe markieren einerseits das nahende Ende der Verwertungskette eines Spiels, insbesondere, wenn es im unteren Preissegment angeboten wird. Ähnlich wie bei Sonderangeboten (s. 3.5.8) kann die Teilnahme an einem Bundle auch ein Marketing-Instrument sein, das die Bekanntheit und Verbreitung eines Spiels deutlich steigert.

Obwohl der Wert eines einzelnen Spiels dadurch erheblich gesenkt wird und manche Titel nur noch als Füllmasse auftauchen, kann sich die Teilnahme an einem Bundle für die Publisher durch die reine Menge an Verkäufen finanziell auszahlen.

Wie bei Sales wirken bei Bundles ähnliche psychologische Mechanismen, die zu Kaufentscheidungen und höheren Ausgaben führen. Die Verbreitung unter Jugendlichen in Deutschland ist nicht bekannt, da Bundles aber im Schwerpunkt für Indie-Spiele angeboten werden und nur selten Blockbuster oder AAA-Spiele aufnehmen, dürfte die Marktdurchdringung überschaubar bleiben.

---

208 https://www.reddit.com/r/Steam/comments/1vxpbc/i_think_im_addicted_to_ steam_sales/

209 https://www.indiegamebundles.com/complete-bundle-list/

3.5.10 Covermounts (CD-Beigabe)

Covermounts sind Beilagen von Zeitschriften, die üblicherweise auf das Deckblatt (Cover) geklebt werden. Darin finden sich Zusatzinhalte zu den Artikeln, Videos und Trailer sowie Test-, Demo-, Shareware (s. 3.7) oder Vollversionen von Spielen. Insbesondere Vollversionen steigern den Wert der Zeitschrift und können einen zusätzlichen Kaufimpuls darstellen. Der Mehrpreis wird über den Preis des Datenträgers begründet, damit müssen allerdings auch die evtl. anfallenden Lizenzkosten beglichen werden.

Vollversionen auf Covermounts markieren zwar das Ende der Verwertungskette, sie können aber durchaus weiterhin in Sales oder Bundles vermarktet werden. Häufig wird dies mit der Veröffentlichung einer Fortsetzung oder eines neuen Spiels verbunden, womit das Ende der Verwertungskette eines Spiels mit dem Beginn eines neuen Spiels zusammenfällt.

3.5.11 Secondhand

Viele Spiele haben nur einen geringen Wiederspielwert, weil sie entweder durchgespielt werden oder für den Eigentümer ihren Reiz verlieren. Damit gibt es ein Angebot an gebrauchten Spielen, dem eine Nachfrage nach möglichst preisgünstigen Spielen gegenübersteht. Der sich daraus ergebende Markt für gebrauchte Spiele kann derzeit nur für Retail-Spiele genutzt werden, weil keines der Download-Portale eine Möglichkeit des Weiterverkaufs vorsieht. Zwar wäre es mit Digital-Rights-Management-Systemen durchaus möglich, die Nutzungsrechte auf nur einen Eigentümer zu beschränken, die Anbieter haben aber kein Interesse, einen Handel unter ihren Kunden zuzulassen, an dem sie selber weniger verdienen als an einem Neukauf. *Robot Cache* ist eine 2018 gegründete digitale Vertriebsplattform, die sich als Konkurrenz zu den bestehenden Download-Portalen nicht zuletzt durch die Möglichkeit profilieren möchte, den Handel mit gebrauchten Spielen zu etablieren, wovon sowohl Spieler als auch Publisher durch Umsatzbeteiligung profitieren könnten.

Im Gegensatz dazu ist der Handel mit gebrauchten Retail-Spielen für Konsolen sowohl technisch möglich als auch wegen des im § 17 Abs. 2 Urheberrechtsgesetz (UrhG) formulierten Erschöpfungsgrundsatzes nicht zu beanstanden: „Sind das Original oder Vervielfältigungsstücke des Werkes mit Zustimmung des zur Verbreitung Berechtigten im Gebiet der Europäischen Union oder eines anderen Vertragsstaates des Abkommens über den Europäischen Wirtschaftsraum im Wege der Veräußerung in Verkehr gebracht worden, so ist ihre Weiterverbreitung mit Ausnahme der Vermietung zulässig."

Auf dieser Grundlage konnten Geschäfte im Einzelhandel entstehen, die gebrauchte Retail-Spiele ankaufen und zu einem höheren Preis weiterverkaufen. Neben Liebhaberläden, die sich auch um wenig marktgängige Konsolen aus der Computerspielgeschichte kümmern[210], hat sich vor allem die GameStop Corporation mit mehr als 5.500 Filialen in 14 Ländern[211] und 2018 mit einem Jahresumsatz von 8,8 Mrd. US-Dollar[212] als Weltmarktführer für Secondhand-Spiele etabliert.

Durch die zunehmende Ablösung des Retail-Handels durch Downloads sowie den raschen Wertverlust von Spielen in Sales verliert der Secondhand-Handel zunehmend an Bedeutung, was vielfach zur Geschäftsaufgabe der kleineren Läden geführt hat. GameStop reagiert auf die veränderte Marktsituation durch zunehmende Verlagerung der Produktpalette auf Merchandise- und Fanartikel (s. 3.3.5).

Aus Perspektive des Jugendschutzes ist der Secondhand-Markt im Einzelhandel ähnlich zu bewerten wie der Retail-Handel: Spiele, die nicht für Jugendliche gedacht sind, dürfen auch dort nicht an Jugendli-

210 https://circuit-board.de/forum/index.php/Thread/7401-Gute-Retro-L%C3%A4den-in-Deutschland-empfohlen-von-dn-CB-Usern/
211 http://investor.gamestop.com/fact-sheet-0
212 http://investor.gamestop.com/static-files/a07563a1-de5d-43d0-bb11-d6bfd-309dacd

che verkauft werden. Der freie Handel mit gebrauchten Retail-Spielen über Kleinanzeigen oder Flohmärkte hingegen ist deutlich weniger kontrolliert oder kontrollierbar und kann zur Umgehung der Altersbeschränkungen führen. Ein bekanntes Problem in der Breite ist dieser Sekundärmarkt jedoch nicht.

3.6 Transaktionen – Computerspiele als Dienstleistung

Monetarisierungsmodelle auf Transaktionsbasis lösen sich vom klassischen Warenparadigma und bieten Spiele als Dienstleistungen an, die es zu bezahlen gilt.

Bei dem von Arcade-Automaten stammenden **Pay-to-Play** (s. 3.6.1) muss jede Spielpartie einzeln vergütet werden.

In-Game-Käufe (s. 3.6.2) durch Micropayments oder höhere Beträge sind inzwischen das bedeutendste Finanzierungsmodell der Spielebranche geworden, wobei zwischen einmaligen und wiederkehrenden Zahlungen differenziert werden kann.

Die wiederkehrenden Zahlungen zur Beschleunigung des Core Loops führen, je nach Betrachtungsweise, zu **Pay-to-Win**-Modellen (s. 3.6.3).

Lootboxen (s. 3.6.4) sind eine Form der Ressourcenverteilung, die durch individuelle Verteilungsfunktionen zudem auf das individuelle Spielerverhalten zugeschnitten werden kann. Aus diesem Grund stehen sie in der Kritik, nicht regulierte Glücksspielelemente in Computerspiele einzuführen.

Noch stärker gilt dies für **Skin Trading** (s. 3.6.5), das große Parallelen zum klassischen Glücksspiel aufweist und als virtuelle Währung auch Minderjährigen zugänglich ist.

Wie in diesem Abschnitt zu zeigen ist, erscheint es aufgrund der Parallelen sowohl auf Ebene der Spielmechaniken als auch der ökonomischen Kundenstruktur gerechtfertigt, bei Spielen mit transaktionsbasierten Monetarisierungsmodellen von **glücksspielnahen Internet-Applikationen** zu sprechen.

3.6.1 Pay-to-Play

Der Begriff „Pay-to-Play" in seiner allgemeinen Form besagt, dass dem Spielen ein Bezahlvorgang vorausgeht. Damit unterscheidet es sich von Free-to-Play-Spielen (s. 3.7), die kostenlos zur Verfügung gestellt werden und sich auf anderem Weg finanzieren, z. B. durch In-Game-Käufe (s. 3.6.2) oder Werbung (s. 3.3 und 3.4). „Pay-to-Play" umfasst in dieser Bedeutung damit insbesondere Abonnements (s. 3.2) und Käufe (s. 3.5) von Spielen.

In einer engeren, hier verwendeten Fassung bezieht sich **Pay-to-Play** auf Monetarisierungsformen, bei denen jede Spielpartie einzeln bezahlt werden muss. Das Spiel ist damit eine Dienstleistung, die in Anspruch zu nehmen eine besondere Vergütung erfordert. Aus heutiger Sicht kann dies als eine **Mikrotransaktion** bezeichnet werden, im Zusammenhang mit Computerspielen bezieht sich dieser Begriff jedoch überwiegend auf In-Game-Käufe. Insofern soll hier mit Pay-to-Play eine Monetarisierungsstrategie bezeichnet werden, bei der Spieler für jede Partie bezahlen müssen.

Derart drastische Continue-Screens wie hier in *Final Fight* (1989) und *Toki* (1989) galten bereits Ende der 80er-Jahre als grenzwertige Form der narrativen Erpressung.

Diese Form der Monetarisierung ist für Computerspiele keineswegs neu. Arcade-Automaten verlangen seit 1972 den Einwurf einer Münze, sei es für eine Partie (*Pong*, 1972), drei Spielfiguren (*Space Invaders*, 1978), oder mehr Lebensenergie (*Gauntlet*, 1985). Spieler wurden in **Continue-Screens** zunehmend aufgefordert, eine begonnene Partie fortzusetzen, gegen Ende der 80er-Jahre teilweise unter Androhung drastischer Konsequenzen für die Spielfiguren.

Ab Mitte der 90er-Jahre wurde die Konkurrenz durch Konsolen so stark, dass Computerspiele nicht mehr in der Arcade, sondern zu Hause am Fernseher gespielt wurden. Mit der Verbreitung der Konsolen, Heimcomputer und PCs ging die Bedeutung der *coin-operated entertainment machines* zurück, mit dem daraus folgenden Niedergang der Arcade verschwand das Pay-to-Play-Modell und das an der Video- und Tonträgerindustrie orientierte Retail-Geschäft setzte sich zunächst als dominierende Monetarisierungsform durch, wobei mit dem Kauf eines Datenträgers das Recht an beliebig vielen Spielpartien einherging (s. 3.5).

Seit einigen Jahren ist jedoch aus zwei Richtungen eine Rückkehr des Pay-to-Play-Modells zu beobachten:

1. Seit 2016 gibt es mit dem Durchbruch von Virtual-Reality-Technologie im Consumer-Bereich spezialisierte **Virtual-Reality-Spielhallen**, die mit VR- bzw. Mixed-Reality-Angeboten hinreichend Anreize setzen, wieder Geld für Computerspiele außer Haus auszugeben. Diese Angebote reichen von speziell eingerichteten Räumen bis zu **location based games**, die in öffentlichen oder privaten Räumen ausgerichtet werden und von kleineren oder größeren Gruppen gebucht werden können. Das Spiel wird damit ein Erlebnis, das in Konkurrenz zum Kino- oder Konzertbesuch steht und auch ähnlich bepreist wird.

   Denn aufgrund der aufwendigen Infrastruktur, technischen Wartung und Betreuung der Spieler sind die Kosten für diese Spiele deutlich höher als an den Arcade-Automaten der 80er-Jahre. Im Gegensatz zu diesen Spielen, die durch teilweise absurde Schwierigkeiten vor allem die Einnahmen pro Stunde optimiert haben, sind moderne Pay-to-Play-Spiele auf hochwertige Erlebnisse der Kunden ausgelegt.

Sofern die Spielinhalte in Bezug auf altersgemäße Darstellungen aufmerksam beobachtet werden, ist das Monetarisierungsmodell Pay-to-Play bzw. Spielpartie-als-Dienstleistung aus der Perspektive des Jugendschutzes als unbedenklich einzustufen. Die räumlichen und finanziellen Zugangsbarrieren sind einerseits hoch – der Besuch muss geplant, der Ort des Spiels aufgesucht und bezahlt werden –, andererseits bestehen weder Handlungsdruck noch andere Formen der Motivation, die Menschen dazu verleiten, ungeplante Ausgaben zu tätigen.

2. Während die Arcade-Automaten in den 90er-Jahren durch die technologische Konkurrenz der Konsolen und der PCs verdrängt wurden, führte eben diese Technik zur Verbreitung von **Glücksspielen** außerhalb der Casinos. Aus elektromechanischen Apparaten wurden vollständig computerbasierte Spiele inklusive Ausgabe der spielrelevanten Informationen und später auch Eingabe der Spielhandlungen am Bildschirm. Glücksspielautomaten haben als Computerspiele zahlreiche Vorzüge (s. 1.5).

Historisch handelt es sich bei der Computerspiel- und der Glücksspielindustrie um zwei getrennte Zweige der Unterhaltungsbranche, mit unterschiedlichen Mitarbeitern, Interessensverbänden, Publikationsorganen und Aufsichtsbehörden. Seit einigen Jahren wachsen diese beiden Bereiche jedoch immer stärker zusammen, nicht zuletzt, weil Glücksspiele zunehmend online bzw. mobil und damit im selben Dispositiv wie Browser- und Mobile-Games angeboten werden.

Das Monetarisierungsmodell dieser Spiele ist ebenfalls Pay-to-Play, wobei die – teilweise wenige Sekunden dauernden Spielrunden – bezahlt werden müssen. Statt wie im Casino Münzen oder Chips werden hier virtuelle Währungen eingesetzt, die Spieler durch In-Game-Käufe gegen Echtgeld erwerben können. Das Spiel verlangt anschließend einen Einsatz der virtuellen Währung, wobei Gewinne ebenfalls zunächst virtuell verbucht werden. Der Unterschied zu anderen Spielen mit virtuellen Währungen ist jedoch, dass die In-Game-Währung jederzeit in reales Geld zurückgetauscht werden kann. Da der Spielausgang darüber hinaus überwiegend vom Zufall abhängt, handelt es sich seinem Wesen nach um Glücksspiele (s. 1.5).

Solange diese Angebote dem GlüStV unterliegen, ist deren Monetarisierungsmodell im Sinne des gesetzlichen Jugendschutzes nicht zu beanstanden, sofern die gesetzlichen Vorgaben erfüllt sind. Die Angebote dürfen erst ab 18 Jahren zugänglich sein und deshalb von Kindern und Jugendlichen bis 18 Jahren theoretisch nicht gespielt werden.

Kritisch anzumerken ist jedoch, dass solche Spiele, z. B. beim Anbieter Platin Casinos, als kostenlose Demoversion ohne Alterskontrolle im Netz verfügbar sind.[213] Damit kann eine frühzeitige Gewöhnung an Glücksspiele stattfinden, die mit Vollendung des 18. Lebensjahrs in eine zahlende Teilnahme übergeht. Der Zugang zu diesen Seiten wird durch Werbung begünstigt, die Platin Casinos auf verschiedenen Seiten schaltet, auf die auch Jugendliche zugreifen.

Das 5-Walzen-Spiel *Fancy Fruits* von Bally Wulff kann auf vielen Casino-Seiten gegen Echtgeld oder kostenlos im Demo-Modus gespielt werden. *Quelle: https://www.merkur24.com/en/ games/fancy-fruits/*

---

213 https://www.platincasino.com/de/home.html

3.6.2 In-Game-Käufe

Der Begriff **In-Game-Käufe** (In-Game-Purchases) umfasst alle Möglichkeiten, etwas innerhalb der Spielumgebung mit Echtgeld zu erwerben. In
ökonomischen Analysen ist allerdings der allgemeinere Begriff **In-App-
Purchase (IAP)** weiter verbreitet und wird im Folgenden verwendet. Zwar
gibt es in vielen Spielen die Möglichkeit, Items zu kaufen, IAPs sind aber
immer hybride Kaufvorgänge (s. 1.3), wenn Objekte, Ressourcen oder
Währungen gegen Echtgeld erworben werden. Bei den Ausgaben handelt es sich häufig um **Micropayments**, d. h. um Einmalzahlungen von
weniger als 5 Euro, aber auch IAPs bis 100 Euro bzw. 99,99 Euro sind in
Spielen üblich. Aus Sicht der Hybridökonomie kann in den meisten Fällen
lediglich eine spezielle Währung direkt gekauft werden, die Hard Currency, die anschließend innerhalb der Spielökonomie ausgegeben werden
kann. Dennoch werden auch alle mit dieser Währung kaufbaren Spielobjekte als „IAPs" bezeichnet.

    IAPs werden in allen spielästhetischen Bereichen – Audiovision,
Narration, Ludition und Performanz – angeboten, um die Spielerfahrung
für zahlende Kunden zu bereichern.

    Audiovisuelle Elemente, auch **kosmetische Elemente** genannt,
beziehen sich auf das Aussehen und die Bewegungen von Figuren, Gegenständen und Umgebungen. Dies können Kleidungsstücke oder eine komplette Montur sein, Animationen, Frisuren, Tattoos, Accessoires,
Sticker zum Dekorieren der Spielwelt oder neue Texturen, sogenannte
Skins, für vorhandene Spielobjekte. Sie verändern lediglich die Anmu-
tung dieser Objekte, haben aber keinen Einfluss auf den Spielverlauf und
verschaffen dem Spieler keine ludischen Vorteile.

    Narrative Elemente beeinflussen den Fortgang der Geschich-
te, z. B. über den Kauf von Entscheidungsmöglichkeiten in verzweigten
Erzählungen oder Handlungsoptionen für den Protagonisten. Seit dem
Spiel *Kim Kardashian: Hollywood* (2014), in dem Fortschritt in der Spielhandlung an den Verbrauch von Energie gekoppelt ist, haben sich zu-

nehmend narrative Spiele am Markt etabliert, die sich stärker auf narrative Elemente fokussieren, darunter *Episode* (2014), *Choices* (2016), *MyStory* (2017) oder *Chapters* (2017) (s. 2.5.2).[214]

Ludische Elemente haben direkten Einfluss auf den Spielverlauf. Beliebt sind Waffen und Munition, Rüstungen und Schilde, Zaubersprüche und Mana, Upgrades für Items und Erfahrungspunkte für den Levelaufstieg, Fahrzeuge und andere Fortbewegungsmittel. Diese IAPs werden im Abschnitt 3.6.3 unter dem Stichwort *Pay-to-Win* diskutiert.

Performative Elemente beziehen sich auf (1) Ermöglichung, (2) Erweiterung oder (3) Wiederherstellung von Spielerhandlungen.

1. In Spielen mit Subscriptions-Modellen wird durch Zahlung der monatlichen Gebühr die Teilnahme grundsätzlich ermöglicht bzw. verlängert (s. 3.2).

2. Performative IAPs erweitern die emotionalen Ausdrucksformen der Spielfigur z. B. über Gestik, Mimik, Stimmen oder Animationen (sogenannte Emotes, eine grammatikalische Rückbildung von Emotion). Dabei haben sie weder Einfluss auf die Narration noch auf die Ludition, d. h. sie eröffnen weder neue Dialogoptionen, erzählerische Verzweigungen oder alternative Verläufe der Geschichte, noch verändern sie die Spielwerte oder Regeln. Sie können sich aber in kommunikativen Situationen auf Mitspieler auswirken, indem die Verarbeitung von Triumph und Niederlage, Einladungen zu Kooperationen und Aggressionen, Zustimmung und Ablehnung oder emotionale Reaktionen auf Äußerungen differenzierter ausgedrückt werden können.

3. Beim Pay-to-Skip kann Wartezeit durch Ausgabe von Premiumwährung überbrückt und damit die Handlungsmöglichkeit wiederhergestellt werden. Dabei werden zunächst Spielprozesse verzögert, und die dadurch entstehende Wartezeit kann nur durch Zahlung vermieden werden – die Spieler können sich also von Wartezeit freikaufen,

---

[214] Suckley 2018: The Interactive Narrative Games Taking Over The App Store.

die das Spiel vorsätzlich erzeugt. Die Alternative des kostenlosen Wartens führt zu einem fragmentierten Spielerlebnis: Statt einer zusammenhängenden Spieldauer am Stück wird die Spielzeit auf viele kurze Intervalle aufgeteilt. Einem Spiel von wenigen Minuten steht die anschließende Wartezeit von mehreren Stunden entgegen, was insbesondere für erfahrenere Spieler eine neue Form im Umgang mit Spielzeit darstellt.

Ein besonders[215] kontrovers[216] diskutiertes[217] Beispiel findet sich in *Harry Potter: Hogwarts Mystery* aus dem Jahr 2018: In einem frühen Spielabschnitt wird der Spieler-Avatar von einer Weinranke gewürgt, wobei die Energie zur Verteidigung in den vorherigen Spielzügen verbraucht wurde. Der Spieler wird nun vor die Wahl gestellt, eine halbe Stunde zu warten, um genügend Energie zu bekommen oder durch Ausgabe, d. h. Kauf von Premiumwährung, den Fortgang der Geschichte zu beschleunigen. Der britische YouTuber Jim Sterling bemerkte dazu: „Wow, you really do pay Warner Bros. or otherwise watch a helpless child get strangled. That's pretty much the perfect symbol for modern games."[218]

Sicherlich ist es eine aggressive Kaufaufforderung, einen Avatar zu würgen, es sei denn, der Spieler kauft neue Handlungsenergie, um ihn zu befreien. Angesichts der drastischen Continue-Screens mancher Arcade-Spiele (s. 3.6.1) ist narrative Erpressung aber keine gänzlich neue Entwicklung. Auch Fernseh- oder Comicserien hatten nie Skrupel, den Helden eine Woche lang an einer Klippe hängen zu lassen, um die Zuschauer zum Einschalten oder Kauf in der Folgewoche zu motivieren.

Neu ist aber die Konsequenz, mit der Spiele ihre IAP-Aufforderun-

---

215 Phillips 2018: Harry Potter: Hogwarts Mystery Forces You To Pay – Or Wait – To Save A Kid From Being Strangled.
216 Yea 2018: Harry Potter Hogwarts Mystery Strangles Your Child Avatar Until You Pay Money Or Wait.
217 Jackson 2018: The Internet Reacts To Hogwarts Mystery's Microtransactions.
218 Sterling 2018: Harry Potter And The Crock Of Shit (The Jimquisition).

gen platzieren. Denn wenn jede Aktion Energie kostet, die entweder durch Warten oder durch Kaufen regeneriert werden kann, steht der Spieler sehr viel öfter vor Kaufentscheidungen als in anderen Medien mit Cliffhangern. Paul Schulte vom YouTube-Kanal „Ultralativ" hat errechnet, dass eine Stunde Spielzeit in *Harry Potter: Hogwart Mystery* entweder 44 Stunden Wartezeit oder, je nach gewähltem Tarif, bis zu 50 Euro kosten kann.[219]

In-Game-Käufe eröffnen für Publisher erhebliche Einkommensmöglichkeiten. Activision-Blizzard konnte 2017 allein über Mikrotransaktionen innerhalb seiner Spiele mehr als 4 Mrd. US-Dollar einnehmen, davon 2 Mrd. über den zugekauften Publisher King[220], dessen Umsatz vor allem durch In-Game-Käufe in *Candy Crush Saga* erwirtschaftet werden.

Einer im Juni 2018 vom Finanzdienstleister LendEDU veröffentlichten Studie[221] zufolge haben 68,8 % der Fortnite-Spieler Geld für IAPs ausgegeben, 36,78 % davon zum ersten Mal in einem Spiel. Im Durchschnitt wurden 84,67 US-Dollar pro Spieler ausgegeben. Gekauft wurden Outfits, Spielfiguren, Emotes, Tanzschritte, aber auch Glider und Spitzhacken (Harvesting Tools), wobei ein Fünftel der Käufer nicht weiß, dass diese Käufe rein kosmetisch sind und keinen Spielvorteil mit sich bringen. 25,3 % der Fortnite-Spieler zahlen zusätzlich ein Abonnement bei Twitch, um anderen Menschen beim Fortnite-Spielen zuzusehen.

---

[219] Schulte 2018: Die Abgründe des mobile Gamings | Hogwarts Mystery.

[220] Makuch 2018: Activision Blizzard Made $4 Billion On Microtransactions Last Year.

[221] Brown 2018: The Finances Of Fortnite: How Much Are People Spending On This Game?

2020 Global Games Market
Per Device & Segment With Year-on-Year Growth Rates

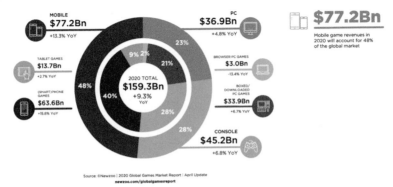

Source: ©Newzoo | 2020 Global Games Market Report | April Update
newzoo.com/globalgamesreport

Quelle: https://newzoo.com/insights/articles/newzoo-games-market-numbers-revenues-and-audience-2020-2023/

Nach einer Prognose von Newzoo machen Mobile Games im Jahr 2020 weltweit 77,2 Mrd. US-Dollar aus, d. h. 48 % des globalen Umsatzes für Computerspiele.[222] Innerhalb dieses Segments werden 43 % mit IAPs umgesetzt, also gut 33 Mrd. US-Dollar.[223]

Unterschieden werden muss dabei zwischen einmaligen und wiederkehrenden Käufen. Einmalige Käufe beziehen sich auf **Gebrauchsgüter** wie kosmetische Items, Handlungsalternativen, Upgrades, zusätzliche Spielobjekte oder Emotes, die nach dem Kauf dauerhaft zur Verfügung stehen. Wiederkehrende Käufe sind digitale **Verbrauchsgüter**, die vor allem in kompetitiven Spielen benötigt werden, z. B. Lebensenergie, Zauberkraft, Zeit oder zerstörbare Einheiten. Da Verbrauchsgüter in direktem Zusammenhang mit Spielfortschritt bzw. der Möglichkeit zu spielen stehen, werden sie im nächsten Abschnitt diskutiert.

---

222 Wijman 2020: The World's 2.7 Billion Gamers Will Spend $ 159.3 Billion On Games In 2020.

223 Verani 2020: The Most Important IAP Statistics For Mobile Game Publishers In 2020.

3.6.3 Pay-to-Win

Nach Jesper Juul entscheiden in Computerspielen drei Möglichkeiten über Gewinn oder Verlust: Fähigkeiten (Skill), Glück (Chance) oder Arbeit (Labor).[224] Mit Pay-to-Win-Modellen eröffnet sich eine vierte Möglichkeit: Geld. So unterschiedlich wie die Spielziele sind die Vorstellungen eines Spielers, ab wann ein Spiel als gewonnen gelten kann (s. 2.4). Mit **Pay-to-Win** werden im Folgenden alle Möglichkeiten bezeichnet, durch Zahlung von Geld den eigenen Vorstellungen eines Gewinns näherzukommen. Einer Umfrage der Quantic Foundry zufolge steht bei jugendlichen Spielern im Alter von 13 bis 25 Jahren der Wettbewerbsgedanke mit 15,6 % mit Abstand an erster, die vollständige Spielerfahrung mit 10,7 % an dritter Stelle[225] (s. 2.4.2). Beide Spielziele können sehr erfolgreich monetarisiert werden.

Die drei nach Wettbewerb genannten Spielziele, Destruction, Completion und Fantasy, motivieren eher zum Kauf spezieller Accessoires, Waffen oder Outfits, die aber keine nachhaltige Finanzierung darstellen. André Walter dazu im Interview: „Accessoires, Sammelobjekte sind nice to have. Du kannst damit Umsatz machen und es ist auch gut, in einem Spiel viele Mechanismen zu haben. Das ist wichtig, um ein Spiel sehr groß aussehen zu lassen. Aber das große Geld kommt meist darüber nicht. Aus dem einfachen Grund, wenn ich es habe, habe ich es. Ich kaufe mir einen Hut, dann ist er da und ich brauche keinen Neuen. Daher kam es dann zur Umstellung auf Verbrauchsgüter im Gamedesign."

Ein Completionist ist aber erst zufrieden, wenn er 100 % der möglichen Spielziele erreicht. Was in modernen Spielökonomien kaum noch durch reines Spielen möglich ist. Im Spiel *For Honor* (2017) können kosmetische Items wie Monturen, Emotes, Ornamente etc. durch die In-Ga-

---

[224] Juul 2013: The Art Of Failure, S. 72 ff.
[225] Yee 2016: 7 Things We Learned About Primary Gaming Motivations From Over 250,000 Gamers.

me-Währung Stahl gekauft werden. Alle Items zu kaufen, würde pro Figur 91.500 Stahl kosten, bei 12 Helden knapp 1,1 Mio. Einheiten Stahl. Diese Menge zu erspielen, dauert 5.200 Std. Spielzeit.[226] Alternativ kann sie auch im In-Game-Shop für 732 Euro gekauft werden. Ein Completionist kommt also nicht umhin, in *For Honor* Geld für seine Vorstellung von Spielsieg auszugeben, wenn sie darin besteht, alle Gebrauchsgüter zu gewinnen.

In einer Computerspielkultur, die zumindest in ihrem Selbstverständnis in Europa überwiegend meritokratisch an Spielerfähigkeiten orientiert ist[227], werden Pay-to-Win-Modelle verächtlich kommentiert. Daher verteidigen Publisher ihre Monetarisierungsstrategie mit dem Hinweis, dass alle Spielinhalte auch über reines Spielen erreichbar seien.[228]

Auch kompetitive Spieler stehen früher oder später vor der Entscheidung, ihren Platz auf der Highscore-Liste mit Ressourcen zu verteidigen, die sie nicht alleine durch Spielen erreichen können. Der Core Loop von *Clash of Clans* ist der Kampf gegen andere Dörfer (s. 1.4.1). Dabei helfen Truppen im Angriff und Gebäude sowie Mauern in der Verteidigung. All dies kann gebaut und aufgerüstet werden, was Ressourcen und Zeit kostet. Starke Truppen versprechen siegreiche Angriffe, starke Mauern eine gute Verteidigung. Die notwendigen Ressourcen können theoretisch erspielt werden, schneller geht es natürlich durch Kauf. Wer allerdings darauf abzielt, in die Liste der Top Players aufzusteigen, muss sein Dorf permanent auf dem neuesten Stand halten und regelmäßig mit den stärksten Truppen angreifen. Die Vorstellung kompetitiver Spieler von „Gewinnen", möglichst hoch in einer Highscore-Liste aufzusteigen, kann nur über Geld erreicht werden. Die Motivation, Geld in einem F2P-Spiel auszugeben, wird dadurch erhöht, dass Fortschritt im Spielverlauf immer teurer wird. Dauern die Wartezeiten anfangs nur wenige Minuten, kön-

---

226 Orland 2017: Analysis: For Honor Unlocks Cost $730 (Or 5,200 Hours).
227 Paul 2018: The Toxic Meritocracy Of Video Games.
228 Yin-poole 2017: Ubisoft Defends For Honor's Controversial Progression System.

nen sie für höhere Level bereits auf mehrere Stunden oder sogar Tage ansteigen. Da der Spieler auf diesem Level bereits erheblichen persönlichen Einsatz in das Spiel investiert hat, stellt sich die Kaufentscheidung umso nachdrücklicher. Oder wie ein Spieler von *World of Tanks* bei der Frage "Is world of tanks a Pay To Win game?" seine persönliche Sunken Cost Fallacy (s. 2.8) auf den Punkt brachte: „The only reason I am still playing this game is because I have wasted a lots of real money on it and I can not leave it just like that."[229]

Unter den Bedingungen von Pay-to-Win wird der ludische Vertrag (ludic contract, s. 1.4) zwischen Spielern und Entwicklern neu ausgehandelt. Anstatt eine Herausforderung als Test dafür zu begreifen, inwieweit die Spielmechaniken gelernt und gemeistert wurden, stellt sich nun bei jeder größeren Herausforderung die Frage, ob die Schwierigkeit vielleicht ein Versuch der Entwickler ist, den Spieler zum Kauf von spielvereinfachenden Ressourcen zu bewegen.[230] Dadurch ändert sich das Fundament der Beziehung zwischen Spieler und Spiel. Unabhängig vom probabilistischen Charakter der erworbenen Güter nähert sich das geforderte Verhalten der Spieler dem in Glücksspielen an, wenn der ludic contract ebenfalls mit Blick auf Kaufkraft und Investitionsbereitschaft formuliert wird.

Inwiefern ein ludischer Vertrag tatsächlich derart ausgestaltet wird, muss im Einzelfall geprüft werden. Deutlich wird dies bei Dark Game Design Patterns (s. 1.4.3). Spiele mit einer Kombination dieser Designmuster und In-Game-Käufen versuchen, bestimmte Spielertypen für ihre bevorzugte Spielerfahrung zu monetarisieren.

---

[229] http://forum.worldoftanks.asia/index.php?/topic/76307-is-world-of-tanks-a-pay-to-win-game/

[230] Hamilton 2017: In-Game Purchases Poison The Well.

3.6.4 Lootbox

Eine Lootbox ist ein virtueller Container mit randomisierten Inhalten, die grundsätzlich auch als IAPs (s. 3.6.2) erhältlich sein könnte. Darüber hinaus kann sich eine zufällige Menge der In-Game-Währung in einer Lootbox befinden, die anschließend genutzt werden kann, um andere Gegenstände im Spiel zu erwerben.

Je nach Spiel gibt es verschiedene Arten, Lootboxen zu erhalten:
- Belohnung für das erfolgreiche Abschließen eines Levels oder einer Onlinespielrunde
- Belohnung für erfolgten Levelaufstieg
- Verkauf gegen eine Spielwährung
- Geschenk von einem anderen Spieler
- Verkauf gegen Echtgeld

Der **Wert** der Gegenstände in einer Lootbox hat eine objektive und eine subjektive Komponente:

Der **objektive Wert** ist der auf einem offiziellen oder inoffiziellen Markt erzielbare Preis, den ein anderer Spieler zu zahlen bereit ist. Er bildet sich aus Angebot und Nachfrage. Je seltener und je nachgefragter ein Gegenstand ist, desto höher ist sein Tauschwert. Der objektive Wert setzt voraus, dass der Gegenstand tatsächlich handelbar ist, dass es also die Möglichkeit gibt, den Gegenstand weiterzugeben und gleichzeitig den erzielten Kaufpreis entgegenzunehmen.

Der **subjektive Wert** besagt, für welchen Preis ein Spieler den Gegenstand eintauschen würde, ohne dass ein solches Angebot tatsächlich vorliegt oder es überhaupt die Möglichkeit des Verkaufs gibt. Der subjektive Preis kann je nach Spieler unterschiedlich sein, ergibt sich aber auch hier aus (subjektiver) Nachfrage und Knappheit des Angebots, d. h. Verfügbarkeit in der Spielwelt.

Publisher haben verschiedene Verfahren, um den Wert eines Gegenstands zu erhöhen:

- Auslagern begehrter Ressourcen: Sind in Spielen ohne In-Game-Käufe alle Gegenstände grundsätzlich erspiel- oder erwerbbar, können besonders nachgefragte Gegenstände in Spielen mit Hybridökonomie ausschließlich im In-Game-Shop angeboten werden. Als zusätzliche Verknappung können sie auch vollständig in Lootboxen ausgelagert bzw. nur extrem teuer gekauft werden, wie die begehrten Figuren von Darth Vader oder Luke Skywalker in der Release-Fassung von *Star Wars: Battlefront II*.[231]
- Verknappung des Angebots: Der Seltenheitsgrad eines Gegenstands wird durch Attribute wie „common, uncommon, rare, epic, legendary"[232] etc. angezeigt. Die tatsächlichen Wahrscheinlichkeiten werden dabei nicht veröffentlicht oder auf staatlichen Druck nur für nationale Märkte bekannt gegeben.[233]
- Die Wahrscheinlichkeiten für bestimmte Items können an das Spielerverhalten angepasst werden. In *Warhammer Vermintide 2* hängt die Qualität des Inhalts vom Spielerfolg des gesamten Teams ab.[234]

Die Gestaltungsmöglichkeiten von Lootboxen gehen dabei weit über eine randomisierte Ausschüttung künstlich verknappter Items hinaus. Die Anpassung der Zufallsverteilung für die Ausschüttungspläne kann sich nicht nur am Spielerfolg ausrichten, sondern auch am individuellen Spiel- und vor allem Zahlungsverhalten.

---

[231] Kühl 2017: "Star Wars: Battlefront II": Ist das noch Videospiel oder schon Glücksspiel?
[232] https://fortniteskins.net/outfits/
[233] Köhler 2017: CS:GO - Wahrscheinlichkeiten für Lootboxen durch China-Release bekannt.
[234] Bycer 2018: An Examination Of The Debate Behind Loot Boxes.

Der Spieledesigner André Walter hat diese Systeme in Deutschland mit aufgebaut:

„Ressourcenverkauf ist ein sehr gutes Modell, die Aufteilung in Soft und Hard Currency, wobei du die Hard Currency verkaufst. Das ist ein Modell, mit dem die Leute gut umgehen können. Soft Currency bringt mich im Grundverlauf des Spiels weiter und für spezielle Sachen oder schnelleren Aufbau verwende ich Hard Currency. Bedenklich finde ich ‚Glücks'-Käufe, die teilweise auch berechtigt in die Kritik kommen, so wie Lootboxen. Du weißt gar nicht, was drin ist. Und es ist ja viel schlimmer: Oft ist es nicht einmal wirklicher Zufall – dahinter liegen individuelle Algorithmen. *Candy Crush Saga* war temporär das erfolgreichste Spiel auf dem Weltmarkt mit durchschnittlich 4 Mio. USD Umsatz pro Tag, ja pro Tag. Wenn du spielst, denkst du, dass das aktuelle Level zufällig gestaltet ist. Aber dem ist nicht so, es ist geskriptetes Glück, dahinter gibt es Progressionskurven, die genau auf den individuellen Spieler angepasst sind. Die Chancen, zum Anfang einen Level zu verlieren, tendieren gegen 0. Als weiteres Beispiel wurde ausgemessen, dass ein Spieler im Durchschnitt nach 17 gescheiterten Versuchen für immer aufhört zu spielen. Um dies zu verhindern, wurde der Level einfach leichter gemacht, du hattest plötzlich Glück. Das zählt natürlich auch für Unglück, denn jedes Mal, wenn es schwer wird, stehst du vor einer Kaufentscheidung, um weiter zu kommen. Das hat dieses Spiel so unglaublich erfolgreich gemacht. Die Match-Three-Mechanismen gab es schon vorher, andere Spiele waren genauso gut, aber dort war es wirklicher Zufall. *Candy Crush* ist aus der Sicht vieler Experten so erfolgreich geworden, weil es kein Zufall war. Es war geskriptetes Glück. Das ist auch bei anderen Mechaniken so, z. B. in manchen Lootbox-Systemen.

Bei solchen Mechanismen geht es nicht um den, der einmalig kauft, es geht um den, der 50-mal kauft. Du kannst sie anhand des Verhaltens im Spiel gut unterscheiden, natürlich immer mit einer gewissen Unschärfe, aber im Groben klappt es wirklich gut. Es geht um eine individuelle Ausspielung. Wenn man nun jemanden hat, der sehr wahrscheinlich

50-mal kaufen wird, dann kann man steuern, was in seiner Lootbox ist. Hier würde man etwas Begehrtes eher später 'reinpacken, weil er dann einfach mehr kauft. Idealvorstellung ist: Wenn ein Spieler im Durchschnitt fünf Lootboxen kauft, ist in jeder fünften etwas Gutes dabei. Das wird sicher oft so umgesetzt und gerade im amerikanischen oder asiatischen Gamedesign stellt dies nicht einmal eine moralische Frage dar. Die Frage ist auch: ‚Wie willst du das beweisen?'

Die **Individualisierung des Ressourcenverkaufs** ist eine sehr starke Zielvorstellung in der Monetarisierung und oft ein Schwerpunkt im Gamedesign. Anfangs dachte man noch, dies zu erreichen, indem man einfach einzelne Segmente aufmacht, die Spieler dort einsortiert und diese mit unterschiedlichen Preisniveaus anspricht. Also, wenn du tendenziell jemand bist, der sehr viel Geld ausgibt, dann kosten 1.000 Gold für dich 5 Euro. Bist du jemand, der eher 5 Euro maximal über die gesamte Spielzeit (Livetime) ausgibt, kosten dich die 1.000 Gold nur 1 Euro. Für den einen ist es billiger, für den anderen ist es teurer. So könnte man individuell monetarisieren. Bei einem eigenen Feldversuch konnten wir die Berechnung der Segmente dank SAP HANA sogar in Echtzeit realisieren. Und was passierte? Die Leute haben im Forum miteinander geredet und haben unglaublich schnell gemerkt, dass hier unterschiedliche Preise für das Gleiche veranlagt werden. Viele fragten: ‚Warum hast du nur 3 Euro bezahlt und warum ich 5 Euro?' Darauf gab es einen kleinen Aufstand der Community und die Preise wurden wieder vereinheitlicht. Individuelle Payments funktionieren so einfach also nicht, in der Rückschau auch nachvollziehbar. Dementsprechend hat man nach anderen Mechanismen gesucht und diese auch gefunden. Und das System der Lootbox bietet hier Möglichkeiten, denn du als Spieler kannst es nicht nachvollziehen. Ob und wie weit der Output in welchem Spiel berechnet wird, ist für jeden Außenstehenden eine Blackbox. Doch selbst wenn es wirklich Zufall ist, sehe ich nur sehr selten eine Kennzeichnung mit den Ausspielungswahrscheinlichkeiten. Mich als Käufer würde es schon sehr interessieren, ob ich für 4,99 Euro mit 50 % die eigentlich gewünschte

Belohnung bekomme oder mit 0,05 %. Langsam gibt es hier Besserung, ich glaube, Apple hat dies inzwischen als Vorgabe gesetzt. Dennoch werden Lootboxen gern gekauft und sind eine gute Monetarisierungs-möglichkeit. Mit Spielen wie *Coinmaster* hat das Ganze noch eine andere Dimension angenommen. Hier ist der Core Loop (Grund-Ereignis-schleife im Spiel) ein Glücksspielautomat, mit dessen Ausspielungen ich meinen Progress voranbringen kann, für mich persönlich gruselig. Dass Firmen Geld verdienen müssen, ist verständlich und das will ich auch niemandem absprechen. Finanzieller Erfolg ist ein Motor für gute Updates, für guten Support und natürlich auch für Neuentwicklungen. Dennoch sehe ich hier auch die Gefahr, es zu übertreiben. Im Grunde geht es doch darum, gute Spiele zu kreieren und nicht um Whale Fishing (suchen von Spielern mit hoher Zahlungsbereitschaft). Wenn Glück ein entscheidender Spielfaktor ist, dies aber entweder nicht erkennbar ist oder in Wirklichkeit das Glück berechnet wird, ist dies aus meiner Sicht schon eine Art Täuschung."

Individuelle Monetarisierung bedeutet, dass ein Spieler, der pro Woche maximal fünf Lootboxen kauft, damit aufhören würde, wenn er regelmäßig bereits in der dritten Box ein wertvolles Item erhält. Also sorgt ein individualisierter Random Number Generator (iRNG, s. 1.5) dafür, dass diesem Spieler nur im Durchschnitt in jeder fünften Box ein begehrtes Item präsentiert wird. Andere Spieler mit weniger Zahlungsfähigkeit erhalten vielleicht schon jedes vierte oder jedes dritte Mal ein vergleichbar wertvolles Gut.

Selbstverständlich lassen sich diese iRNG auch regional einstellen. Der Umstand, dass die Verteilungsfunktionen für Lootboxen in China seit 2017 veröffentlicht sein müssen und z. B. Blizzard die Verteilung für *Overwatch* auf seiner chinesischen Seite offenlegt[235], bedeutet nicht, dass diese Wahrscheinlichkeiten auch für andere Länder gelten.[236]

---

235 http://ow.blizzard.cn/article/news/486
236 Frank 2017: Overwatch Loot Box Probabilities Revealed – At Least For China.

Solange die Algorithmen für die Berechnung der Ausschüttung für ein Land nicht verbindlich veröffentlicht werden, muss man davon ausgehen, dass individuelles Tracking von Kaufverhalten zu individuell angepassten Wahrscheinlichkeiten führt, weil dies für den Publisher aus einer ökonomischen Logik heraus sinnvoller ist.

In seinem Positionspapier zu Lootboxen hat sich der game-Verband für das Lootbox-Modell ausgesprochen und vergleicht sie mit Panini-Sammelbildern oder Überraschungseiern: „Der Spieler erhält für den Kauf seiner Lootboxen immer einen vorher genannten Umfang an virtuellen Gegenständen und Zusatzinhalten. Lediglich die exakten Inhalte sind nicht bekannt. Damit entsprechen Lootboxen Sammelkarten-Spielen, Panini-Sammelbildern oder Überraschungseiern, unterscheiden sich aber deutlich von Glücksspielmechanismen, bei denen der Zufall entscheidet, ob ein Spieler überhaupt einen Gewinn erhält, wie bei einarmigen Banditen. Ein Verlust des eingesetzten Geldes, wie bei Glücksspielen elementarer Bestandteil des Grundkonzeptes, ist ausgeschlossen. Der Spieler erhält immer einen Gegenwert in Form virtueller Inhalte."[237]

Auch die USK nutzt diese Vergleiche: „Die zufällige Auswahl von Gegenständen bei Lootboxen entspricht demnach Geschäftsmodellen, die Gewinnspielen oder sogenannten ‚Ausspielungen bei denen der Gewinn in geringwertigen Gegenständen besteht' ähneln (z. B. Lose auf dem Jahrmarkt, das Sammeln von Panini-Bildchen oder Figuren aus Überraschungseiern)."[238] Einen systematischen Verstoß gegen Jugendschutzrecht vermag sie aber nicht zu erkennen: „Uns scheint es, als wäre der Einbau von Lootboxen oder ähnlichen Mechanismen in Vollpreisspielen vielen Spieler*innen ein Dorn im Auge. Für uns ist das ein Indiz, dass es sich hier nicht nur um ein Jugendschutz-Thema handelt, sondern vielleicht auch um Ärger über neue und alte Geschäftsmodelle ganz unabhängig von ihrer möglichen Wirkung auf Minderjährige."[239]

---

[237] Game 2018: Positionspapier „Lootboxen" in Games, S. 5.
[238] Baum 2017: Lootboxen und Jugendschutz.
[239] Baum 2017: Lootboxen und Jugendschutz.

Zahlreiche Fans lehnen in Blogs und Online-Foren Lootbox-Mechanismen und Mikrotransaktionen in Vollpreisspielen ab. Dennoch sind die Einnahmen derart hoch, dass Publisher dafür auch negative Presse oder Boykottaufrufe von Influencern in Kauf nehmen.

Doch nicht nur verärgerte Spieler kritisieren Lootboxen. International formiert sich Widerstand von Glücksspielkommissionen und Spielsuchtforschern, die untersuchen, inwieweit Lootboxen als Glücksspiel einzustufen sind und entsprechend reguliert werden können.

Das Belgische Secretariat of the Gaming Commission kam in einem im April 2018 veröffentlichten Bericht[240] anhand der Spiele *Overwatch*, *Star Wars Battlefront II*, *FIFA 2018* und *Counter Strike: Global Offensive* zu dem Schluss, dass Lootboxen sowohl in Bezug auf die Kaufmodalitäten als auch auf den Einsatz im Spiel problematisch sind. Demnach erfüllen die Lootboxen in *Overwatch*, *FIFA 18* und *CS:GO* die Glücksspielkriterien Spiel, Einsatz, Zufall und Gewinn/Verlust.[241] Unabhängig von diesem Bericht wurden Lootboxen in China bereits im Mai 2017 als Glücksspiel eingestuft, was zur oben erwähnten Offenlegungspflicht der Wahrscheinlichkeiten führte.[242] Am 17. September 2018 veröffentlichten die Glücksspielkommissionen von 16 Ländern – Lettland, Tschechische Republik, Isle of Man, Frankreich, Spanien, Malta, Jersey, Gibraltar, Irland, Portugal, Norwegen, Niederlande, UK, Polen, Österreich und USA – eine gemeinsame Erklärung, wonach sie Lootboxen genauer zu untersuchen planen.[243]

In Deutschland gibt es verschiedene politische Diskussionen, ob und wie Lootboxen in Computerspielen zu regulieren sind, wobei alle Seiten auf die Notwendigkeit weiterer Forschung verweisen.

---

240 FPS Justice Gaming Commission 2018: Research Report On Loot Boxes.
241 FPS Justice Gaming Commission 2018: Research Report On Loot Boxes, S. 16.
242 Gartenberg 2017: China's New Law Forces Dota, League Of Legends, And Other Games To Reveal Odds Of Scoring Good Loot.
243 Gambling Commission 2018: Declaration Of Gambling Regulators On Their Concerns Related To The Blurring Of Lines Between Gambling And Gaming.

Die Frage, ob Lootboxen aus rechtlicher Sicht den Kriterien des Glücksspiels (s. 1.5) entsprechen, kann an dieser Stelle nicht geklärt werden und ist Aufgabe der Gerichte. Es wird im Wesentlichen davon abhängen, wem die Inhalte der Lootboxen gehören, wie sie erworben werden und ob ihnen ein geldwerter Vorteil entspricht.

Viele Publisher verbieten in ihren AGBs ausdrücklich den externen Handel mit virtuellen Gegenständen und regulieren damit das Nutzungsrecht. Damit kann den Gütern auch kein offizieller Vermögenswert zugesprochen werden, womit auch offiziell keine Glücksspiele unterstützt werden. Die Verantwortung für einen florierenden Markt mit diesen Gütern, der sich außerhalb der AGBs bildet, lehnen die Publisher aus nachvollziehbaren Gründen ab. Laut Niklas Mühleis können daher nur wenige Lootbox-Systeme juristisch als Glücksspiel klassifiziert werden: „Dazu gehören *CS: GO*, *PlayerUnknown's Battlegrounds* (*PUBG*), Psyonix' Fahrzeug-Ballsportspektakel *Rocket League* und Valves *Defense of the Ancients 2* (*DOTA 2*)."[244]

Unabhängig von der rechtlichen und sicherlich irgendwann auch der richterlichen Auslegung lässt sich jedoch die psychische Dynamik betrachten, die Lootboxen bei Spielern fördert. Dies insbesondere aus Sicht des Jugendschutzes, wonach bestimmte Altersgruppen vor Angeboten geschützt werden müssen, die grundsätzlich legal sind.

Die Psychologen Drummond und Sauer veröffentlichten 2018 einen Aufsatz in der Zeitschrift *natur human behavior*, wonach Lootboxen psychologisch mit Glücksspielen vergleichbar sind.[245] Sie untersuchten in 22 Computerspielen aus den Jahren 2016 und 2017, inwieweit die Lootbox-Mechanik mit Griffiths Definition von Glücksspiel übereinstimmen (s. 1.5). Neben seinen fünf Kriterien nehmen sie als sechstes Kriterium die Möglichkeit auf, den Gewinn in Echtgeld zu konvertieren: „A sixth characteristic that is important to consider is whether the winnings

---

244 Mühleis 2018: Verzockt.
245 Drummond und Sauer 2018: Video Game Loot Boxes Are Psychologically Akin To Gambling.

can be converted in some way into real-world money – that is, 'cashed out'."[246] Diese Konversionsmöglichkeiten müssen nicht direkt in den Spielen enthalten sein, z. B. über einen In-Game-Shop, in dem Items verkauft werden können. Die Möglichkeit der Konversion ist bereits gegeben, wenn Items getauscht oder an andere Spieler übertragen werden können. Dies eröffnet die Möglichkeit, den Verkauf über Seiten von Drittanbietern abzuwickeln und das Item anschließend innerhalb des Spiels zu „verschenken": „Allowing players to trade virtual items creates clear opportunities for players to convert those items to real currency via these independent sites."

---

246 Drummond und Sauer 2018: Video Game Loot Boxes Are Psychologically Akin To Gambling.

Gambling Features in the 22 video games containing loot boxes in 2016 – 2017							
Game	ESRB rating	Exchange of money	Unknown future event	Change involved	Avoid losses if opt out	Competitive advantage	Can cash out
Assassins Creed Origins	17+	✓	✓	✓	✓	✓[a]	X
Battlefield 1	17+	✓	✓	✓	✓	X	X
Call of Duty: Infinite Warfare	17+	✓	✓	✓	✓	✓	X
Call of Duty: WWII	17+	✓	✓	✓	✓	X	X
Destiny 2	13+	✓	✓	✓	✓	X	X
FIFA 17	E	✓	✓	✓	✓	✓	✓
FIFA 18	E	✓	✓	✓	✓	✓	✓
For Honor	17+	✓	✓	✓	✓	✓	X
Forza Motorsport 7	E	X[b]	✓	✓	✓	✓	X
Gears of War 4	17+	✓	✓	✓	✓	X	X
Halo Wars 2	13+	✓	✓	✓	✓	✓	X
Injustice 2	13+	X	✓	✓	✓	✓	X
Lawbreakers	17+	✓	✓	✓	✓	X	X
Madden NFL 17	E	✓	✓	✓	✓	✓	✓
Madden NFL 18	E	✓	✓	✓	✓	✓	✓
Mass Effect Andromeda	17+	✓	✓	✓	✓	✓[a]	X
Middle Earth: Shadow of War	17+	X[c]	✓	✓	✓	✓[a]	X
NBA 2K18	10+	✓	X	X	✓	X	X
Need for Speed Payback	13+	✓	✓	✓	✓	✓	X
Overwatch	13+	✓	✓	✓	✓	X	X
PlayerUnknown's Battlegrounds	13+	✓	✓	✓	✓	X	✓
Star Wars Battlefront II	13+	X[c]	✓	✓	✓	✓	X

E, everyone. [a] These games are single player or cooperative, but loot boxes can provide competitive advantage against the game and make players more powerful than friends or team mates. [b] Turn 10 Studios (the publisher of *Forza Motorsport 7*) have announced they will be adding the ability to purchase loot boxes with money soon. [c] Originally included, but shut down at time of writing due to consumer backlash.

Glücksspielelemente in 22 Lootbox-Systemen. *Quelle: Drummond, Sauer, 2018*

Das Ergebnis zeigt, dass Lootboxen in verschiedenen Spielen unterschiedlich bewertet werden müssen. Zumindest drei Fragen gilt es bei einer solchen Evaluation zu beantworten:

1. Wie stark orientieren sie sich an der Struktur von Glücksspielen, z. B. was den Erwerb der Lootboxen und den Verkauf der Gewinne betrifft?
2. Inwieweit nutzen sie die Vulnerabilität von Spielern aus, versprechen sie z. B. in Multiplayer-Spielen einen kompetitiven bzw. statusrelevanten Vorteil?
3. Ermöglichen sie eine monetäre Konversion, indem Items verkauft oder getauscht werden können und damit einen geldwerten Vorteil darstellen?

Spiele aus der *FIFA*- und der *Madden*-Reihe zeigen aus dieser Perspektive aggressive Systeme, da sie Gegenstände mit kompetitivem Vorteil anbieten, dabei die psychologischen Kriterien eines Glücksspiels aufweisen und zusätzlich die Gewinne in Echtgeld konvertiert werden können, wenn auch außerhalb der Geschäftsbedingungen. Lootboxen in *FIFA 19* können sowohl mit der Hard Currency *FIFA Ultimate Team (FUT) Points* und der Soft Currency *FUT Coins* erworben werden. Die Inhalte – Spieler für den Einsatz im eigenen Team – können auf dem In-Game-Transfermarkt ausschließlich gegen die Soft Currency eingetauscht werden.

Die Lootboxen bzw. die Schlüssel dazu in *Counter Strike: Global Offensive* werden im Community-Markt mit Echtgeld erworben oder gegen Skins getauscht. Die Inhalte der Boxen sind ausschließlich kosmetisch und ohne ludische Vorteile. Sie lassen sich über den Markt jedoch wiederverkaufen, wobei der Verkaufserlös ausschließlich als Steam-Guthaben ausbezahlt wird. Dennoch werden *CS:GO*-Skins zu teilweise erheblichen Beträgen gehandelt (s. 3.6.5).

Während das Steam-Guthaben einen geldwerten Vorteil darstellt, haben die FUT Coins zunächst keinen monetären Gegenwert. Allerdings ist es über Real Money Trader (RTM) möglich, Verkäufe in Echtgeld abzuwickeln, die anschließend im Transfermarkt des Spiels vollzogen werden. Obwohl EA diese Praxis in seinen Geschäftsbedingungen verbietet, hat die belgische Glücksspielkommission die Lootbox-Mechanik in *FIFA 19* verboten,[247] in Frankreich fordern Kläger, *FIFA Ultimate* als Glücksspiel zu deklarieren.[248]

Hier kann man zumindest von einem **hybriden Glücksspiel** sprechen, Valve und EA sind vielleicht rechtlich nicht für die entstehenden RMT-Strukturen verantwortlich, die von ihnen eingebauten Spielmechaniken ermöglichen aber erst ihre Entstehung. Spiele wie *Overwatch* oder *Destiny 2* hingegen, die lediglich kosmetische Inhalte ohne weitere Verkaufsmöglichkeiten anbieten, sind deutlich weniger aggressiv. Als Multiplayer-Shooter sprechen beide Spiele vor allem kommunikativ-kompetitiv orientierte Spieler an, bieten mit den Lootboxen aber weder ludische bzw. statusrelevante Vorteile noch die Möglichkeit, die Items weiter zu veräußern.

Der Vergleich mit Sammelbildern oder Losen (ohne Nieten) auf Jahrmärkten mag aus ökonomischer Sicht zutreffen. In beiden Fällen wird ein verhältnismäßig geringer Vermögenswert gegen randomisierte Sachpreise eingetauscht, die keinen direkten Zuwachs an monetärem Vermögen bedeuten. Insofern handelt es sich nicht um Glücksspiele im juristischen Sinn, sondern um Unterhaltungsspiele.

Dennoch vernachlässigt diese Analogie die Art und Weise, in der Lootboxen angeboten und genutzt werden. Während Booster-Packs für Sammelkartenspiele nur außerhalb eines Spiels erworben werden können und Jahrmarkt-Lose in keiner Beziehung zu einem anderen Spiel stehen, werden Lootboxen entweder als Belohnung nach einer erfolgreichen Partie verschenkt oder als In-Game-Kaufoptionen angeboten. Die Verbindung von Spielsieg mit Lootboxen ist damit ungleich stärker als beim externen Kauf – der Spieler wird während des Spiels emotional

---

[247] Tarason 2018: EA May Be Going To Court In Belgium To Keep Loot Boxes In FIFA 18 And 19.

[248] Schuster 2020: Doppelklage gegen EA in Frankreich.

konditioniert, Lootboxen mit positiven Gefühlen zu assoziieren (s. 2.9). Die ebenfalls im Spiel angebotene Möglichkeit, Lootboxen zu kaufen, kann daher nicht losgelöst von dieser Konditionierung betrachtet werden. Vielmehr ist es auch als Angebot zu sehen, im Fall einer ausbleibenden Belohnung durch Siege ein gutes Gefühl zu erwerben, das mit Erhalt und Öffnen einer Lootbox verbunden wird. Die sich aus dieser Konditionierung ergebende emotionale Dynamik fehlt bei analogen Gewinnspielen oder beim Erwerb von Sammelkarten, die regelmäßig außerhalb von Spielkontexten erworben werden.

Die Lootboxen aus *FIFA 19* wären mit Sammelkarten nur vergleichbar, wenn auch die Situation des Spiels einbezogen würde, z. B. wenn bei einem Turnier von *Magic: The Gathering* ein Händler mit Bauchladen an den Tisch der Spieler kommt und bei Gewinnen ein Booster-Pack verschenkt, bei Verlusten aber einfach nur sein Angebot zeigt und dabei eine Spielgeldwährung als Zahlungsmittel akzeptiert, die zu einem nichtlinearen Wechselkurs direkt von der Kreditkarte der Spieler abgebucht wird. Der entscheidende Unterschied zum Kiosk um die Ecke, in dem man in einer ruhigen Minute ein Booster-Pack kauft, ist die Situation des Spiels: einerseits der Wunsch zu gewinnen, der mit dem Gefühl von Dominanz und einem geschenkten Booster-Pack assoziiert wird. Andererseits der Ärger über einen Verlust, bei dem es nicht zu dieser Belohnung kommt. In dieser emotionalen Stresssituation werden keine rein rationalen Kaufentscheidungen getroffen, vielmehr unterwandern die Wünsche nach Dominanz und Belohnung die rationale Buchführung (für ein Spiel), da man für einen Vollpreistitel wie *FIFA*, kein zusätzliches Geld ausgeben will. Wenn im Moment des Scheiterns eine Kaufentscheidung getroffen werden kann, welche die Möglichkeit einer Verbesserung der emotionalen Grundstimmung oder gar der zukünftigen Spielsituation in Aussicht stellt, ist das Szenario von Sammelbildchen oder Überraschungseiern kein adäquater Vergleich mehr.

Auch Prof. Dr. Christian Montag sieht strukturelle Ähnlichkeit zu Glücksspielen: „Gerade die Lootboxen haben in der letzten Zeit für viel

Aufmerksamkeit gesorgt, denn einige Wissenschaftler befürchten, dass nun Gambling-Elemente – also Glückspielelemente – in Computerspielen Einzug halten. Wenn man so möchte, wird dadurch Gambling und Gaming zusammengeführt, was bzgl. der Auswirkungen auf das Verhalten der Gaming-Community dringend stärker beleuchtet werden muss. Was ist eine Lootbox? Hier liegt beispielsweise eine Kiste in der virtuellen Welt eines Computerspiels und kann gegen ein Entgelt geöffnet werden. Wie beim Glücksspiel-Automat, bekommt der Spieler oder die Spielerin nicht jedes Mal eine große Belohnung und die erwartete Rüstung, die ihm oder ihr im Computerspiel einen Vorteil verschafft, bleibt vielleicht aus. Von den Konditionierungsmechanismen sind die intermittierenden besonders schwer zu löschen, weil immer mal wieder überraschend der (große) Gewinn kommt, aber nicht so, dass man es wirklich prognostizieren kann. Das sind klassische psychologische Einsichten, die sehr gut beforscht sind."

Die Argumentation, es bei Lootboxen generell nur mit so etwas wie Panini-Bildchen oder Überraschungseiern zu tun zu haben, ist daher pauschal ebenso wenig haltbar wie die Behauptung, alle Lootboxen seien als Glücksspiel zu behandeln und generell mit USK-18-Einstufungen zu bewerten. Vielmehr muss jedes Lootbox-System im Einzelfall differenziert geprüft werden.

3.6.5 Skin Trading

Eine besondere Form der In-Game-Käufe ist **Skin Trading**, das in einer hybriden Ökonomie u. a. zum Skin Gambling benutzt wird.[249] 2013 stellte der Publisher Valve das *Arms Deal Update* für *Counter Strike: Global Offensive* vor:

„Introducing the Arms Deal Update, which lets you experience all the illicit thrills of black market weapons trafficking without any of the hanging around in darkened warehouses getting knifed to death. The Arms Deal Update lets you collect, buy, sell and trade over 100 all-new decorated weapons that you can equip in-game."[250]

Diese Dekorationen, Skins – kosmetische Inhalte, die ohne Auswirkungen auf den Spielverlauf sind – können auf Valves Plattform zwischen Spielern gehandelt werden. Innerhalb kürzester Zeit entwickelte sich ein Markt, bei dem Skins ein mone-

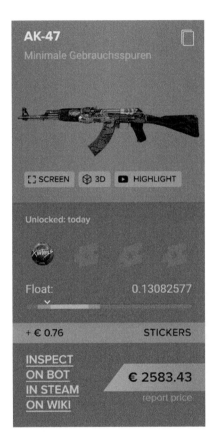

Dieser Skin für die AK-47 des Spiels *Counter Strike: GO* wurde zum Zeitpunkt der Erstellung dieser Abbildung im September 2020 auf der Seite cs.money für 2.583 Euro gehandelt.

---

249 Brustein und Novy-Williams 2016: Virtual Weapons Are Turning Teen Gamers Into Serious Gamblers.

250 http://blog.counter-strike.net/index.php/2013/08/7425/

tärer Gegenwert zugewiesen wurde. Die Seiten *cs.money* oder *csgostash.com* listen die aktuellen Preise, die auf dem Steam Marktplatz für einzelne Skins erzielt werden können (s. 3.1).

Da Valve für jede Transaktion 5% des Kaufpreises einbehält, ist dieser Handel eine zusätzliche Einnahmequelle, ohne dass es eine offizielle Monetarisierungsstrategie bei der Vermarktung konkreter Spiele ist.

Skins können damit wie Aktien an einer Börse zu aktuellen Preisen gehandelt werden. Beispielsweise werden sie genutzt, um auf den Ausgang von E-Sport-Matches und Turnieren oder auf die Platzierung von Teams zu wetten. Dieses **Skin Gambling** oder **Skin Betting**[251] wurde bis 2016 von verschiedenen Anbietern unterstützt, ehe Valve, nicht zuletzt auf Druck der Washington State Gambling Commission, Unterlassungserklärungen verschickte und 23 der größten Portale schließen ließ. Dennoch gibt es weiterhin Anbieter, bei denen eine Wette auf den Ausgang eines Zufallsereignisses abgeschlossen werden kann, wobei eine Währung verwendet wird, die aus Spiele-Items getauscht wird.

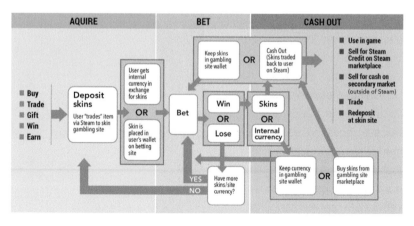

Der ökonomische Kreislauf im Skin Gambling.[252]

251 https://www.sportwette.net/esports/ratgeber/skin-betting/
252 Grove 2016: Understanding Skin Gambling.

Beim Skin Betting loggen Spieler sich bei einem Anbieter ein und transferieren Skins aus ihrem Steam-Konto, wofür sie Spielwährung, z. B. Coins, erhalten, wobei die tatsächliche Transaktion der Skins über den Steam Marketplace abgewickelt wird. Mit der erhaltenen Währung können verschiedene Glücksspiele ausgewählt oder auf E-Sportereignisse gewettet werden, wobei der Gewinn ebenfalls in Coins ausbezahlt wird. Diese können bei Bedarf wieder in Skins zurückgetauscht werden, womit ein ökonomischer Kreislauf geschlossen ist.

Bei einem *Coinpot Game* setzen Spieler eine beliebige Anzahl Coins in den Pot (daher der Name), wobei jeder Coin eine laufende Nummer erhält. Anschließend wählt ein Zufallsmechanismus eine Zahl aus und der Spieler, dessen Coin dieser Zahl entspricht, gewinnt den Pot. Über den Hash können die Veranstalter mathematisch beweisen, dass sie die Ergebnisse nicht manipulieren, nachdem die Coins gesetzt wurden: „Winning results are generated at the start of the round. We provide hash of the winning result with random string (salt) at the beginning of each round. At the end we provide salt so you can calculate the hash and compare it to ours. It's designed this way so we are unable to adjust game results after we accept bets."[253]

Juniper Research schätzt, dass die Ausgaben für Lootboxen und Skin Gambling von derzeit 30 Mrd. US-Dollar bis 2022 auf 50 Mrd. US-Dollar ansteigen werden: „Juniper believes that Steam will account for the vast majority of skin trading activities, with the virtual market place being accessed by most of the platform's registered users. The market for skins is huge, with over 6 billion items listed at once. We also found that the average listing holds 17,000 variants of the item, with users picking an asking price hence causing fluctuations in this virtual market. Steam makes money from these transactions, hence the reluctance to shut the practice down: 'The Steam Transaction Fee is collected by Steam and is used to protect against nominal fraud incidents and cover

---

[253] http://csgobigwin.net/probably-fair

the cost of development of this and future Steam economy features. The fee is currently 5 % (with a minimum fee of $ 0.01). This fee may be increased or decreased in the future.'"[254]

3.6.6 In-Game-Casinos

Randomisierte Elemente werden regelmäßig durch Glücksspiel-Minigames in die Spielwelt integriert, die im Folgenden als **In-Game-Casino** bezeichnet werden, auch wenn es sich dabei nicht notwendigerweise um einen Raum in der Spielwelt mit verschiedenen Glücksspielangeboten handelt. Häufig sind es Glücksräder (Wheel of Fortune) oder einarmige Banditen (Slot Machine), die als Belohnung gespielt werden können und bei denen Gewinne von unterschiedlicher Bedeutung innerhalb der Spielökonomie möglich sind.

Der Hauptzweck von In-Game-Casinos ist es, durch tägliche Gewinnmöglichkeiten Spieler zur regelmäßigen Rückkehr in das Spiel zu motivieren. Dafür gibt es z. B. täglich ein freies Spiel, weitere Versuche müssen in der Premiumwährung bezahlt werden. Gerade in Multiplayer-Spielen, die eine möglichst große Anzahl an Onlinespielern benötigen, sorgen derartige Belohnungen für eine belebte Spielwelt, die zu weiteren In-Game-Käufen anregen können.

André Walter begründet die Entscheidung, In-Game-Casinos einzubauen, aus Sicht der Entwickler: „Das Glücksrad, oder besser gesagt eine Art Glücksrad, hat man bei fast jedem Spiel. Viele Spiele haben ein *Wheel of Fortune* als Mechanik, an dem man einmal pro Tag drehen und gewinnen kann. Das ist ein guter Mechanismus, um die **Returning Quote** oben zu halten, also das Wiederkommen der Nutzer. Wenn ich heutzutage ein Mobile Game rausbringe, weiß ich nach drei Tagen, ob es erfolgreich ist oder nicht: Ich schaue einfach, wie viele Spieler wiederkommen. Drei Tage ist eigentlich übertrieben, meistens weiß man

---

[254] Foye 2018: In-Game Gambling – The Next Cash Cow For Publishers, S. 5.

es nach 12 Stunden. Die **Bounce Rate** (Absprungrate) ist im gesamten Onlinebusiness eine der wichtigsten, wenn nicht sogar die wichtigste Zahl. Der Erfolg kann also daran gemessen werden, wie viele das Spiel betreten und wie schnell und häufig Nutzer wiederkommen. Um diese Quote zu erhöhen, werden oft auch Glücksspielmechanismen eingesetzt, auf Grund der Spannung, die sie erzeugen. Abwechslung und die Erwartungshaltung des Nutzers eignen sich hervorragend dafür. Es kann sogar vorkommen, dass anfangs kein Geld mit dem Spiel verdient wird, weil zum Beispiel das Balancing falsch ist. Wenn aber die Spieler die Spielmechanismen akzeptieren und die Returning Quote hoch ist, ist das Spiel sehr wahrscheinlich erfolgreich. Dann kannst du neue Mechanismen dazu erfinden oder die Werte verändern und findest irgendwann den Weg, um Geld zu verdienen.

Die großen Publisher schauen nur noch darauf, wie die **Haltequoten** aussehen, und verteilen danach die Ressourcen, die ein Produkt für die Weiterentwicklung erhält. Ihr Anliegen ist selten der Spielspaß, sondern die Erhöhung des Shareholder Values. Das ist nicht nur bei Games so, sondern in der kompletten Wirtschaft sehr verbreitet. Solange das jedem bewusst ist, können auch gute Entscheidungen getroffen werden. Ich zum Beispiel gehe mit einem festen Limit in jedes Spiel. Wenn ich weiß, mein Limit ist maximal 50 Euro für das Spiel, überlege ich mir genau, wann und wofür ich diese einsetze. Generell zahle ich gern für ein gutes Spiel, denn ich weiß, wieviel Arbeit und Hirnschmalz dahintersteckt. Nur halt nie mehr als 50 Euro, das ist das unverrückbare Limit."

In-Game-Casinos erhöhen die ludische Vielfalt, weil die Spieler sich auf verschiedene Spielregeln, Ziele und Siegbedingungen einstellen können. Bei intradiegetischen Casinos, die als Ort innerhalb der Spielwelt und -geschichte besuchbar sind, erhöhen sie durch ein weiteres Setting die narrative Abwechslung.

Zentral bei der Analyse von In-Game-Casinos ist die Frage, welche Ressourcen für die Teilnahme an Glücksspielen investiert werden müssen und welche Ressource als Gewinn ausgeschüttet wird. Denn für In-Game-Casinos gelten ähnliche Argumente wie für Lootboxen, die im Grunde nur eine spezielle Form eines In-Game-Casinos darstellen, obwohl Casinos aufgrund ihrer audiovisuellen Metaphorik von Spielern eher noch als Glücksspiel behandelt werden als Lootboxen, die mehr mit Belohnungen und Geschenken assoziiert sind.

Ohne die Möglichkeit eines Cash Outs, d. h. der Konvertierung von In-Game-Währung in Echtgeld, handelt es sich zwar nicht um ein regulierungspflichtiges Glücks- oder Wettspiel. Da die psychologische Dynamik bei routinierten Glücksspielern aber ohnehin nicht auf die Auszahlung des Gewinns ausgelegt ist (s. 2.10), werden Verhaltensformen angewöhnt, die sich problemlos auf Glücksspiele übertragen lassen.

Grundsätzlich gewöhnen Casinos Spieler an das Wagnis, Vermögenswerte in Glücksspielen zu investieren und an den Umgang mit Gefühlen von Enttäuschung und Belohnung. Für die Mehrheit wird das kein Problem sein, so wie die Mehrheit laut Befragung der Bundeszentrale für gesundheitliche Aufklärung aus dem Jahr 2017 keine Probleme mit Glücksspielen hat: „Die Befragung 2017 kommt für die 16- bis 70-Jährigen bevölkerungsweit auf eine Schätzung der 12-Monats-Prävalenz des pathologischen Glücksspiels von 0,31 % (männliche Befragte: 0,55 %, weibliche: 0,06 %) und des wahrscheinlich problematischen Glücksspiels von 0,56 % (männliche Befragte: 0,64 %, weibliche: 0,47 %)."[255]

Wenn aber wegen eines Prozents pathologischer oder wahrscheinlich problematischer Glücksspieler ein immenser Lizenzierungs- und Kontrollaufwand betrieben wird, sollten vorbereitende Angebote in Form von glücksspielähnlichen Computerspielen, die sich nicht zuletzt gezielt an Jugendliche richten, zumindest beobachtet und in Befragungen einbezogen werden.

---

[255] Banz und Lang 2017: Glücksspielverhalten und Glücksspielsucht in Deutschland.

3.6.7 Fazit: Wale, Tümmler und kleine Fische

Transaktionsbasierte Monetarisierungsmodelle sind von einer typischen Käuferstruktur geprägt. Die in Abschnitt 2.7 vorgestellte Einteilung von Spielern in *Wale, Tümmler* und *kleine Fische* differenziert Spieler auf den ersten Blick wertfrei anhand ihrer Zahlungsbereitschaft. Geschätzt sind 10 % der Spieler für 70 % der Einnahmen durch IAPs verantwortlich,[256] die Verteilung der Zahlungsbereitschaft in Computerspielen folgt damit einer Pareto-Verteilung.

Bei Spielen, die sich speziell an Kinder und Kleinkinder richten, können IAPs bei Unachtsamkeit, z. B. ein offenes Konto im App Store, zu hohen Kosten führen.[257] Berichte aus den Anfangszeiten des Free-to-Play-Modells zeigen mögliche Auswüchse:

- 2013 gab ein fünfjähriger Junge in 10 Minuten 1.700 Pfund für *Zombies vs. Ninjas* aus.[258]
- 2014 belastete ein 15-Jähriger in Belgien die Kreditkarte seines Opas mit 37.000 Euro für IAPs im Spiel *Game of War: Fire Age*.[259]
- 2015 kaufte ein siebenjähriger Junge über das Konto seines Vaters IAPs in *Jurassic World* für knapp 3.911 Pfund.[260]
- 2016 gab ein 17-Jähriger Kanadier 7.600 US-Dollar für *FIFA 16* aus.

Diese und viele weitere Beispiele listet Debra Kelly auf.[261]

---

256 Shaul 2016: Infographic: 'Whales' Account For 70 % Of In-App Purchase Revenue.
257 Pursche 2013: Kaufanreize: Spiele-Hersteller zocken Kinder mit Gratis-Apps ab.
258 https://www.telegraph.co.uk/news/newstopics/howaboutthat/9901637/Five-year-old-runs-up-1700-iPad-bill-in-ten-minutes.html
259 Narcisse 2014: 15-Year-Old Kid Spends 37,000 Euros On Gold In Free-to-Play Game.
260 https://www.telegraph.co.uk/news/shopping-and-consumer-news/12074791/Boy-7-racks-up-4000-bill-playing-Jurassic-World-on-his-fathers-iPad.html
261 Kelly 2017: Kids Who Wasted Thousands Of Dollars On Gaming.

Einige dieser Vorfälle endeten damit, dass die Firmen wie bspw. Apple über den AppStore den Familien das Geld zurückzahlten, sofern der Nachweis gelang, dass nicht geschäftsfähige Kinder für die Einkäufe verantwortlich waren. In vielen Fällen handelt es sich aber nicht um ein kurzfristiges Versehen, sondern um Ausgaben über einen längeren Zeitraum von älteren Jugendlichen, die nicht nur das Geld ihrer Eltern, sondern ihre eigenen Ersparnisse oder ihre Rücklagen angreifen.

Dreier et al. haben 2017 gezeigt, dass von Free-to-Play-Spielen durch ihre monetären Anreize erhöhtes Suchtpotenzial für Menschen ausgeht, die bereits suchtgefährdet sind.[262] Dies ist vergleichbar mit dem bislang besser beforschten Suchtpotenzial von MMORPGs. Die untersuchten Variablen waren die typischen psychosozialen Suchtsymptome, ein erhöhter Stress-Level sowie maladaptive Bewältigungsstrategien der betroffenen Personen wie Denial, Self-Distraction, Self-Blame, und Behavioral Disengagement.[263] Untersucht wurden knapp 4.000 Schülerinnen und Schüler an 41 deutschen Schulen im Alter von 12 bis 18 Jahren. Insgesamt konnten bei 5,2 % der untersuchten Personen Suchtsymptome festgestellt werden, wobei sie erheblich mehr Zeit mit Free-to-Play-Spielen verbrachten und als Wale klassifiziert werden konnten. Die Möglichkeit, problematische Spielsituationen wie einen drohenden Verlust oder Abstieg in der Highscore-Liste mit Geld begegnen zu können, wird als maladaptive Bewältigungsstrategie von vulnerablen Spielern eingesetzt. Zentral ist hierbei der Konditionierungsprozess, der zu kognitiven Verzerrungen führt und eine hohe Verbundenheit mit dem Spiel zur Folge hat. Je länger dieses Verhalten gezeigt wird, desto wahrscheinlicher ist die Ausprägung von Suchtsymptomatiken. Die Autoren weisen darauf hin, dass in den gezeigten Korrelationen keine Kausalität nachgewiesen werden kann und empfehlen, weitere Studien speziell für den F2P-Markt durchzuführen, um die Ergebnisse zu präzisieren.

---

[262] Dreier et al. 2017: Free-to-play: About Addicted Whales, At Risk Dolphins And Healthy Minnows.
[263] Dreier et al. 2017: Free-to-play: About Addicted Whales, At Risk Dolphins And Healthy Minnows, S. 331.

Insgesamt kann die Erfahrung aus der Beobachtung von Glücksspielern insofern übertragen werden, als dass Suchtkranke deutlich
mehr Geld in F2P-Spielen ausgeben als normale Spieler. Damit ist
nicht gesagt, dass alle Wale suchtkrank sind, sondern umgekehrt, dass
Suchtkranke sich überwiegend bei den Walen finden. Dennoch muss
davon ausgegangen werden, dass F2P-Entwickler, ähnliche wie die
Glücksspielindustrie, die Ausnutzung dieser Krankheitsbilder zumindest
billigend in Kauf nehmen.

Publisher hingegen, die ihre Spiele um Wale herum entwickeln, gehen bevorzugt davon aus, es mit Menschen zu tun zu haben, die ein Hobby pflegen, so wie andere Leute Segeln gehen, Golf spielen oder Zinn-
figuren sammeln: „It's really understanding those people as hobbyists
[…] They're committed to a hobby. They invest resources in their hobby,
just like someone would in model trains, figure skating, or whatever. It's
no different than that."[264]

Auch Thorsten Hamdorf vom game-Verband argumentiert ähnlich: „F2P
ist äußerst erfolgreich, wenn man sich die Marktentwicklung anschaut.
Der Bereich der Transaktionen, also Ausgaben für virtuelle Güter und
Zusatzinhalte wächst stetig. Es wird von den Spielern angenommen und
bewusst konsumiert und die Konsumenten haben gelernt, damit umzugehen. Dieses Monetarisierungsmodell hat sich etabliert. Es sind nur
wenige Menschen, die Geld innerhalb der Spiele ausgeben und jeder
gibt nur so viel aus, wie er kann und möchte."

André Walter sieht das vor dem Hintergrund seiner Branchenerfah-
rung aus der Anfangszeit transaktionsbasierter Modelle kritischer:

„Wie bereits gesagt, habe ich kein Problem damit, für ein Computerspiel, hinter dem Entwickler gesessen haben, Geld auszugeben. Früher gab es Boxed-Titel, heute ist Free-to-Play der entscheidende Markt,
aber Kaufimpulse sollten kontrollierter und bewusst sein. Und bei Kin-

---

264 Sinclair 2014: Free-to-play Whales More Rational Than Assumed.

dern ist das nicht immer der Fall, wahrscheinlich immer seltener. Auch muss man dazu sagen, dass der Games-Markt sehr Whales (Big Spender) abhängig geworden ist und mittlerweile Spiele auf diese Kundengruppe fixiert werden. Es sollte wieder transparenter werden."

Wird das von Firmen bewusst gemacht, auf die Big Spender (Whales) zu zielen?

André Walter: „Ich möchte das niemandem vorwerfen, aber ja, es gibt sogar extra den Begriff ‚Whale Fishing‘. Wozu gibt es denn sonst 99-Euro-Pakete in jedem Spiel? Big Spender werden bewusst gesucht und erhalten dann gezielte Pakete. Ich habe da ein interessantes Experiment zur Hand. Ich hatte damals mit meiner Firma ein Spiel entwickelt, das hatte eine Ausgabengrenze, d. h. du konntest nicht mehr ausgeben als Summe X pro Woche. Wir hatten das gemacht, weil es ein Strategiespiel war und aus unserer Sicht so mehr Fairness in das Spiel kam. Das hat im Endeffekt meiner Firma viel Geld gekostet, dennoch war es eine gute Entscheidung. Als wir die Ausgabengrenze temporär rausgenommen hatten, verdienten wir plötzlich sehr viel mehr, so um Faktor 6 glaube ich mich zu erinnern. Nun kann man natürlich sagen, der eine fährt VW, der andere Ferrari. Dennoch eine interessante Feststellung, denn es handelt sich um dasselbe Produkt. Wir haben die Cap dann wieder aktiviert, es fühlte sich einfach besser an.

Diese Verwerfung ist noch viel extremer, wenn man sich die Monetarisierung von Spielen international ansieht. Gerade die Häufigkeit von 99-Euro-Paketen oder von Boni, die ab 1.000 Euro greifen. Da muss man nur in den japanischen Spielemarkt schauen, da reden wir von Zahlen, die ein Europäer nicht mehr verstehen kann. Es gibt dort Boni, die erst greifen, wenn der Spieler bereits 5.000 US-Dollar ausgegeben hat. Wenn man nicht auf solche Leute gezielt fokussieren würde, bräuchte man solche Boni überhaupt nicht zu implementieren."

Was sind das für Leute? Habt ihr Kontakt aufnehmen können?
André Walter: „Grundsätzlich hatten wir einen Telefon-Support. Ein guter Support ist mir, egal bei welchem Business, immer wichtig. Was nebenbei auch die Lifetime der Spieler erhöht. Ich frage mich immer wieder, wie Firmen freiwillig auf diese Option der Kundenbindung verzichten. Aber zurück zu den Big Spendern. Ich habe gerade bei Nutzern mit erhöhten Paymentaufkommen den Support persönlich übernommen. Mir war ihre Meinung für das Gamedesign sehr wichtig. So habe ich einige persönlich kennengelernt und bin sogar heute noch mit einigen privat in Kontakt. Die meisten waren ganz normale Mitmenschen aus der Mittelschicht und dann gab es einige sehr gut situierte Ausnahmen. Wir hatten jemanden, der jedes Jahr einen kompletten Zeltplatz gemietet hatte und dort die ganze Community einen Tag lang zum Feiern und Spielen eingeladen hat. Er war/ist ein sehr angenehmer und hoch intelligenter Mensch und nebenbei auch erfolgreicher Unternehmer. Ihm war auch egal, dass er im Monat 3.000 Euro im Spiel gelassen hat. Das war sein Hobby: ‚Ich fahre drei Masseratis und zwei Ferraris, soviel habe ich bei Euch noch lange nicht gelassen, aber ich verbringe viel mehr Zeit mit Euch als mit meinen Autos.' Das sind Nutzer, von denen ich sage: ‚Ja gerne, davon bitte ganz viele.'

Aber es gibt sicherlich auch Leute, die, und da reden wir von Suchtpotenzial, eine Sucht entwickeln und die mehr ausgeben als sie eigentlich sollten und ihnen guttut. Es gab auch eine Rückläuferquote, wenn Papa bemerkt, dass seine Kreditkarte härter belastet ist als das eigentlich sein sollte. Wir reden hier von 0,5 – 1 Prozent, aber die gibt es halt auch und das muss man bedenken. Menschen können für viele Dinge eine Sucht entwickeln und Spiele gehören leider auch dazu, ich denke persönlich, dass gezielte Regulierung hier teilweise helfen kann. Dabei ist es für die Spieleindustrie sehr wichtig, dass die Regulierung intelligent agiert und nicht Spieler trifft, welche gern ein gutes Projekt unterstützen wollen und es sich auch leisten können."

Zur Frage des Suchtpotenzials steht noch Forschung aus, dieses genau zu klassifizieren. Andererseits rennen wir dem System hinterher, weil Regulierungen adaptiert werden. Warum haben wir Chips in der Spielbank? Weil das den Geldwert in ihrer Hand verändert. Das ist auch im Onlinegaming zu beobachten. Damit verlieren sie den eigentlichen Geldwert, wenn sie Gewinne in Punkten machen. Spiele nutzen bestimmte psychologische Mechanismen aus, nach denen wir funktionieren. Zum einen den intermittierenden Verstärkungsplan: Wir wissen aus Tierexperimenten und aus der psychologischen Forschung bei Menschen, dass vor allem Verhalten gelernt wird und stabil ist, was nicht immer positiv verstärkt wird, sondern nach einem Zufallsprinzip, was man nicht erahnt. Und genauso laufen diese Spiele auch, das ist darin eingebaut.

Bei einem Computerspiel ohne Geldeinsatz werden Sie am Anfang hochfrequent verstärkt werden und dann immer weniger. Dahinter steht ein Plan. Am Anfang ist alles einfacher, dann wird es schwerer. Das ist in Computerspielen ohne Geldeinsatz sehr wirksam. Aus unserer Perspektive kommt das dem Glücksspiel sehr nahe, deswegen nennen wir das **glücksspielnahe Internet-Applikationen**. Da sind suchtverstärkende Mechanismen enthalten, juristisch muss man aber vorsichtiger sein. Aus der Suchtforscher-Perspektive ist das ein Problem, denn erst wenn die juristische Perspektive da ist, kommt es zu Regulierungen."

3.7 Freemium

Der Begriff **Freemium** ist ein Kofferwort, zusammengesetzt aus den Wörtern *Free* und *Premium*. Es wurde 2006 für ein Geschäftsmodell vorgeschlagen, in dem das Kernprodukt kostenlos zur Verfügung gestellt wird, wobei Zusatzleistungen und Premiumdienste gegen Zahlung angeboten werden: „Give your service away for free, possibly ad supported but maybe not, acquire a lot of customers very efficiently through word of mouth, referral networks, organic search marketing, etc., then offer premium priced value added services or an enhanced version of your service to your customer base."[265]

Freemium ist damit gerade keine Monetarisierungsstrategie, sondern eine Marketingstrategie, um Kunden zu gewinnen, die mittels anderer Strategien monetarisiert werden, z. B. über Werbung oder In-Game-Käufe. In diesem Zusammenhang gibt es weitere Distributionsformen, die unter die oben genannte Definition fallen und die hier kurz erwähnt werden sollen, ohne detailliert auf die nicht-monetären Vergütungen einzugehen.

Bei einer **Demo** oder **Demonstration** kann das kostenlos angebotene Spiel durch Einmalzahlung zum Vollprodukt aufgewertet werden. Solche Demos können auf verschiedenen Distributionskanälen verteilt werden, z. B. als Covermount einer Zeitschrift (s. 3.5.10) oder als Download (s. 3.5.2). Demos helfen, ein Spiel kennenzulernen, bevor es bezahlt wird. Die Bewertung im Einzelfall hängt davon ab, wie oft und in welcher Situation der Spieler zum Kauf der Vollversion aufgefordert wird.

Shareware wird ebenfalls kostenlos verteilt und fordert schon im Namen zur weiteren Verbreitung auf. Von jedem Spieler darf das Spiel aber nur eine begrenzte Zeit genutzt oder gestartet werden, ehe es gekauft oder abonniert werden muss.

---

[265] Schenck 2011: Freemium: Is The Price Right For Your Company?

Freeware ist die kostenlos ausführbare Version eines Spiels, die keine weiteren Forderungen an den Spieler stellt. Die einzige Bedingung ist, dass sie nicht verkauft werden darf.

Donationware ist ein Spiel, das grundsätzlich frei spielbar ist, aber die Spieler darum bittet, seinen Entwicklern Geld zu spenden. Das berühmteste und einflussreichste Spiel, dessen Entwickler Tarn und Zach Adams auf diesem Weg ihren Lebensunterhalt bestreiten können, ist *Slaves to Armok II: Dwarf Fortress*. Die Professionalisierung der Spenden durch die Spenden- und Unterstützungs-Plattform Patreon hat das monatliche Einkommen der Adams-Brüder ab 2015 noch einmal verdoppelt.[266]

Im Gegensatz dazu ist **Nagware** zwar frei spielbar, fordert aber regelmäßig, ggf. auch mit lästigen Unterbrechung des Spielverlaufs oder Verzögerungen des Spielbeginns, zu freiwilligen Spenden auf und verspricht, nach Zahlung und Registrierung die Nagscreens zu deaktivieren.

Open Source-Spiele wie *The Battle for Wesnoth, Minetest, Nethack* u. v. m.[267] sind nicht nur kostenlos verteilt und frei spielbar, sondern enthalten den Quellcode des Spiels mit der Aufforderung, es dezentral weiter zu entwickeln und die Ergebnisse mit der Community zu teilen. Über Beweggründe und Organisation der Open Source-Community hat Eric Raymond wegweisende Aufsätze geschrieben und ebenfalls quelloffen zur Verfügung gestellt.[268]

Freie und quelloffene Spiele, die keinerlei Versuche einer Monetarisierung unternehmen, sind beeindruckende Angebote einer Kultur des Teilens, die zeigen, dass ein digitaler Markt jenseits des klassischen Gewinnstrebens möglich ist. Dennoch muss aus jugendschutzrechtlicher Perspektive beachtet werden, dass fehlende Monetarisierung auch fehlende Kontrolle bedeuten kann und häufig auch bedeutet. Wenn ein Spiel

---

[266] https://www.mcvuk.com/development/dwarf-fortress-dev-moving-from-donations-to-patreon-doubled-our-income
[267] https://www.wikiwand.com/en/List_of_open-source_video_games
[268] Raymond 2000: The Cathedral And The Bazaar.

wie *Counter Strike* aufgrund seiner Gewaltthematik erst ab 16 Jahren zugänglich sein sollte, dabei aber vergleichbare Spiele wie *Urban Terror*[269], *Enemy Territory: Legacy*[270] oder *AssaultCube*[271] gleichzeitig im Netz frei verfügbar sind, zeigt dies die Grenzen einer freiwilligen Selbstkontrolle auf nationalstaatlicher Ebene.

Free-to-Play-Spiele (F2P) werden als Basisversion kostenlos zur Verfügung gestellt und anschließend auf verschiedene Weise monetarisiert. Die oben angeführten Finanzierungsmodelle freier Spiele über Spenden bzw. unbezahltes Engagement werden üblicherweise nicht als Free-to-Play bezeichnet, auch wenn es unter die wörtliche Bedeutung subsumiert werden könnte. F2P bezieht sich auf kostenlos spielbare Spiele, die über Werbung (s. 3.3.1) oder deterministische (s. 3.6.2, 2.6.3) bzw. probabilistische (s. 3.6.4) In-Game-Käufe monetarisiert werden.

 Woher kommt die Teilung in kostenfreie und kaufbare Ressourcen?
An die Anfänge erinnert sich André Walter: „Das hat sich auch iterativ entwickelt. Anfangs gab es nur eine Ressource und diese Ressource wurde direkt verkauft. Dies hat aber schnell dazu geführt, dass der Grundaufbau (der Core Loop) im Spiel immer schwerer werden musste, um Anreize zum Kauf zu schaffen. Das hat viele Spieler demotiviert und sie hörten auf zu spielen. Daher die Trennung von kostenfreien Ressourcen (Soft Currency) für den Core Loop und Kaufressourcen (Hard Currency) für das gewisse Extra im Spiel. Inzwischen haben die Spiele immer mehr Mechaniken und damit oft auch mehr Ressourcen, um Abwechslung zu fördern, aber auch um den Nutzer besser zu steuern und die Grenzen von Soft und Hard Currency immer mehr zu verwischen. Wie sich die Wirtschaft innerhalb eines Spiels genau entwickelt, ist nicht sehr leicht zu berechnen oder abzusehen. Mit Währungstrennungen

269 https://www.urbanterror.info/home/
270 https://www.etlegacy.com/
271 https://assault.cubers.net/

und vielen Ressourcen kann man dies besser aussteuern. In Strategie-spielen oder RPGs nimmt daher die Anzahl von Spielwährungen immer mehr zu, in einfachen Spielen sind es meistens die bekannten zwei Ressourcen, eine Soft und eine Hard. Die Soft bringt dich zu Beginn schnell voran aber der Progress wird immer schwerer, jetzt kannst du mit der Hard wieder den gewohnten Progress vom Anfang aufnehmen oder dich direkt massiv nach vorne bringen. Mann (Wortwitz) will ja unter die Top 100 kommen."

 Wie ist das zu bewerten?

„Das Modell ist eigentlich super und funktioniert für den Großteil der Ziel-gruppe automatisch. Jeder kann das Spiel testen und sehen, ob es ihm gefällt. Der Spieler selbst muss den Wert des Spiels für sich festlegen. Eine junge Zielgruppe zum Beispiel würde niemals ein 99-Euro-Paket kaufen, sie denkt gar nicht daran. Für sie steht das schnelle Erleben im Vordergrund. Sie bekommen vielleicht von ihren Eltern ein 10-Euro-Pa-ket geschenkt. Dieses bringt sie auch relativ weit voran und dann hören sie meist aus Interessenverlust eh wieder auf. Der Durchschnittsspieler hat eine immer geringere Lifetime im Spiel. Da gibt man insgesamt viel-leicht nur noch 15 Euro aus. Die Lifetime der einzelnen Spiele geht im-mer weiter runter. Es gibt nur noch wenige Spiele, die eine Lifetime von einem halben Jahr haben und das sind dann auch schon die Marktfüh-rer, die *Cash Cows*. Sechs Monate ist der Zielwert eines erfolgreichen Spiels. Danach gehen die Leute weg, das ist die Wettbewerbsflut, man wird ja mit Spielen überschüttet."

Inzwischen hat sich „F2P" als Kürzel für Spiele etabliert, die sich vor allem mit In-Game-Käufen (IAPs) finanzieren und die eine bestimmte Art von Spielerlebnissen erwarten lassen:

- Das Spiel hat starke Belohnungsreize, die zum Weiterspielen auffordern (s. 2.8, 2.9).
- Es gibt willkürliche Schranken, die den Spielfluss zunehmend behindern, je mehr Spielfortschritt gemacht wurde.
- Gleichzeitig werden Spieler mit Zahlungsaufforderungen konfrontiert, um die Handlungsmöglichkeit wiederherzustellen.
- Die IAPs dienen zwar der Selbstdarstellung oder Verschönerung der Spielwelt, haben aber keinen Einfluss auf den Spielerfolg. Hier ist die Grenze zu Pay-to-Win-Modellen (s. 3.6.3) fließend.
- In Multiplayer-Spielen erhöhen die Käufe nicht die Siegchancen. Sollten spielrelevante Ressourcen durch In-Game-Käufe verstärkt werden, führt dies dazu, dass der Spieler in einem Ligen-System in Zukunft auf stärkere Gegner trifft.
- In keinem Fall hat ein zahlender Spieler einen Vorteil gegenüber einem nicht zahlenden Spieler.

Zwar werden mobile Spiele und Onlinespiele derzeit immer häufiger als F2P monetarisiert, dennoch gelingt es nur wenigen Firmen, ein auf F2P tragfähiges Geschäftsmodell aufzubauen. Lutz Anderie sieht F2P für die meisten Spiele mittlerweile sehr differenziert:

„Vor fünf Jahren habe ich noch gesagt: Don't do it. Nur 10 % der Unternehmen wussten, wie man Free-to-Play monetarisiert. Inzwischen gibt es mehr Know-How, aber es ist der größte Fehler seit der Einführung der Industrie, man kann das Rad nur nicht mehr zurückdrehen. Damit wurde ein wertvolles Wirtschaftsgut, bei dem Wertschöpfung durch Entwicklung kreiert wird, umsonst „weggegeben". Das macht sonst niemand. Es gab einen Marktbereinigungsprozess, viele Firmen sind in die Insolvenz gegangen. Diejenigen, die jetzt noch am Markt aktiv sind und eine Restrukturierung durchlaufen haben, konnten sukzessive Free-to-Play-Know-How aufbauen. Die Monetarisierungsmodelle von Computerspielen werden nicht zuletzt durch Free-to-Play-Games reformiert. Der Vermarktung von virtuellen Gütern, den In-Game-Items, die synonym auch als Krypto Assets oder Virtual Goods bezeichnet werden, muss hierbei eine zentrale Bedeutung beigemessen werden. Durch unsere Forschungen wissen wir, dass über 50 % der Gamer In-Game-Items akzeptieren und diese auch schon einmal gekauft haben. Gamer, die 100 bis 200 Euro jährlich für In-Game-Items ausgeben, kaufen im gleichen Zeitraum auch Pay-to-Play-Games im Wert von mindestens 50 Euro. Kannibalisierungseffekte durch Kaufkraftlimitierungen sind vernachlässigbar. Außerdem wurde nachgewiesen, dass die Kaufbereitschaft für In-Game-Items bei längerer Spieldauer zunimmt. Und nicht zuletzt werden In-Game-Items dem Gamer zunehmend durch KI (Künstliche Intelligenz) während des Spielverlaufs angeboten."

Ein spezielles Genre, das zunehmend mit einem F2P-Modell arbeitet, ist **Social Gambling**. Aufgrund des Glücksspielverbots wird hier lediglich virtuelle Währung als Spieleinsatz und -gewinn verwendet, wobei diese virtuelle Währung über In-Game-Käufe erworben werden kann.

Der soziale Aspekt liegt in der Möglichkeit, den eigenen Spielverlauf mit anderen Spielern zu vergleichen, durch Anzeige ihrer Ergebnisse oder Highscore-Listen. Wichtig ist aber, dass es für die einzelne Partie keinen Cash-Out gibt, sondern die Spieler sich das Recht erkaufen, einige oder einige Dutzend zufallsbasierte Partien zu spielen. Aus rechtlicher Sicht sind diese Spiele zwar nicht zu beanstanden, aus Sicht der Suchtprävention sind sie dennoch als bedenklich einzustufen, weil Spieler damit auf echte Glücksspiele vorbereitet werden, bei denen um echtes Geld gespielt wird.

Insbesondere die Tendenz von F2P-Spielen, mit individualisierten Zufallszahlen zu arbeiten, kann den falschen Eindruck vermitteln, bessere Gewinnchancen zu haben als statistisch erwartbar wären. Om Tandon schreibt in seiner Analyse des Spiels *Slotomania*: „The game's

FTUE [First-Time User Experience, JK] is quite different from real money casino games, the math tables (which are responsible for prize drop) have been modified in a way to ensure new players level up & progress faster wining multiple large prizes to feel rewarded and lucky in the game. This is in direct contrast to real money casino games, where such a distinction is not possible, even if you can detect a new player playing either online or by the slot machine due to heavy compliance and regulation barring such practices."[272]

Für Spieler, die *Glück* als individuelle Ressource oder gar als Fähigkeit ansehen, die sich auf Zufallsentscheidungen auswirkt, liegt nach großen Gewinnen im F2P-Gambling der Schluss nahe, auf Spiele zu wechseln, in denen dieses Glück sich wieder re-monetarisieren lässt, d. h. auf echte Glücksspiele. Insofern ist gerade im Bereich Social Gambling auf den Zusammenhang von Spielinhalt und Monetarisierung mit jugendschutzrelevanter Suchtprävention hinzuweisen und eine stärkere Regulierung zu fordern.

---

[272] Tandon 2016: UX Review: Piggy Bank (Endowment) Effect! Unique Monetisation Hooks Of Slotomania.

Kapitel 4
Fazit

Auf Grundlage von Interviews und Literatursichtung werden von den etablierten Monetarisierungsmodellen in Spielen – Abonnement, Werbung,
Affiliate, Transaktionen, Verkäufe, Freemium – lediglich verschiedene
Formen der In-Game-Transaktionen als substanziell problematisch angesehen.

4.1 Spielerbilder

Die Bewertung dieser Monetarisierungsmodelle erfolgt sowohl in Bezug auf das Spiel als auch auf die Spieler. Zwei Menschenbilder können
dabei ausgemacht werden, die in ökonomischen und politischen Debatten regelmäßig auftauchen: der rational und der heuristisch handelnde
Marktteilnehmer. Hinzu kommt eine selbstschädigende Extremform der
Heuristik, die statistisch zwar selten auftritt, dafür aber im Mittelpunkt von
Schutzbemühungen und Marktregulationen steht.

4.1.1 Spieler als rationale Marktteilnehmer

Diese Position geht davon aus, dass Monetarisierungsformen auf ökonomisch mündige Spieler treffen, die wissen, was sie wollen und in der
Lage sind, ihre Ressourcen rational einzuteilen. Die Sicht auf Spieler als
rationale Marktteilnehmer wird vor allem von Interessensvertretern der
Industrie vorgetragen und äußert sich in der Annahme, dass auch die
kritisierten Angebote wie In-Game-Käufe oder in randomisierter Form
von Lootboxen nicht problematisch, sondern im Gegenteil zunehmend

bekannt und akzeptiert seien. Als freiwilliges Angebot seien sie eine Möglichkeit, individuelle Spielerlebnisse zu verbessern.

Aus dieser Sicht ist keine Regulierung außerhalb der reinigenden Kräfte des Marktes erforderlich. Die etablierten Monetarisierungsmodelle stellen offenbar genügend Kunden zufrieden, was sich in Umsatzzahlen und Gewinnprognosen zeigt. Andererseits könnten Spieler ungeliebte Monetarisierungsformen einfach durch Konsumverzicht vom Markt drängen. Eine Verantwortung der Unternehmen besteht insofern nicht, da niemand gezwungen werde, die Angebote überhaupt zu nutzen.

Rationale Spieler sind durch Spielmechaniken oder Monetarisierungsformen auch nicht manipulierbar, da sie zu jedem Zeitpunkt in der Lage sind, genau zu entscheiden, welche Ressourcen sie in welcher Menge wofür ausgeben können und wollen und über die nötige Willensstärke verfügen, diese Entscheidung auch umzusetzen.

4.1.2 Spieler als heuristische Marktteilnehmer

Ganz anders ist das Menschenbild in der Verhaltensökonomie. Hier wird davon ausgegangen, dass Menschen in vielen Fällen nicht rational entscheiden, sondern aufgrund von Zeit- oder Informationsmangel auf Annahmen zurückgreifen, die intuitiv gerechtfertigt sind, einer rationalen Überprüfung aber nicht standhalten. Insbesondere hoher Handlungsdruck, d. h. das Verhältnis von Gewicht der Handlungsfolgen zu der dafür zur Verfügung stehenden Zeit, führt zu impulsiven Entscheidungen, die bei näherer Überlegung evtl. nicht oder anders getroffen würden.

Während diese Form der Informationsverarbeitung und Entscheidungsfindung nachweisbar bei der überwiegenden Mehrheit aller Menschen vorliegt, muss sie nicht unbedingt entscheidungsrelevant werden, da rationale Abwägungen zur Dämpfung und Kontrolle dieser Impulse herangezogen werden können.

Die erforderlichen neuronalen Strukturen der Impulskontrolle sind allerdings bei Kindern und Jugendlichen noch nicht ausgereift, insofern sind Minderjährige besonders gefährdet, unter Handlungsdruck oder emotionalem Stress impulsiv zu handeln, ohne diesen Impuls angemessen abdämpfen zu können.

4.1.3 Spieler als gefährdete Marktteilnehmer

Im Extremfall kann der Spieler seine Impulse überhaupt nicht mehr rational kontrollieren und das Spielverhalten nimmt selbstschädigende Züge an. Bei diesen Menschen ist die Belohnungswirkung von Computerspielen besonders stark, insbesondere, wenn dabei intermittierende Verstärkungspläne eingesetzt werden.

Randomisierte Belohnungen können bei emotional vulnerablen und suchtgefährdeten Menschen Verhaltensmuster prägen, die sich ohne entsprechende Gegenmaßnahmen zu Verhaltenssüchten entwickeln können. Problematisch ist hier vor allem der fehlende und noch geringe Nachweis über die Wirksamkeit bestimmter Monetarisierungsformen auf die Ausprägung einer Spielsucht.

Die politische Forderung der Gleichsetzung von Lootboxen mit Glücksspielen muss als Ausdruck des Auftrags der Suchtprävention verstanden werden, wenngleich der Glücksspielcharakter von Lootboxen nicht in jedem Fall gleichermaßen zutrifft.

Dabei wird als Maßstab die *Aggressivität* von Monetarisierungsmodellen eingeführt und begründet. Die Wahl dieses Attributs erfolgt dabei vor dem Hintergrund einer anthropologischen Verhaltensforschung, wonach Aggression ein Ensemble von Mechanismen ist „um sich gegen andere mit schädigenden Mitteln zu behaupten oder durchzusetzen."[273] In englischen Berichten wird in diesem Zusammenhang von „predatory

---

[273] Wahl 2009: Aggression und Gewalt, S. 10.

business model"[274] gesprochen, bei dem raubtierhaft vor allem die schwächeren Mitglieder eines Kollektivs anvisiert werden. Dabei schädigen diese Spiele nicht nur ihre Kunden, sondern langfristig auch das Medium Computerspiel als eigenständige Kunstform.[275]

Die These hat weitreichende Konsequenzen, insbesondere im Hinblick auf Regulierungsanforderungen und Altersbeschränkungen, die abschließend diskutiert werden.

4.2 Maßnahmen

Die folgende Liste möglicher Maßnahmen wurde aus den Interviews zusammengestellt und den drei Spielergruppen zugeordnet. Der Schwerpunkt liegt dabei auf den heuristischen Spielern.

4.2.1 Altersbeschränkung

Von allen Interviewpartnern wurde eine Anpassung der Altersbeschränkung aus verschiedenen Gründen abgelehnt. Industrievertreter mit einem Bild der Spieler als rationale Marktteilnehmer sehen ohnehin kein Problem mit einzelnen Monetarisierungsmodellen, weil sie davon ausgehen, dass die Spieler sich inzwischen daran gewöhnt haben und damit umgehen können.

Lorenzo von Petersdorff sieht die Alterskennzeichnung der USK als ungeeignet, auch Monetarisierungsmodelle zu umfassen: „Die strikte Trennung zwischen Inhaltsrisiken bzw. dem Schutz vor entwicklungsbeeinträchtigenden Inhalten auf der einen und sogenannten Nutzungsrisiken bzw. allgemeinen Verbraucherschutzregelungen auf der anderen

---

274 Cross 2017: How The Legal Battle Around Loot Boxes Will Change Video Games Forever.
275 Smith 2018: How Corporations Are Destroying Video Games.

Seite, ist gut und richtig. Bei Letzteren existieren bereits passgenaue gesetzliche Schutzregelungen. Zudem gehören Themen wie Geschäftsfähigkeit, AGBs oder Datenschutz nicht in die Alterskennzeichnung, da diese sonst vollkommen verwässert würden. Die Alterskennzeichnung bzw.
‚eine Zahl‘ ist kein geeignetes Mittel, um all diese komplexen Themengebiete gemeinsam und differenziert genug widerzuspiegeln. Dies würde im
Ergebnis hingegen zu weniger Orientierung führen und Minderjährigen
eine Teilhabe am medialen Geschehen erschweren, da es für Eltern nicht
mehr nachvollziehbar ist, welche der zahlreichen und von Grund auf verschiedenen Themenkomplexe für die Bewertung letztendlich ausschlaggebend war. Die Ausübung des Elternprivilegs würde entsprechend stark
erschwert. Auch wären ausdifferenzierte Alterskennzeichen in vielen
Fällen kaum noch möglich, stattdessen käme es zu einer sprunghaften,
unangemessenen und wenig hilfreichen Verlagerung der Alterskennzeichen in den hohen Bereich der Altersfreigaben. Dieses Problem sollte unbedingt im Hinblick auf die Novellierung der Gesetze JuSchG und JMStV
beachtet werden. Nutzungsrisiken sollte hingegen mit Transparenz begegnet werden, namentlich über Deskriptoren und Zusatzinformationen,
ohne dass diese Nutzungsrisiken aber selbst in die Alterskennzeichnung
einfließen. Entsprechend handhabt es bereits das plattformgebundene
IARC-System, an deren Gründung die USK beteiligt gewesen ist.“

Der Suchtforscher Christian Montag betont, dass es noch an gesi-
cherten Erkenntnissen mangelt: „Ich habe mich lange eher gegen Regulierung im Bereich der Computerspiele ausgesprochen, weil Regulierungen und Gesetze in der Regel dem sich schnell bewegenden Onlinesektor
hinterherhinken. Altersvorgaben sind aber natürlich sehr hilfreich, auch
was die Inhalte der Computerspiele betrifft. Insgesamt baue ich auch auf
die gesunde Menschennatur und die Idee, dass über Psychoedukation
Einsicht und Verhalten geändert werden kann. Da ich aber um die Macht
des Spieldesigns weiß und das von mir formulierte Menschenbild zu op-
timistisch ist, wird es ggf. flankierende Maßnahmen des Gesetzgebers
brauchen, der Vorgaben macht, wie Spiele genau designed werden dür-

fen. Dies gilt besonders dann, wenn die Gaming-Industrie sich nicht zügig von selber bewegt. Durch die Aufnahme der Gaming Disorder als eigenes Störungsbild in den ICD-11 Katalog der Weltgesundheitsbehörde ist der Druck auf die Industrie zurecht stark gestiegen. Bevor wir in diesem Bereich aber sinnvoll regulieren können, muss stärker empirisch nachgewiesen werden, was genau ein gesundes Computerspiel ausmacht. Das bedeutet eine konzentrierte Forschungsagenda, die von unabhängigen Wissenschaftlern umgesetzt wird. Eine zentrale Frage lautet: Welche Elemente dürfen beispielsweise in welcher Kombination in einem Computerspiel verbaut werden, damit die Onlinezeiten nicht zu stark ausufern? Diese Forschung ist aber kostspielig. Wer bezahlt das?"

André Walter hat eine pragmatische Sicht: „USK 18 ist absoluter Unsinn. Für viele Jugendliche ist das ein Anreiz, genau da einzusteigen. Warum war *Doom* so erfolgreich? Weil es verboten war. Das funktioniert so nicht, davon halte ich überhaupt nichts. Vielleicht hilft es den Eltern, das Spiel besser einzuschätzen, aber in wie weit prüfen das die Eltern noch oder können das überhaupt? Auch sind die Kriterien nicht wirklich gut. Es gibt Spiele ab 12, da bekommt man Herzrasen und Spiele ab 18, bei denen man einschläft. Die kognitive Belastung wäre eigentlich ein besserer Filter, als die Tatsache, ob Blut blau oder rot ist. Kein Scherz, da wurden Spiele FSK 18 eingestuft, dann hat das Gamedesign das Blut der Gegner blau gefärbt und sie Aliens genannt und schon waren sie FSK 12."

4.2.2 Unterhaltungsangebote

Spieler der ersten Gruppe, die rational über ihre Ressourcen Geld, Zeit, Aufmerksamkeit etc. verfügen, sind ideale Marktteilnehmer: Sie informieren sich über die Spiele, die sie spielen, wägen ihre Investitionen gegen den erwarteten Gewinn ab und geben für Spiele nicht mehr aus als sie dafür rational budgetieren. Sie benötigen keine Maßnahmen, um sie in ihrem Handeln zu unterstützen.

Anders ist es bei den beiden anderen Gruppen, den heuristischen und den gefährdeten Spielern. Hier werden die im Folgenden genannten Maßnahmen empfohlen.

4.2.3 Forschung fördern

Zu den glücksspielähnlichen Spielen zählt die Suchtforschung alle Spiele, die juristisch nicht als Glücksspiele gelten, bei denen Spieler aber ähnliche Verhaltensmuster zeigen. Dazu gehören insbesondere Spiele mit In-Game-Käufen, unabhängig davon, ob die Kaufinhalte randomisiert sind oder nicht. Diese Spiele zeigen aus ökonomischer Sicht eine ähnliche Pareto-Verteilung wie Glücksspiele: Eine kleine Anzahl an Spielern ist für den größten Teil der finanziellen Umsätze verantwortlich. Die Ähnlichkeit zum Glücksspiel ergibt sich daher nicht aus der Spielmechanik, sondern aus der psychischen Dynamik, die vor allem bei suchtgefährdeten Spielern fatal ist.

Bei diesen Spielen wird von allen Interviewpartnern, außer von den Industrievertretern, empfohlen, weitere Forschungen zu fördern, um die Wirkung einzelner Spielelemente besser abschätzen zu können. Würde dabei ein Gefährdungspotenzial nachgewiesen, sollten glücksspielähnliche Spiele ähnlich wie Glücksspiele reguliert werden.

4.2.4 Deskriptoren verfeinern

Unabhängig von ihrer formaljuristischen Einordnung haben Spiele mit Möglichkeiten zu In-Game-Käufen häufig manipulative bis aggressive Mechaniken bei der Unterbreitung von Kaufangeboten. Hier wird empfohlen, das Deskriptoren-System, das sich bei der Bewertung nach IARC bewährt hat, weiter zu differenzieren, um die Art der In-Game-Käufe und den Handlungsdruck auszuweisen, mit denen sich das Spiel monetarisiert.

4.2.5 Informationen aggregieren

Manipulative Monetarisierungsmodelle verleiten zu Impulsivkäufen unterhalb der Schwelle rationaler Abwägungen. Hier sollte das Wissen von Spielern und ihren Angehörigen über die eingesetzten Spielmechaniken und die Beeinflussungsabsicht verbessert werden. Es wird daher empfohlen, ein Informationsportal zu schaffen, in dem die Monetarisierungsformen von Spielen analysiert werden, ähnlich wie der In-App-Purchase-Inspector.[276] Zusätzlich kann eine Sammlung von Dark Game Design Patterns erstellt werden[277], in der manipulative Spielmechaniken sowie Beeinflussungsstrategien gesammelt und kritisch diskutiert werden können. Dieses Portal sollte mit anderen Initiativen des digitalen Jugendschutzes vernetzt und bekannt gemacht werden.

4.2.6 Mentale Kontenbildung unterstützen

Heuristische Entscheidungen werden innerhalb der mentalen Buchhaltung regelmäßig falsch oder zumindest unangemessen verbucht. Dies betrifft vor allem den Umgang mit Wahrscheinlichkeiten, die von Heuristiken nicht adäquat verarbeitet werden. Spiele sollten daher um die Möglichkeit erweitert werden, den eigenen Ressourcenverbrauch besser einzuschätzen. Dazu gehören:

- Visualisierung der aufgelaufenen Kosten
- Visualisierung der verbrachten Spielzeit
- Möglichkeiten der Fremd- oder Selbstsperrung bei Überschreitung von zeitlichen oder finanziellen Ausgaben, die vor Spielbeginn festgelegt werden können
- Angabe der Wahrscheinlichkeiten bei randomisierten Angeboten

---

276 www.pocketgamer.biz/the-iap-inspector
277 vgl. https://darkpatterns.org und https://www.darkpattern.games

4.2.7 Glücksspiele: Regulierung anwenden

Computerspiele, deren Monetarisierungsform den Kriterien von Glücksspielen entsprechen, müssen wie diese reguliert werden. Der Glücksspielstaatsvertrag basiert auf der Annahme, dass es zu viele Menschen
gibt, die mit Glücksspielangeboten nicht rational und eigenverantwortlich
umgehen können. Wichtigstes Ziel der Regulierung ist es daher, „das
Entstehen von Glücksspielsucht und Wettsucht zu verhindern und die
Voraussetzungen für eine wirksame Suchtbekämpfung zu schaffen."[278]
Wenn die Suchtgefährdung von Glücksspielen als derart hoch eingeschätzt wird, dass ein gesamter Zweig der Unterhaltungsindustrie staatlich streng reguliert werden muss, sollten Computerspiele mit denselben
Merkmalen auch denselben Regularien unterworfen werden.

4.2.8 Informationen für pädagogische Zielgruppen aufbereiten

Abschließend wird empfohlen, diese Expertise zu veröffentlichen und für
verschiedene Zielgruppen pädagogisch aufzubereiten, um einen Überblick über Monetarisierungsformen von Computerspielen auf verschiedenen Detailebenen zur Verfügung zu stellen. Der erste Teil dieser Empfeh-
lung ist mit der vorliegenden Veröffentlichung umgesetzt.

---

[278] Bayerische Staatskanzlei 2011: Staatsvertrag zum Glücksspielwesen in Deutschland, § 1.1.

Literaturverzeichnis

Adams, Ernest; Dormans, Joris (2012): Game Mechanics. Advanced Game Design. Berkeley, Calif: New Riders.

American Psychiatric Association (2013): Diagnostic And Statistical Manual Of Mental Disorders. DSM-5. 5. ed. Washington, DC: American Psychiatric Publishing.

Armstrong, Rick (2016): Best practices for rewarded video ads. Online verfügbar unter https://blogs.unity3d.com/2016/04/20/best-practices-for-rewarded-video-ads-2/, zuletzt geprüft am 03.09.2020.

Bahr, Martin (2019): Sind 50 Cent-Gewinnspiele nach dem Glücksspiel-Staatsvertrag verboten? Online verfügbar unter https://www.gluecksspiel-und-recht.de/aufsaetze/sind-50-cent-gewinnspiele-nach-dem-gluecksspiel-staatsvertrag-verboten/, zuletzt geprüft am 03.09.2020.

Banz, Markus; Lang, Peter (2017): Glücksspielverhalten und Glücksspielsucht in Deutschland. Ergebnisse des Surveys 2017 und Trends. BZgA-Forschungsbericht. Bundeszentrale für gesundheitliche Aufklärung. Köln. Online verfügbar unter https://doi.org/10.17623/BZGA:225-GS-SY17-1.0, zuletzt geprüft am 03.09.2020.

Bartle, Richard A. (1996): Players Who Suit MUDs. Online verfügbar unter https://mud.co.uk/richard/hcds.htm, zuletzt geprüft am 03.09.2020.

Baum, Felizitas (2017): Lootboxen und Jugendschutz. In: Unterhaltungssoftware Selbstkontrolle (USK), 20.10.2017. Online verfügbar unter https://usk.de/lootboxen-und-jugendschutz/, zuletzt geprüft am 21.03.2020.

Bayerische Staatskanzlei (2011): Staatsvertrag zum Glücksspielwesen in Deutschland. GlüStV. Online verfügbar unter https://www.gesetze-bayern.de/Content/Document/StVGlueStV/true, zuletzt geprüft am 11.03.2020.

Bayerisches Oberlandesgericht, Urteil vom 12.12.2002, Aktenzeichen 5 St RR 296.02.

Beck, Hanno (2014): Behavioral Economics. Eine Einführung. Wiesbaden: Springer Gabler.

Benson, Buster (2016): Cognitive Bias Cheat Sheet. In: Better Humans, 01.09.2016. Online verfügbar unter https://medium.com/better-humans/cognitive-bias-cheat-sheet-55a472476b18, zuletzt geprüft am 17.03.2020.

Björk, Staffan; Holopainen, Jussi (2006): Patterns In Game Design. [Nachdr.]. Boston, Mass.: Charles River Media (Game development series).

Blue Ocean Entertainment AG; Egmont Ehapa Medien GmbH; Gruner + Jahr; Panini Verlags GmbH; SPIEGEL-Verlag; ZEIT Verlag (Hg.) (2018): Kinder Medien Studie 2018. Online verfügbar unter https://kinder-medien-studie.de/wp-content/uploads/2018/08/KMS_Handout_PK2018_FINAL_V2.pdf, zuletzt geprüft am 12.03.2020.

Botes, Amie (2018): 48 Gaming Affiliate Programs That Will Make You Money!!! In: *Nochgames*, 19.01.2018. Online verfügbar unter https://www.nochgames.com/gaming-affiliate-programs/, zuletzt geprüft am 22.03.2020.

Boutilier, Alex (2015): Video Game Companies Are Collecting Massive Amounts Of Data About You. In: *Toronto Star*, 29.12.2015. Online verfügbar unter https://www.thestar.com/news/canada/2015/12/29/how-much-data-are-video-games-collecting-about-you.html, zuletzt geprüft am 12.03.2020.

Braun, Stefanie (2018): Süchtig nach Computerspielen? Diagnosekriterien nach DSM-5. Online verfügbar unter https://webcare.plus/computerspiele-suechtig/, zuletzt geprüft am 17.03.2020.

Bronder, Thomas (2016): Spiel, Zufall und Kommerz. Theorie und Praxis des Spiels um Geld zwischen Mathematik, Recht und Realität. 1. Aufl. 2016. Berlin, Heidelberg: Springer.

Brown, Mike (2018): The Finances Of Fortnite: How Much Are People Spending On This Game? Online verfügbar unter https://lendedu.com/blog/finances-of-fortnite/, zuletzt geprüft am 17.03.2020.

Brustein, Joshua; Novy-Williams, Eben (2016): Virtual Weapons Are Turning Teen Gamers Into Serious Gamblers. Online verfügbar unter https://www.bloomberg.com/features/2016-virtual-guns-counterstrike-gambling/, zuletzt geprüft am 21.03.2020.

Bundeszentrale für gesundheitliche Aufklärung (2020): Das Sucht-Risiko beim Glücksspiel. Online verfügbar unter https://www.spielen-mit-verantwortung.de/gluecksspiel/gefaehrdungspotenzial.html, zuletzt geprüft am 11.03.2020.

Bycer, Josh (2018): An Examination Of The Debate Behind Loot Boxes. Online verfügbar unter https://www.gamasutra.com/blogs/JoshBycer/20180921/327040/An_Examination_of_the_Debate_Behind_Loot_Boxes.php, zuletzt geprüft am 17.03.2020.

Castendyk, Oliver; Müller-Lietzkow, Jörg (2017): Die Computer- und Videospielindustrie in Deutschland. Daten - Fakten - Analysen. Leipzig: VISTAS.

Castronova, Edward (2007): Synthetic Worlds. The Business And Culture Of Online
Games. Paperback ed., [Nachdr.]. Chicago: Univ. of Chicago Press.

Condor (1994): Diablo Pitch. Online verfügbar unter https://www.graybeardgames.
com/download/diablo_pitch.pdf, zuletzt geprüft am 22.03.2020.

Cross, Katherine (2017): How The Legal Battle Around Loot Boxes Will Change
Video Games Forever. In: *The Verge*, 19.12.2017. Online verfügbar unter
https://www.theverge.com/2017/12/19/16783136/loot-boxes-video-games-gam-
bling-legal, zuletzt geprüft am 17.03.2020.

Cummings, Leslie E. (1999): A Typology Of Technology Applications To Expedite
Gaming Productivity. In: *Gaming Research & Review Journal* Volume 4 (1),
S. 63 – 80. Online verfügbar unter https://digitalscholarship.unlv.edu/cgi/viewcontent.
cgi?referer=https://scholar.google.com/&httpsredir=1&article=1270&context=grrj,
zuletzt geprüft am 11.03.2020.

D'Anastasio, Cecilia (2017): Study Shows Which Video Game Genres Women
Play Most. In: *Kotaku*, 20.01.2017. Online verfügbar unter https://kotaku.com/
study-shows-which-video-game-genres-women-play-most-1791435415, zuletzt
geprüft am 12.03.2020.

D'Anastasio, Cecilia (2017): Why Opening Loot Boxes Feels Like Christmas,
According To Game Devs. In: *Kotaku*, 20.03.2017. Online verfügbar unter
https://kotaku.com/why-opening-loot-boxes-feels-like-christmas-accor-
ding-1793446800, zuletzt geprüft am 11.03.2020.

David Wong (2010): 5 Creepy Ways Video Games Are Trying To Get You Addicted.
In: *Cracked.com*, 08.03.2010. Online verfügbar unter https://www.cracked.com/
article_18461_5-creepy-ways-video-games-are-trying-to-get-you-addicted.html,
zuletzt geprüft am 17.03.2020.

Davis, Chris (2018): EA Now Makes 40 % Of Its Revenue From 'Live Services'.
Online verfügbar unter https://cdavisgames.com/2018/05/08/ea-now-makes-forty-
percent-of-its-revenue-from-live-services/, zuletzt geprüft am 12.03.2020.

Dayus, Oscar (2019): Here's Why Dark Souls, Bloodborne, And Sekiro Don't
Have Difficulty Options. In: *Gamespot*, 27.02.2019. Online verfügbar unter
https://www.gamespot.com/articles/heres-why-dark-souls-bloodborne-and-sekiro-
dont-ha/1100-6459827/, zuletzt geprüft am 11.03.2020.

Deutscher Bundestag (2011): Virtuelle Güter bei Computerspielen. Begriff, rechtlicher Hintergrund und wirtschaftliche Bedeutung. Online verfügbar unter https://www. bundestag.de/resource/blob/412052/a2ff34407556f84c8b5a31e90db0df8c/WD-10-085-11-pdf-data.pdf, zuletzt geprüft am 10.03.2020.

Drachen, Anders; Seif El-Nasr, Magy; Canossa, Alessandro (2013): Game Analytics – The Basics. In: Magy Seif El-Nasr, Anders Drachen und Alessandro Canossa (Hg.): Game Analytics. Maximizing The Value Of Player Data. London: Springer, S. 13 – 40.

Dreier, M.; Wölfling, K.; Duven, E.; Giralt, S.; Beutel, M. E.; Müller, K. W. (2017): Free-to-play: About Addicted Whales, At Risk Dolphins And Healthy Minnows. Monetarization Design And Internet Gaming Disorder. In: *Addictive behaviors* 64, S. 328–333. DOI: 10.1016/j.addbeh.2016.03.008.

Drummond, Aaron; Sauer, James D. (2018): Video Game Loot Boxes Are Psychologically Akin To Gambling. In: *Nature human behaviour* 2 (8), S. 530–532. DOI: 10.1038/s41562-018-0360-1.

Eyal, Nir (2017): Hooked. Wie Sie Produkte erschaffen, die süchtig machen. 3. Auflage. München: Redline Verlag.

Felser, Georg (2015): Werbe- und Konsumentenpsychologie. 4. erw. und vollst. überarb. Aufl. 2015. Berlin: Springer.

Fiedler, Ingo; Ante, Lennart; Steinmetz, Fred (2018): Die Konvergenz von Gaming und Gambling. Eine angebotsseitige Marktanalyse mit rechtspolitischen Empfehlungen. Wiesbaden: Springer Fachmedien Wiesbaden (Glücksspielforschung).

Foye, Lauren (2018): In-Game Gambling - The Next Cash Cow For Publishers. Hg. v. Juniper. Online verfügbar unter https://www.juniperresearch.com/document-library/white-papers/in-game-gambling-the-next-cash-cow, zuletzt geprüft am 03.09.2020.

FPS Justice Gaming Commission (2018): Research Report on Loot Boxes. Brüssel. Online verfügbar unter https://www.gamingcommission.be/opencms/export/sites/default/jhksweb_nl/documents/onderzoeksrapport-loot-boxen-Engels-publicatie.pdf, zuletzt geprüft am 03.09.2020.

Frank, Allegra (2017): Overwatch Loot Box Probabilities Revealed – At Least For China. In: *Polygon*, 05.05.2017. Online verfügbar unter https://www.polygon.com/2017/5/5/15558448/overwatch-loot-box-chances-china, zuletzt geprüft am 21.03.2020.

Freter, Hermann; Naskrent, Julia (2008): Markt- und Kundensegmentierung. Kundenorientierte Markterfassung und -bearbeitung. 2., vollst. neu bearb. und erw. Aufl. Stuttgart: Kohlhammer (Kohlhammer Edition Marketing).

FSK (2011): Kriterien für die Prüfung von FSK.online. Wiesbaden. Online verfügbar unter https://www.fsk.de/media_content/1671.pdf, zuletzt geprüft am 12.03.2020.

Gambling Commission (2018): Declaration Of Gambling Regulators On Their Concerns Related To The Blurring Of Lines Between Gambling And Gaming. Online verfügbar unter https://www.gamblingcommission.gov.uk/PDF/International-gaming-and-gambling-declaration-2018.pdf, zuletzt geprüft am 21.03.2020.

Game (2018): Positionspapier „Lootboxen" in Games. Online verfügbar unter https://www.game.de/wp-content/uploads/2018/01/2018-01-30_game_Positionspapier_Lootboxen.pdf, zuletzt geprüft am 03.09.2020.

Gartenberg, Chaim (2017): China's New Law Forces Dota, League Of Legends, And Other Games To Reveal Odds Of Scoring Good Loot. In: The Verge, 02.05.2017. Online verfügbar unter https://www.theverge.com/2017/5/2/15517962/china-new-law-dota-league-of-legends-odds-loot-box-random, zuletzt geprüft am 21.03.2020.

Gorman, Steve (2008): Obama Buys First Video Game Campaign Ads. In: Reuters Media, 18.10.2008. Online verfügbar unter https://www.reuters.com/article/us-usa-politics-videogames/obama-buys-first-video-game-campaign-ads-idUSTRE49EAGL20081017, zuletzt geprüft am 22.03.2020.

Gough, Christina (2019): World Of Warcraft Expansion Pack Sales Worldwide 2018. Online verfügbar unter https://www.statista.com/statistics/370010/world-of-warcraft-expansion-pack-sales/, zuletzt geprüft am 13.03.2020.

Graft, Kris (2020): What The Hell Does ‚Mid-core' Mean Anyway? Online verfügbar unter https://www.gamasutra.com/view/news/183697/What_the_hell_does_midcore_mean_anyway.php, zuletzt geprüft am 17.03.2020.

Griffiths, Mark (1995): Adolescent Gambling. London: Routledge (Adolescence and society series).

Grove, Chris (2016): Understanding Skin Gambling. Skin-Gambling-White-Paper-V2. Hg. v. Narus. Online verfügbar unter https://www.thelines.com/wp-content/uploads/2018/03/Skin-Gambling-White-Paper-V2.pdf, zuletzt geprüft am 21.03.2020.

Hamari, Juho; Tuunanen, Janne (2014): Player Types: A Meta-synthesis. In: 2328-9414 1 (2), S. 29–53. DOI: 10.26503/todigra.v1i2.13.

Hamilton, Kirk (2017): In-Game Purchases Poison The Well. In: *Kotaku*, 29.11.2017. Online verfügbar unter https://kotaku.com/in-game-purchases-poison-the-well-1820844066, zuletzt geprüft am 11.03.2020.

Hite, Kenneth (2010): A Random History Of Dice. In: Will Hindmarch und Keith Baker (Hg.): The Bones. Us And Our Dice. 1st ed. [Roseville, Minn.]: Gameplaywright Press, S. 4–24.

Hopson, John (2001): Behavioral Game Design. Online verfügbar unter https://www.gamasutra.com/view/feature/3085/behavioral_game_design.php?page=1, zuletzt geprüft am 17.03.2020.

Huizinga, Johan (2017): Homo Ludens. Vom Ursprung der Kultur im Spiel. Unter Mitarbeit von Andreas Flitner. 25. Auflage. Hamburg: Rowohlt Taschenbuch Verlag (rororo Rowohlts Enzyklopädie, 55435).

Ismail, Rami (2016): Why ‚Day-One Patches' Are So Common. In: *Kotaku*, 08.08.2016. Online verfügbar unter https://kotaku.com/why-day-one-patches-are-so-common-1784967193, zuletzt geprüft am 22.03.2020.

Jackson, Gita (2018): The Internet Reacts To Hogwarts Mystery's Microtransactions. Online verfügbar unter https://kotaku.com/the-internet-reacts-to-hogwarts-mystery-s-microtransact-1825598054, zuletzt geprüft am 17.03.2020.

Jasani, Tejas (2017): Loss Aversion: Awesome Psychological Trick To Keep Your Gamers Engaged. Online verfügbar unter http://www.theappguruz.com/blog/loss-aversion-awesome-psychological-trick-to-keep-your-gamers-engaged, zuletzt geprüft am 17.03.2020.

Johnston, Matt (2015): The Ugly Truth About The Wildly Popular ‚Game Of War' Featuring Kate Upton - Business Insider. In: *Business Insider*, 19.05.2015. Online verfügbar unter https://www.businessinsider.com/game-of-war-is-bad-2015-5?r=DE&IR=T, zuletzt geprüft am 06.06.2020.

Jordan, Ariane (2017): Spiele-App-Nutzer: Mehrheit hat Sorge um persönliche Daten und Probleme bei der Nutzung. Online verfügbar unter https://www.marktwaechter.de/pressemeldung/spiele-app-nutzer-mehrheit-hat-sorge-um-persoenliche-daten-und-probleme-bei-der, zuletzt geprüft am 22.03.2020.

Juul, Jesper (2013): The Art Of Failure. An Essay On The Pain Of Playing Video Games. Cambridge, Mass: MIT Press (Playful thinking).

Kahneman, Daniel (2015): Schnelles Denken, langsames Denken. Zwanzigste Auflage. München: Pantheon.

Kahneman, Daniel; Knetsch, Jack L.; Thaler, Richard H. (1991): Anomalies: The Endowment Effect, Loss Aversion, And Status Quo Bias. In: *Journal of Economic Perspectives* 5 (1), S. 193–206. DOI: 10.1257/jep.5.1.193.

Katkoff, Michail (2012): Clash Of Clans - The Winning Formula. In: *Deconstructor of Fun*, 16.09.2012. Online verfügbar unter https://www.deconstructoroffun.com/blog//2012/09/clash-of-clans-winning-formula.html, zuletzt geprüft am 11.03.2020.

Kelly, Debra (2017): Kids Who Wasted Thousands Of Dollars On Gaming. In: *Grunge*, 14.07.2017. Online verfügbar unter https://www.grunge.com/29299/kids-wasted-thousands-dollars-parents-money-games/, zuletzt geprüft am 21.03.2020.

Kiesel, Andrea; Koch, Iring (2012): Lernen. Grundlagen der Lernpsychologie. 1. Aufl. Wiesbaden: VS Verlag für Sozialwissenschaften / Springer Fachmedien Wiesbaden GmbH Wiesbaden (Basiswissen Psychologie).

Kleinz, Torsten (2015): Gamescom 2015: Schlagabtausch zum Jugendschutz. In: *heise Online*, 07.08.2015. Online verfügbar unter https://www.heise.de/newsticker/meldung/Gamescom-2015-Schlagabtausch-zum-Jugendschutz-2774565.html, zuletzt geprüft am 12.03.2020.

Köhler, Stefan (2017): CS:GO – Wahrscheinlichkeiten für Lootboxen durch China-Release bekannt. In: *GameStar*, 14.09.2017. Online verfügbar unter https://www.gamestar.de/artikel/csgo-wahrscheinlichkeiten-fuer-skins-und-messer-durch-china-release-bestaetigt.3319806.html, zuletzt geprüft am 17.03.2020.

Koster, Raph (2009): ARPU Vs ARPPU. Online verfügbar unter https://www.raphkoster.com/2009/03/16/arpu-vs-arppu/, zuletzt geprüft am 17.03.2020.

Koster, Raph (2013): A Theory Of Fun For Game Design. 2nd ed. Sebastopol, CA: O'Reilly Media.

Kühl, Eike (2017): „Star Wars: Battlefront II": Ist das noch Videospiel oder schon Glücksspiel? In: *Die Zeit*, 24.11.2017. Online verfügbar unter https://www.zeit.de/digital/games/2017-11/star-wars-battlefront-2-lootboxen-gluecksspiel, zuletzt geprüft am 17.03.2020.

Lagace, Marc (2018): Mobile Gaming Has An Advertising Problem That Needs To Be Addressed. In: *Android Central*, 21.02.2018. Online verfügbar unter https://www.androidcentral.com/mobile-gaming-has-advertising-problem-needs-be-addressed, zuletzt geprüft am 22.03.2020.

Laudon, Kenneth C.; Traver, Carol Guercio (2019): E-commerce. Business, Technology, Society. Fourteenth Edition. Harlow, Essex. England: Pearson Education Limited.

Leack, Jonathan (2017): *World of Warcraft* Leads Industry With Nearly $10 Billion In Revenue. In: *GameRevolution*, 26.01.2017. Online verfügbar unter https://www.gamerevolution.com/features/13510-world-of-warcraft-leads-industry-with-nearly-10-billion-in-revenue#/slide/1, zuletzt geprüft am 22.03.2020.

Lim, William (2018): Blood In The Water: A History Of Microtransactions In The Video Game Industry. Online verfügbar unter https://gamewithyourbrain.com/blog/2018/8/27/blood-in-the-water-a-history-of-microtransactions-in-the-video-game-industry, zuletzt geprüft am 03.09.2020.

Lovell, Nicholas (2010): Whales, Power-laws And The Future Of Media. In: *Gamesbrief*, 26.08.2010. Online verfügbar unter https://www.gamesbrief.com/2010/08/whales-power-laws-and-the-future-of-media/, zuletzt geprüft am 17.03.2020.

Lovell, Nicholas (2011): Whales, True Fans And The Ethics Of Free-to-play Games. In: *Gamesbrief*, 22.09.2011. Online verfügbar unter https://www.gamesbrief.com/2011/09/whales-true-fans-and-the-ethics-of-free-to-play-games/, zuletzt geprüft am 17.03.2020.

Lovell, Nicholas (2011): Whales, Dolphins And Minnows – The Beating Heart Of A Free-to-play Game. In: *Gamesbrief*, 16.11.2011. Online verfügbar unter https://www.gamesbrief.com/2011/11/whales-dolphins-and-minnows-the-beating-heart-of-a-free-to-play-game/, zuletzt geprüft am 17.03.2020.

Lovell, Nicholas (2011): ARPPU In Freemium Games. In: *Gamesbrief*, 23.11.2011. Online verfügbar unter https://www.gamesbrief.com/2011/11/arppu-in-freemium-games/, zuletzt geprüft am 17.03.2020.

Lovell, Nicholas (2019): The Pyramid Of Game Design. Designing, Producing And Launching Service Games. Boca Raton, FL: Taylor & Francis Group, CRC Press.

Madigan, Jamie (2013): The Psychology Behind Steam's Summer Sale. Online verfügbar unter http://www.psychologyofgames.com/2013/07/the-psychology-behind-steams-summer-sale/, zuletzt geprüft am 22.03.2020.

Maheshwari, Sapna (2017): That Game On Your Phone May Be Tracking What You're Watching On TV. In: *The New York Times*, 28.12.2017. Online verfügbar unter https://www.nytimes.com/2017/12/28/business/media/alphonso-app-tracking.html, zuletzt geprüft am 12.03.2020.

Makuch, Eddie (2018): Activision Blizzard Made $4 Billion On Microtransactions Last Year. In: *Gamespot*, 08.02.2018. Online verfügbar unter https://www.gamespot. com/articles/activision-blizzard-made-4-billion-on-microtransac/1100-6456669/, zuletzt geprüft am 17.03.2020.

Mcwhertor, Michael (2018): How To Deal With Your Steam Backlog. In: *Polygon*, 30.07.2018. Online verfügbar unter https://www.polygon.com/pc/2018/7/30/ 17622056/steam-backlog-help, zuletzt geprüft am 22.03.2020.

Meffert, Heribert; Burmann, Christoph; Kirchgeorg, Manfred; Eisenbeiß, Maik (2019): Marketing. Grundlagen marktorientierter Unternehmensführung: Konzepte – Instrumente – Praxisbeispiele. 13., überarbeitete und erweiterte Auflage. Wiesbaden: Springer Gabler.

Meyer, Gerhard; Bachmann, Meinolf (2012): Spielsucht. Dordrecht: Springer.

Mihály Csíkszentmihályi (1990): Flow: The Psychology Of Optimal Experience. New York : Harper & Row.

Mühleis, Niklas (2018): Verzockt. Streit um Lootboxen in Computerspielen. In: *c't* 25, S. 162–165.

Müller, K. W.; Dreier, M.; Duven, E.; Giralt, S.; Beutel, M. E.; Wölfling, K. (2003): Konsum von Glücksspielen bei Kindern und Jugendlichen: Verbreitung und Prävention. Abschlussbericht zur Studie. Online verfügbar unter https://www.mags. nrw/sites/default/files/asset/document/gluecksspiel_abschlussbericht.pdf, zuletzt geprüft am 11.03.2020.

Narcisse, Evan (2014): 15-Year-Old Kid Spends 37,000 Euros On Gold In Free-to-Play Game. In: *Kotaku*, 03.10.2014. Online verfügbar unter https://kotaku.com/ 15-year-old-kid-spends-37-000-euros-on-gold-in-free-to-1642091831, zuletzt geprüft am 21.03.2020.

Neitzel, Britta (2012): Involvierungsstrategien des Computerspiels. In: GamesCoop (Hg.): Theorien des Computerspiels zur Einführung. Hamburg: Junius (Zur Einführung, 391), S. 75–103.

Newzoo (2019): The Global Games Market Will Generate $152.1 Billion In 2019 As The U.S. Overtakes China As The Biggest Market | Newzoo. Online verfügbar unter https://newzoo.com/insights/articles/the-global-games-market-will-generate-152-1-billion-in-2019-as-the-u-s-overtakes-china-as-the-biggest-market/, zuletzt geprüft am 10.03.2020.

Orland, Kyle (2017): Analysis: For Honor Unlocks Cost $730 (Or 5,200 Hours). Online verfügbar unter https://arstechnica.com/gaming/2017/03/analysis-for-honor-unlocks-cost-730-or-5200-hours/, zuletzt geprüft am 17.03.2020.

Parkin, Simon (2017): How Designers Engineer Luck Into Video Games. The Responsibilities And Challenges Of Programmed Luck. Online verfügbar unter http://nautil.us/issue/44/luck/how-designers-engineer-luck-into-video-games, zuletzt geprüft am 03.09.2020.

Partin, Will (2020): The Perverse Psychology Of Dota 2's Battle Pass Minigames. Online verfügbar unter https://killscreen.com/themeta/perverse-psychology-dota-2s-battle-pass-minigames/, zuletzt geprüft am 11.03.2020.

Paul, Christopher A. (2018): The Toxic Meritocracy Of Video Games. Why Gaming Culture Is The Worst. Minneapolis: University of Minnesota Press.

Phillips, Tom (2018): Harry Potter: Hogwarts Mystery Forces You To Pay – Or Wait – To Save A Kid From Being Strangled. In: *Eurogamer.net*, 30.04.2018. Online verfügbar unter https://www.eurogamer.net/articles/2018-04-27-harry-potter-hogwarts-mystery-is-ruined-by-its-in-game-payments, zuletzt geprüft am 17.03.2020.

Pia, Brian (2017): Sexually Suggestive Ads Appearing On Children's Apps. In: *WBMA*, 02.12.2017. Online verfügbar unter https://abc3340.com/archive/sexually-suggestive-ads-appearing-on-childrens-apps, zuletzt geprüft am 22.03.2020.

Plunkett, Luke (2015): Stop Preordering Video Games. In: *Kotaku*, 26.06.2015. Online verfügbar unter https://kotaku.com/stop-preordering-video-games-1713802537, zuletzt geprüft am 22.03.2020.

Puppe, Martin (2018): Vier von zehn Games werden als Download gekauft. Online verfügbar unter https://www.game.de/vier-von-zehn-games-werden-als-download-gekauft/, zuletzt geprüft am 22.03.2020.

Pursche, Olaf (2013): Kaufanreize: Spiele-Hersteller zocken Kinder mit Gratis-Apps ab. In: *WELT*, 04.05.2013. Online verfügbar unter https://www.welt.de/wirtschaft/webwelt/article115874331/Spiele-Hersteller-zocken-Kinder-mit-Gratis-Apps-ab.html, zuletzt geprüft am 21.03.2020.

Quandt, Thorsten; Wimmer, Jeffrey; Wolling, Jens (2009): Die Computerspieler. Studien zur Nutzung von Computergames. 2. Auflage. Wiesbaden: VS Verlag für Sozialwissenschaften/GWV Fachverlage GmbH Wiesbaden.

Raab, Gerhard; Neuner, Michael (2009): Kaufsucht als nichtstoffgebundene Abhängigkeit entwickelter Konsumgesellschaften. In: Dominik Batthyány: Rausch ohne Drogen. Substanzungebundene Süchte. 1. Aufl. Hg. v. Alfred Pritz. s.l.: Springer Verlag Wien, S. 95–107.

Rauda, Christian (2013): Recht der Computerspiele. München: Beck.

Raymond, Eric Steven (2000): The Cathedral And The Bazaar. Online verfügbar unter http://www.catb.org/esr/writings/cathedral-bazaar/, zuletzt geprüft am 17.03.2020.

Reichertz, Jo; Niederbacher, Arne; Möll, Gerd; Gothe, Miriam; Hitzler, Ronald (2010): Jackpot. Erkundungen zur Kultur der Spielhallen. 2. Aufl. Wiesbaden: VS Verl. für Sozialwiss.

Rose, Mike (2018): Let's Be Realistic: A Deep Dive Into How Games Are Selling On Steam. Online verfügbar unter https://www.youtube.com/watch?v=WycVOCbeKqQ, zuletzt geprüft am 22.03.2020.

Rose, Mike (2019): How Well Are PC Games Selling In 2019? Online verfügbar unter https://drive.google.com/file/d/1W6lZir97bUU0KdvIGNIVWG0O-_A3QrdN/view, zuletzt geprüft am 03.09.2020.

Schaack, Christian; Dreier, Michael; Wölfling, Klaus: Glücksspielelemente in Computerspielen. Wie ein Trend aus Japan bedenkliche Standards setzt. Online verfügbar unter https://www.lzg-rlp.de/files/LZG-Shop/Suchtpraevention_Download/Internetsucht/Gl%C3%BCcksspielelemente_in_Computerspielen.pdf, zuletzt geprüft am 11.03.2020.

Schell, Jesse (2015): The Art Of Game Design. A Book Of Lenses. Second Edition. Boca Raton, FL: CRC Press/Taylor & Francis Group.

Schenck, Barbara Findlay (2011): Freemium: Is The Price Right For Your Company? Online verfügbar unter https://www.entrepreneur.com/article/218107, zuletzt geprüft am 17.03.2020.

Schneider, Christian Fritz (2013): Dead Island: Riptide – Zerfressener Bikini-Torso doch in »Zombie Bait Edition« enthalten. In: *GameStar*, 23.04.2013. Online verfügbar unter https://www.gamestar.de/artikel/dead-island-riptide-zerfressener-bikini-torso-doch-in-zombie-bait-edition-enthalten,3011529.html, zuletzt geprüft am 22.03.2020.

Schreier, Jason (2017): Why Video Games Cost So Much To Make. In: *Kotaku*, 18.09.2017. Online verfügbar unter https://kotaku.com/why-video-games-cost-so-much-to-make-1818508211, zuletzt geprüft am 10.03.2020.

Schull, Natasha Dow (2005): Digital Gambling: The Coincidence Of Desire And Design. In: *The Annals of the American Academy of Political and Social Science* 597 (1), S. 65–81. DOI: 10.1177/0002716204270435.

Schüll, Natasha Dow (2014): Addiction By Design. Machine Gambling In Las Vegas. First Paperback Printing. Princeton, Oxford: Princeton University Press.

Schulte, Paul (2018): Die Abgründe des mobile Gamings | Hogwarts Mystery. Online verfügbar unter https://www.youtube.com/watch?v=4ht1f7YuW3k, zuletzt geprüft am 17.03.2020.

Schuster, Alexander (2020): Doppelklage gegen EA in Frankreich. Online verfügbar unter https://www.sport1.de/esports/fifa/2020/02/fifa-20-klage-in-frankreich-wegen-gluecksspiels-bei-ultimate-team, zuletzt geprüft am 03.09.2020.

Serrels, Mark (2014): The Graph That Proves Video Games Have Crossed The Line. In: *Kotaku Australia*, 13.05.2014. Online verfügbar unter https://www.kotaku.com.au/2014/05/this-is-the-graph-that-proves-video-game-retail-has-crossed-the-line/, zuletzt geprüft am 22.03.2020.

Shaul, Brandy (2016): Infographic: 'Whales' Account For 70 % Of In-App Purchase Revenue. In: *Adweek*, 01.03.2016. Online verfügbar unter https://www.adweek.com/digital/infographic-whales-account-for-70-of-in-app-purchase-revenue/, zuletzt geprüft am 21.03.2020.

Sinclair, Brendan (2014): Free-to-play Whales More Rational Than Assumed. Online verfügbar unter https://www.gamesindustry.biz/articles/2014-04-01-free-to-play-whales-more-rational-than-assumed, zuletzt geprüft am 21.03.2020.

Smith, Matthew (2018): How Corporations Are Destroying Video Games. In: *Salon.com*, 29.01.2018. Online verfügbar unter https://www.salon.com/2018/01/28/how-corporations-are-destroying-video-games/, zuletzt geprüft am 17.03.2020.

Spiegel, Der (2000): Tierschutzbund: Rettet die Moorhühner. In: *DER SPIEGEL*, 02.02.2000. Online verfügbar unter https://www.spiegel.de/netzwelt/web/tier-schutzbund-rettet-die-moorhuehner-a-62672.html, zuletzt geprüft am 22.03.2020.

Stafford, Tom (2012): The Psychology Of Tetris. Online verfügbar unter https://www.bbc.com/future/article/20121022-the-psychology-of-tetris, zuletzt geprüft am 17.03.2020.

Stanovich, K. E.; West, R. F. (2000): Individual Differences In Reasoning: Implications For The Rationality Debate? In: *The Behavioral and brain sciences* 23 (5), 645–65; discussion 665–726. DOI: 10.1017/s0140525x00003435.

Steinlechner, Peter (2018): Cloud-Rechner: Shadow startet PC-Streaming in Deutschland. In: *Golem.de*, 23.08.2018. Online verfügbar unter https://www.golem.de/news/cloud-rechner-shadow-startet-pc-streaming-in-deutschland-1808-136158.html, zuletzt geprüft am 22.03.2020.

Sterling, Jim (2018): Harry Potter And The Crock Of Shit (The Jimquisition). Online verfügbar unter https://www.youtube.com/watch?v=h4_BU4tc6RE, zuletzt geprüft am 17.03.2020.

Stirn, Alexander (2000): Geschichte eines Spiels: Moorhuhns Mutter plant Nachwuchs. In: *DER SPIEGEL*, 19.01.2000. Online verfügbar unter https://www.spiegel.de/netzwelt/web/geschichte-eines-spiels-moorhuhns-mutter-plant-nachwuchs-a-60356.html, zuletzt geprüft am 22.03.2020.

Suckley, Matt (2018): The Interactive Narrative Games Taking Over The App Store. Online verfügbar unter https://www.pocketgamer.biz/the-charticle/67618/the-narrative-games-taking-over/, zuletzt geprüft am 17.03.2020.

Swink, Steve (2009): Game Feel. A Game Designer's Guide To Virtual Sensation. Amsterdam, Burlington, MA: Elsevier; Morgan Kaufmann.

Tandon, Om (2016): UX Review: ‚Piggy Bank (Endowment) Effect! Unique Monetisation Hooks Of Slotomania. Online verfügbar unter https://www.gamasutra.com/blogs/OmTandon/20160425/271191/UX_Review_Piggy_Bank_Endowment_Effect_unique_monetisation_hooks_of_Slotomania.php, zuletzt geprüft am 17.03.2020.

Tandon, Om (2017): Will You Pay $2 To Kiss A Game Character? ‚Episode: Choose Your Story'. The Good. The Bad. The Ugly. In: *UX Reviewer.com*, 2017. Online verfügbar unter https://www.uxreviewer.com/home/2019/3/7/will-you-pay-2-to-kiss-a-game-character-episode-choose-your-story-the-good-the-bad-the-ugly, zuletzt geprüft am 12.03.2020.

Tarason, Dominic (2018): EA May Be Going To Court In Belgium To Keep Loot Boxes In FIFA 18 And 19. Online verfügbar unter https://www.rockpapershotgun.com/2018/09/10/belgian-ea-fifa-loot-boxes-court-case/, zuletzt geprüft am 21.03.2020.

Thalemann, Carolin N. (2009): Verhaltenssucht. In: Dominik Batthyány: Rausch ohne Drogen. Substanzungebundene Süchte. 1. Aufl. Hg. v. Alfred Pritz. s.l.: Springer Verlag Wien, S. 1–18.

Thomsen, Michael (2012): Are 100-Hour Video Games Like Dark Souls Ever Worthwhile? In: *Slate*, 28.02.2012. Online verfügbar unter https://slate.com/culture/2012/02/dark-souls-review-is-a-100-hour-video-game-ever-worthwhile.html, zuletzt geprüft am 11.03.2020.

Ubisoft (2018): Q3 FY18. Online verfügbar unter https://ubistatic19-a.akamaihd.net/comsite_common/en-US/images/41ubisoft%20q3fy18%201202_tcm99-318995_tcm99-196733-32.pdf, zuletzt geprüft am 10.03.2020.

USK (2011): Leitkriterien. USK. Berlin. Online verfügbar unter https://usk.de/?smd_process_download=1&download_id=1018522, zuletzt geprüft am 12.03.2020.

USK (2017): Grundsätze. USK. Berlin. Online verfügbar unter https://usk.de/?smd_process_download=1&download_id=1018457, zuletzt geprüft am 12.03.2020.

Valentine, Rebekah (2018): Battle For Azeroth Is The Fastest-selling World Of Warcraft Expansion. Online verfügbar unter https://www.gamesindustry.biz/articles/2018-08-23-battle-for-azeroth-is-the-fastest-selling-world-of-warcraft-expansion, zuletzt geprüft am 12.03.2020.

Valentine, Rebekah (2019): Minecraft Has Sold 176 Million Copies Worldwide. Online verfügbar unter https://www.gamesindustry.biz/articles/2019-05-17-minecraft-has-sold-176-million-copies-worldwide, zuletzt geprüft am 17.03.2020.

Venturi, Robert; Scott Brown, Denise; Izenour, Steven (2000): Learning From Las Vegas. The Forgotten Symbolism Of Architectural Form. 17th Print. Cambridge, Mass.: The MIT Press.

Verani, Ted (2020): The Most Important IAP Statistics For Mobile Game Publishers In 2020. In: *wappier*, 27.03.2020. Online verfügbar unter https://wappier.com/blog/iap-statistics/, zuletzt geprüft am 01.07.2020.

Verbraucherzentrale Rheinland-Pfalz (2019): „My talking Angela" und „Dog Run": Spiele-Apps für Kinder abgemahnt. Online verfügbar unter https://www.verbraucherzentrale-rlp.de/aktuelle-meldungen/digitale-welt/my-talking-angela-und-dog-run-spieleapps-fuer-kinder-abgemahnt-30543, zuletzt geprüft am 12.03.2020.

Wahl, Klaus (2009): Aggression und Gewalt. Ein biologischer, psychologischer und sozialwissenschaftlicher Überblick. 1. Aufl. Heidelberg: Spektrum Akademischer Verlag.

Walker, John (2013): Deep Silver Issue Apology Over Dead Island Torso Debacle. Online verfügbar unter https://www.rockpapershotgun.com/2013/01/16/deep-silver-issue-apology-over-dead-island-torso-debacle/, zuletzt geprüft am 22.03.2020.

Wijman, Tom (2020): The World's 2.7 Billion Gamers Will Spend $159.3 Billion On Games In 2020. Online verfügbar unter https://newzoo.com/insights/articles/newzoo-games-market-numbers-revenues-and-audience-2020-2023/, zuletzt geprüft am 01.07.2020.

Yea, Yong (2018): Harry Potter Hogwarts Mystery Strangles Your Child Avatar Until You Pay Money Or Wait. Online verfügbar unter https://www.youtube.com/watch?v=umUD1rwUaH4, zuletzt geprüft am 17.03.2020.

Yee, Nick (2015): How We Developed The Gamer Motivation Profile V2. Online verfügbar unter https://quanticfoundry.com/2015/07/20/how-we-developed-the-gamer-motivation-profile-v2/, zuletzt geprüft am 12.03.2020.

Yee, Nick (2016): 7 Things We Learned About Primary Gaming Motivations From Over 250,000 Gamers. Online verfügbar unter https://quanticfoundry.com/2016/12/15/primary-motivations/, zuletzt geprüft am 12.03.2020.

Yee, Nick (2017): Beyond 50/50: Breaking Down The Percentage Of Female Gamers By Genre. Quantic Foundry. Online verfügbar unter https://quanticfoundry.com/2017/01/19/female-gamers-by-genre/, zuletzt geprüft am 12.03.2020.

Yin-poole, Wesley (2017): Ubisoft Defends For Honor's Controversial Progression System. In: *Eurogamer.net*, 23.03.2017. Online verfügbar unter https://www.eurogamer.net/articles/2017-03-23-ubisoft-defends-for-honors-controversial-progression-system, zuletzt geprüft am 17.03.2020.

Zagal, José P.; Björk, Staffan; Lewis, Chris (2013): Dark Patterns In The Design Of Games. In: Society For The Advancement Of The Science Of Digital Games (Hg.): Foundations Of Digital Games 2013. Online verfügbar unter http://www.diva-portal.org/smash/get/diva2:1043332/FULLTEXT01, zuletzt geprüft am 03.09.2020.